느린 아이를 키우며
함께 크는 부모 이야기

평범한 아이를 꿈꿉니다

느린아이연구소 소장 **김 동 옥** 지음

자폐 스펙트럼, 언어장애, 학습장애, ADHD 등
병명은 많지만 포기하지 않으면 반드시 나아집니다

대경북스

평범한 아이를 꿈꿉니다

1판 1쇄 인쇄 2025년 2월 20일
1판 1쇄 발행 2025년 2월 25일

발행인 김영대
편집디자인 임나영
펴낸 곳 대경북스
등록번호 제 1-1003호
주소 서울시 강동구 천중로42길 45(길동 379-15) 2F
전화 (02)485-1988, 485-2586~87
팩스 (02)485-1488
홈페이지 http://www.dkbooks.co.kr
e-mail dkbooks@chol.com

ISBN 979-11-7168-078-8 03370

🌿 평범한 일상을 꿈꾸며 🌿

나는 많은 사람들에게 위로가 되고 힘이 되는 삶을 살고 싶었다. 사람들에게 좋은 영향을 주고 도움이 되는 삶이 보람된 삶이라 생각했다. 그래서 상담학과를 졸업하고 학교생활에 적응하지 못하는 청소년들을 상담하는 일을 하다가 결혼을 했다.

느린 아이가 의심되다

첫 아들인 찬이를 낳았는데, 이목구비가 또렷하고 잘 생겨서 기뻤고, 새로운 생명 그 자체가 신비로웠다. 잘 키워야겠다는 마음이 컸다. 출산 후 체력이 저하되어 힘들었지만, 먹고, 씻기고, 입히며 아이 양육에 최선을 다했다. 찬이는 순한 아이였고 자라면서 혼자서도 잘 놀았다. 보채지도 않아서 고마운 마음이 들었다.

그런데 찬이가 돌이 지났는데도 엄마, 아빠라는 말을 하지 않는 것이 아닌가. 이름을 불러도 잘 쳐다보지 않아서 답답했다. 찬이에게 감기 기운이 있어 소아과에 갔더니, 의사 선생님께서 24개월이 되어도 말을 안 하면 검사를 한번 받아보라고 하셨다.

문득문득 아이가 '왜 이렇게 사람한테 관심이 없지? 왜 안 들리는 아이처럼 행동하지?'하는 불안감이 있었지만 '설마, 괜찮겠지!' 하는 마음이었고, 주위 사람들에게 물어보면 대부분 "말이 좀 늦은 거다. 걱정하지 마라."는 반응이었다.

내 아이가 자폐라는 말을 듣다

둘째 딸 아이를 낳고 더 이상은 기다릴 수 없어 발달센터를 찾아가 상담을 했는데, 자폐라는 이야기를 들었다. 나는 반신반의했다. 놀람과 충격은 이루 말로 할 수 없었다. 머리가 하얘지고 아무 생각도 나지 않았다. 대체 우리 아이에게 무슨 일이 일어난 건지!

돌아오는 차 안에서 그야말로 대성통곡을 했다. 집에 도착할 때까지 눈물은 멈추지 않았다. 그동안 찬이의 행동을 보고 설마하며 불안했었는데, 제대로 머리를 맞은 느낌이었다. 갑자기 마음이 급해졌다. '뭘, 어떻게 해야 하지?' 감정을 추스릴 겨를도 없이 다음날부터 치료를 위해 무작정 센터로 출근하다시피 했다.

일주일 정도는 무슨 정신으로 살았는지 아무런 기억이 없다. 막연히 우리 아이를 고쳐야겠다는 생각과 '왜 이런 일이 내게 생겼을까?' 하는 자책감과 원망, 그리고 힘겨움 등이 마구 뒤엉킨 채 생각도 대책도 없이 살았다. 그저 밥을 먹고, 운전을 하고, 아이를 재우고, 아침이 되면 센터로 가는 일상이 반복되었다.

임신한 줄도 모르고 먹었던 감기약, 빙빙 도는 놀이시설을 탔던 것, 큰 소리로 남편과 싸웠던 것, 찬이 혼자 놀게 했던 것 등 사소한 모든 것들이 혹시 원인은 아닐까 생각하며 힘들어 했다. 그렇지만 아무리 생각해도 도무지 원인을 알 수가 없었다.

모든 일상이 아이 위주로 바뀌었다

그러다가 문득 부모인 내가 정신을 차려야 찬이를 고칠 수 있겠다는 생각이 들었다. 이렇게 넋나간 사람처럼 하루를 보내자니 찬이에게 미안 해졌다. 무엇보다 하루 빨리 찬이를 치료해야겠다는 마음이 컸다. 아이의 현재 상태가 자폐든, 언어지연이든, 발달지연이든 상관없고, 일단 고치면 된다고 생각했다. 아니, 무조건 고쳐야겠다고 마음먹었다. 그리고 찬이가 나을 수 있을 거라는 희망을 가졌다. 어느 정도 마음의 평안과 안정을 되찾은 나는 모든 것의 우선 순위를 아이를 치료하는 데 두었다.

이때부터 나의 일상은 완전히 바뀌었다. 미디어는 100% 차단했다. 아이의 현재 상태를 확인하고 나니, 엄마가 조금 쉬고 편하겠다고 보여준 미디어가 얼마나 아이의 성장을 가로막았는지 깨달았기 때문이다.

찬이가 34개월 되었을 무렵이었다. 당시 2달이 채 안 된 딸 아이를 영아 전담 어린이집에 맡겨야 했다. 아침을 먹이고 딸아이를 어린이집에 맡긴 뒤 1시간을 운전해서 찬이와 치료센터를 다니기 시작했다. 3~4시간의 치료를 마치고, 찬이와 딸 아이를 데리고 집에 오면 씻기고 저녁을 먹고 잠시 놀아준 뒤 재우는 게 일상이 되었다.

찬이의 치료를 시작하고부터 가족들의 안부, 친구나 지인들과의 만남 등 대부분의 연락을 끊었다. 아니, 연락할 시간 자체가 없었다. 화장을 하고, 옷을 사 입고, 커피를 마시는 것도 관심 밖이었다. 경제력과 시간은 모두 찬이 위주로 편성했다.

치료비가 없어 기관 교육을 중단해야 했다

그런 생활이 1년 정도 지속되자 더 이상 치료비를 감당할 수가 없어서 치료를 중단해야 했다. 당시 남편 월급의 반 이상이 치료비에 들어가고 있었다. 찬이가 43개월 무렵이었다. 찬이는 여전히 "엄마!"라는 말도 못했고, 상황에 대한 인지가 되지 않아 무작정 돌아다니거나 하고 싶은 대로 행동해서 통제가 어려웠다. 부르는 소리에는 여전히 반응하지 않았고, 말하는 것을 알아듣지도 못했으며, 착석도 잘 되지 않아 식당이나 공공장소에 가는 것도 큰 부담거리가 되곤 했다.

1년 정도면 찬이가 좀 나아질 거라 기대하는 마음도 있었는데 여전히 말 한마디 못하는 아이를 보며 어쩌면 더 많은 시간이 걸릴 수도 있겠다는 생각을 했다.

내가 직접 가르치기로 했다

센터도 그만뒀으니 이제는 나의 역할이 대부분이 되어 버렸다. 지금 상황에서는 일상생활에서 해줄 수 있는 것들을 실천해야겠다고 다짐했다. 주로 놀이터나 산책로, 한강 공원 등을 틈틈이 데리고 나갔고, 여름에는 물놀이 하는 곳 위주로 돌아다녔다.

집에 있을 때는 식재료나 미술도구, 장난감 등을 가지고 밀가루 놀이, 미술 놀이, 촉감 놀이, 목욕 놀이, 요리하기 같은 것들을 맘껏 할 수 있게 해주었다. 베란다에 텃밭을 만들어 상추, 고추, 방울토마토 등을 함께

심고 물을 주게 하고 열매가 열리면 따오게 했다. 눈이 오면 눈싸움을 했고, 비가 오면 비를 맞고 놀았다.

그렇게 10개월 정도 지날 무렵 찬이에게 좀 더 도움이 되는 방법들을 고민하고 있을 때, 우리와 같은 상황에 있는 부모와 아이들의 모습이 보이기 시작했다. 나는 이제 한걸음 건너와서 마음도 다져지고 뭘 해야할지 앞을 바라보고 있다면, 이제 막 아이의 느림과 아픔을 발견하고 시작하는 부모들을 보니 참 안타까웠다.

하지만 우선 내 아이부터 치료해야 했고, 무언가를 시작하기에는 마음의 여유도 없었다. 그때 남편을 비롯한 주위에 뜻있는 분들이 누군가는 이 일을 해야 하지 않느냐며 발달센터를 함께할 것을 권유했다. 처음에는 안 된다고 거절했다. 내 아이만으로도 벅찼기 때문이다. 내 아이도 아직 치료과정 중인데 누구를 도울 수 있단 말인가?

그런데 무엇을 어떻게 해야 하는지 모른 채 이리저리 방황하는 부모들을 보니 내가 걸어온 길이라도 알려주고 도움을 주어야겠다는 생각이 들었다. 찬이를 위해 처음에 이런저런 치료방법을 알아볼 때 발달장애아동은 못 받겠다며 거절당한 경험이 떠올랐다. 증상이 너무 심한 아이들은 치료센터에서조차 기피한다는 말을 들으니 화가 나기도 하고 속상했다.

발달센터를 시작하다

어떻게 할까 고민하다가 아이들과 부모, 가정이 건강하게 서기 위해서 이 일은 꼭 필요하다고 생각했다. 상담사 자격증을 가지고 있던 나는 그해에 발달센터를 개원하게 되었다. 누구보다 힘든 일인 것을 알기에 결정하기 어려웠지만, 진정으로 가치있고 보람된 일이라고 생각해서였다. 물론 찬이의 치료도 필요했다.

그렇게 정신없이 센터를 운영하던 중 찬이가 50개월이 지나자 처음으로 '엄마'라는 말을 따라하기 시작했다. 너무나 기쁘고 감사했다. '엄마'라는 말만 들으면 살 것 같았는데 드디어 말을 하게 된 것이다. 이제는 쭉쭉 성장만 하면 되리라 생각했다.

하지만 기쁨도 잠시, 아이는 의미없이 '엄마'라는 말을 따라할 뿐이었다. 내가 엄마라고 인지해서 하는 것이 아니었고, 아무나 봐도 엄마라고 불렀다. 여전히 눈맞춤이나 호명 반응도 잘 안 되었고 목소리톤도 기계음처럼 높았다. 잠깐 힘이 빠지기는 했지만 실망하지 않고 천천히 가다 보면 가장 적당한 때에 좋아지리라 믿고 좀 더 길게 보기로 했다.

말을 하고 보니 실수하고 부족한 곳들이 드러났다

어느 날, 찬이가 혼자 책을 가지고 노는 것 같더니 중얼중얼거리며 노는 것을 발견했다. 가까이 가서 보니 내가 어릴 때 읽어 주었던 책이었다. 신기한 것은 내가 읽어 줬던 내용을 비슷하게 말하며 책장을 넘기는 것이었다.

그뿐만이 아니었다. 놀다가 흥얼거리는 동요들이 간혹 있었는데 그것 역시 오래 전에 열심히 불러줬던 것들이었다. '엄마'를 수백 번, 그 이상 알려줘도 말하지 못하는 찬이를 보며 아직은 때가 아닌가 싶어 가르치고 알려주는 것들을 중단했던 일이 떠오르며 너무도 소중한 시간을 허비했다는 생각이 들었다.

말하지 못해도 계속 알려줘야 된다고 머리로는 알고 있었지만 매일 힘든 생활 속에서 '조금 더 기다렸다가 해도 되겠지.'하는 안일함으로 지나왔던 시간들이 스쳐가며 탄식같은 한숨이 절로 나왔다. 이제는 무조건 알려주어야겠다고 생각했다.

찬이는 조금씩 꾸준하게 성장했다. 7세가 되면서 한글을 가르쳤고, 한동안 치워두었던 책도 보여주기 시작했다. 시각적 부분에서 기억력이 높았던 찬이는 한글을 어렵지 않게 익혔고, 책을 읽기 시작하면서 언어 능력도 확장되었다. 가끔은 엉뚱한 말이나 처음 듣는 말들을 불쑥 내뱉기도 했다.

8세가 되면서 초등학교 입학에 대한 고민이 생겼다. 아직은 초등학교 생활이 무리일 듯하여 유예신청을 하고 치료 수업을 해 나갔다. 한 해가 지날 때마다 아이는 언어가 조금씩 확장되었고, 감정적인 부분도 올라오기 시작하여 엄마와의 애착관계가 좋아지는 것을 느꼈다. 아기 때는 안아줘도 싫다고 밀쳐내곤 해서 왠지 모를 섭섭함이 생기기도 했었다. 늘 무뚝뚝하고 감정적 반응이 별로 없었던 찬이가 엄마 손을 잡고 기뻐하고, 뽀뽀도 해주고, 꺼안아 주며 웃는 것을 보니 얼마나 기뻤는지 모른다.

다른 부분에서도 좋아지는 것들이 보였다. 앞만 보고 혼자 달려가 여러 번 잃어버리기도 했던 아이는 그룹에서 이탈하지 않고 규칙을 배워 나갔고, 의사소통 능력도 조금씩 향상되어서 간단한 말들은 듣고 지킬 수 있게 되었다. 어느날 혼자 가지 않고 앞에서 엄마를 기다리는 것을 발견하고 놀랐다. 사소한 행동, 변화 하나 하나가 너무 기뻤다.

류마티스 관절염 진단을 받다

그러던 중 무리가 되었는지 여기저기 아프기 시작했고, 세브란스병원에서 류마티스관절염 진단을 받은 나는 병원과 한의원 등을 오가며 치료와 회복을 위해 노력했다. 아침이 되면 손가락 마디마다 붓고 손목이나 어깨, 발, 무릎 등으로 통증이 옮겨 다녀 혼자 일어나고 옷을 입는 것도 힘들었다. 무엇보다 아이들을 힘있게 안아주거나 놀아 줄 수 없었다. 반가워서 달려오는 아이를 밀어내야 했다.

어찌할 수 없는 통증에 짜증이 나기도 했고, 아이들에게 뭘 해줄 수 없어서 속상했다. 집안일 대부분은 남편에게 부탁했고 통증이 줄어들면 꼭 해야 할 일들만 간신히 했다. 찬이를 위해서, 아이들을 위해서, 그리고 나를 위해서도 어떻게든 건강해지리라 마음먹으며 식생활을 개선하고 운동을 하며 노력했더니 점차 통증은 줄어들게 되었다.

드디어 초등학교에 입학하다

찬이가 11살, 학교생활이 어렵지 않을 것 같아 초등학교에 보내기로 결정했다. 그동안 치료 위주의 수업을 했지만 학교생활은 처음이라 1년 유예하여 3학년에 다니기로 했다. 며칠은 교실 앞에 데려다 주고 하원할 때 데리러 가다가 1주일 후부터는 스스로 도서실도 가고 학교가 파하면 교문 앞으로 나오게 했다.

찬이는 생각보다 잘 적응했고 큰 어려움이 없었다. 학교가는 것을 즐거워했고 스스로 도서실을 이용하고, 시간표를 챙기고, 방과후 수업도 신청하여 일반 아이들과 무난하게 수업을 받았다. 반 아이들과 인사하며 교실에 들어가는 모습을 보며 새삼 가슴이 벅차 오르기도 했다.

국어, 수학은 도움반에서 도움을 받기로 하고, 나머지 수업은 교실에서 시작했는데, 도움반 선생님께서 찬이가 수학을 잘해서 별 무리가 없을 것 같다며 교실에서 수업을 하라고 하셨다. 감사했다. 4학년이 되고 5학년이 되면서 찬이는 수학 잘 하는 아이, 체육 잘 하는 아이, 영어 잘 하는 아이로 불려졌다. 찬이는 과학도 무척 좋아했다. 선생님과 반 친구들의 도움이 컸다고 생각한다.

유독 말이 늦게 나왔던 아이라 국어를 좀 어려워했고, 친구들과의 긴 대화나 놀이에는 도움이 필요했지만 새로운 어휘를 계속 배워나가는 것을 보면서 이 또한 시간이 해결해 줄 거라고 생각했다.

천천히, 그렇지만 뚜렷하게 달라지는 찬이를 보면서 지금처럼만 잘 자라 준다면 아이가 사회의 일원으로 살아가는 데 큰 어려움이 없을 것이라는 생각이 들었다. 감사함과 평안함이 밀려왔다.

찬이와 같은 아픔으로 힘들어하는 가정, 부모들께 감히 전하고 싶다. 자폐, 언어장애, 학습장애, ADHD 등 많은 병명들이 있지만 포기하지 않으면 지금보다는 분명히 나은 삶을 살 수 있다.

아이마다 원인도 증상도 다양하겠지만 부족한 기능을 강화시키고, 균형을 맞추고, 통합하는 노력을 꾸준히 한다면 그것이 힘이 되고 기초가 되어 아이의 성장이 일어나고 새로운 변화가 나타날 수 있음을 꼭 기억했으면 좋겠다. 아이들은 무한한 가능성이 있고, 날마다 새로워지고 있다.

내겐 너무 간절했던 평범한 일상들

누군가 내게 물었다.
"느린 아이 부모로서 가장 원하는 것이 무엇인가요?"
"우리 아이가 평범하게 사는 것입니다!"

같이 울고, 웃고, 대화하고, 친구들과 좋은 것을 경험하고 제 할 일을 스스로 해 나갈 수 있는 평범함이 너무 간절했기 때문이다. 내 아이가 평범하게 살 때까지, 그리고 많은 느린 아이가 평범하게 살 때까지 '느린 아이연구소'를 운영할 것이다. 그리고 최선을 다해 도울 것이다.

혹시, 느린 아이를 둔 부모라면
그동안 수고하고 애써온 스스로를 격려하고 위로하면서 힘내시면 좋겠다.
부모가 힘을 내면 아이도 힘을 낸다.
부모가 웃어 주면 아이도 웃게 된다.

오늘 하루를 힘내서 살아가는 부모들과 우리 아이들을 축복합니다.

김동옥

참고문헌

이정주, 스마트폰 중독 이기는 아날로그 교육(중앙위즈, 2014, p.16)

박찬선, 느린학습자의 공부(이담북스, 2022, p.26)

캐롤라인 리프, 뇌의 스위치를 켜라(도서출판 순전한 나드, 2023, p.187)

이상수·이효주, 두뇌 발달을 결정하는 생후1년 우리아기 움직임(예지, 2015, p17)

김영훈, 배움이 느린 아이(시공사, 2022, p19)

Dr. Robert Melillo, 좌우뇌 불균형 아이들(이퍼블릭, 2012, p11)

정빛나래, 발달지연 영유아의 발달양상, 양육환경 및 임상적 특징(한신대학교대학원, 2015, p50)

신문과방송, 어린이 미디어 이용 조사(https://www.kpf.or.kr/front/news/articleDetail/596278.do)

메디컬월드뉴스(https://medicalworldnews.co.kr/news/view.php?idx=1510930787)

학습성장개발, 감각(https://developlearngrow.com/the-pyramid-of-learning/)

Part I.

느린 아이 부모인가요?

1.
느린 아이 vs 말만 늦은 아이

아이가 말을 할 시기에 말을 못하면 혹시 발달이 느린 아이가 아닌지 불안해 하면서도 그 사실을 마주하는 게 두렵습니다. 그래서 다른 건 괜찮은데 말만 조금 늦는다고 말씀하시는 경우가 많습니다.

그런데 막상 아이들을 보면 말만 늦은 경우는 정말 드뭅니다. 언어 영역뿐 아니라 다른 부분의 발달도 지연되어 있습니다. 빨리 개입해서 불편한 것들을 개선하면 좋을 텐데, '조금 더 지나면 말을 하겠지!' 하는 안일한 마음으로 치료의 중요한 시기를 놓치는 경우가 많습니다.

특히 "아이 아빠도 말이 좀 늦었으니 기다려 봐라." 하시며 치료를 말리시는 가족이나 주위분들이 정말 많아서 안타까웠습니다. 짧게는 몇 달에서 1년 정도의 시간은 아이에게 큰 변화가 일어날 수 있는 시간인데, 그냥 기다리며 소중한 시간을 흘려보내기 때문입니다.

골든타임을 절대 놓치지 마세요

느린 아이들이 골든타임이라 불리우는 영유아기에 빠르고 적절한 치료를 받지 못하면 결과는 크게 달라집니다. 단순 발달지연이라고 해도 치료와 교육을 하지 않고 내버려두면 또래와의 격차를 따라 잡을 수 없어 자폐스펙트럼과 같은 장애 진단을 받고 오는 아동이 있기도 하고, 정작 자폐스펙트럼 증상을 보여 걱정했던 아이가 빠른 치료 개입과 집중적인 교육을 통해 일반 아이 수준의 발달을 보이기도 합니다.

아이는 각자의 성향과 기질, 양육환경이 다릅니다. 또한 자연 속에서 또래들과 놀고 무공해 음식을 먹었던 옛날과 달리 현재는 놀이와 교육방법, 식습관, 가족 구성 등 많은 것이 바뀌었습니다. 때문에 '예전에도 괜찮았으니 지금도 괜찮을 거다.'라는 사고방식은 느린 아이에게 위험할 수 있습니다. 따라서 우리 아이가 단순히 말만 늦은건지 아니면 느린 아이인지 잘 살펴보셔야 합니다.

그럼, 느린 아이와 단순히 말만 늦은 아이는 어떻게 구별할까요?

첫째, 호명반응 여부입니다.

아이를 불렀을 때 "네!" 하고 대답하며 쳐다보는 것이 호명반응입니다. 말이 늦은 아이라도 이름을 불렀을 때 얼굴을 돌리고 자기를 부른 사람을 쳐다본다면 호명반응이 제대로 되는 것입니다. 그런데 여러 차례 불러도 전혀 미동없이 자기가 하는 일에만 집중하고 있다면 호명 반응이 안 되는 것입니다.

간혹 어떤 부모님께서는 집에서 부모와 있을 때는 호명반응이 된다고 말씀하시는데, 상담실에서 제가 불러보면 쳐다보지 않습니다. 어쩌다 한두 번 바라보는 것으로는 호명반응이 된다고 할 수 없습니다. 예를 들어 아이를 10번 불렀을 때 7~8번 정도는 돌아보거나 반응했을 때 '호명반응이 된다.'라고 말할 수 있습니다.

집중력이 좋아서 그런 거라고도 하시는데요. 자기가 좋아하는 것을 할 때에는 대부분 집중하게 됩니다. 하지만 이때에도 부모가 여러 번 불렀을때 돌아보는 것이 일반적입니다. 다시 말해 집중력이 좋아서 대답을 못하는 것이 아니라 호명 반응이 약하다고 보셔야 합니다.

둘째, 지시 따르기입니다.

아이에게 어떤 지시나 심부름을 시켰을 때 알아듣고 행동하는지 보시면 됩니다. 예를 들어 "이리와, ○○ 갖다줘, 쓰레기 버리자, 문닫아, 책상에서 내려와." 등과 같은 일상적인 지시를 했을 때 그에 맞는 행동을 한다면 단순히 말만 늦은 경우일 수 있습니다.

느린 아이는 이러한 지시를 했을 때 전혀 못 들은 아이처럼 자기가 하고 싶은 행동만 합니다. 여러 차례 반복해서 지시하며 그 행동을 요구하면 짜증을 내거나 울기도 합니다. 그 말에 대한 이해가 부족하기도 하고, 자기가 하던 것을 단순히 못하게 한다고 느낄 수 있습니다.

말을 표현하지 못해도 알아 듣는 것을 '수용언어'라고 하는데요. 이 수용언어가 되면 그에 맞는 행동을 할 수 있습니다. 그래서 단순히 말만 늦은 아이라면 지시 따르기에 적절히 반응할 수 있습니다.

셋째, 감정 느끼기입니다.

건강한 아이들을 보면 엄마가 기뻐서 웃는 것, 화내는 것, 슬픈 것 등의 감정을 느낍니다. 그래서 엄마가 웃으면 같이 웃기도 하고, 엄마가 화내면 울기도 합니다. 엄마가 슬퍼서 울면 놀라서 쳐다보기도 하고 눈치를 살피기도 합니다.

그런데 느린 아이들은 감정을 잘 느끼지 못하는 것처럼 보입니다. 자기 자신의 감정은 물론 상대방의 감정에도 관심이 없습니다. 옆에서 동생이 다치거나 아파서 울어도 무관심하거나 자기만의 놀이를 하곤 합니다. 감정을 느끼는 것이 매우 어렵습니다.

아이와 함께 신나게 웃어 보세요. 감정을 느끼는 아이는 엄마와 함께 웃고 울기도 하고, 자신의 속상함을 표현할 수 있을 거예요.

넷째, 사람에 대한 관심입니다.

대부분의 아이들은 혼자 놀다가도 엄마에게 와서 심심하다고 보채거나 뭔가를 요구하며 칭얼거리곤 합니다. 엄마가 일하는 것을 흉내내기도 하고, 도와주겠다고 하면서 더 큰 일거리를 만들기도 합니다. 끊임없이 엄마에게 달려들고 귀찮게 할 때가 많습니다.

하지만 느린 아이는 다른 사람에게는 별로 관심이 없습니다. 혼자서 조용히 잘 놀고 필요한 것이 있으면 직접 가져오곤 합니다. 심심할 것 같기도 한데 혼자만의 놀이, 혼자만의 시간을 가질 때가 많고, 오히려 누군가 옆에 있는 것을 불편해 합니다. 커튼 뒤나 의자 아래, 또는 베란다 등에서 혼자 있는 것을 좋아합니다.

아이가 지나치게 혼자 놀고 있지는 않은지, 심심해하지는 않는지, 다른 사람의 도움을 필요로 하지 않는지 관찰해 보시기 바랍니다.

다섯째, 놀이입니다.

부모나 친구들과 소통하며 놀이가 되는지 보셔야 합니다. 놀이를 하기 위해서는 상대방과 주거니 받거니 하는 소통이 이루어져야 가능합니다. 순서대로 게임을 한다든지, 까꿍놀이, 숨바꼭질 등을 해보면서 아이가 상호작용하는 모습이 보이는지 관찰해 주세요.

쉬운 예로 과자를 먹을 때도 "엄마 한 개!", "너도 한 개!" 하면서 나눠서 먹어 보세요. 주고받는 것을 경험하게 해주고 그것을 따라서 할 수 있는지 살펴보시면 됩니다. 혼자만의 놀이가 아닌 다른 사람과 함께하는 놀이에 반응한다면 좀 더 긍정적으로 기대하셔도 좋습니다.

아이가 부모와 눈을 맞추며 반응하고, 작은 놀이도 따라할 수 있다면 아이는 즐겁게 놀이하고 있는 것입니다.

아이와 눈을 맞추고 이름을 불러 주세요. 볼을 부비고 껴안아 주세요. 엄마의 따뜻한 숨결을 느끼며 아이는 행복해집니다. 엄마의 눈을 보고 목소리를 들으며 소통하고 싶어집니다.

2.
처음에 실수하기 쉬운 4가지

부모의 눈에 그저 예쁘고 사랑스럽기만한 아이가 느린 아이라는 것을 듣게 되는 순간 큰 절망감이 밀려옵니다. 도무지 믿어지지 않고 그럴 리가 없다고 부인하게 됩니다.

다른 병원에 가서 재검사를 해보기도 하고, 주위 사람들에게 괜찮다는 확인을 받고 싶어 여기저기 물어보기도 합니다. 거부감이 심한 경우에는 내 아이가 느린 아이가 아니라는 말을 들을 때까지 검사와 상담을 반복하는 것도 보았습니다. 그만큼 충격이 크신 거겠죠.

첫째, 진단명은 진단명일 뿐입니다.

4살된 여아를 데리고 상담하러 오셨던 어머님은 아이를 평범한 일반 아이 대하듯 하셨어요. 제가 보기에는 어머님이 말씀하는 것을 전혀 알아듣지도 못하고, 기초적인 인지나 지시 따르기, 말하기, 눈 맞추기, 호명반응 등이 전부 되지 않는 아이였어요. 어머님은 아이가 말만 조금 늦으니 3개월이면 좋아지지 않겠냐고 하시는데, 오랜 시간이 걸린다고 하면 너무 놀라실 것 같아 쉽게 대답을 할 수가 없었습니다.

교육을 시작하고 어머님께 틈틈이 상담을 해드리면서 가정에서 해야할 것과 부모의 양육태도 등을 알려드렸는데 그냥 시간이 지나면 좋아질 거라는 마음이 크셔서인지 실천하지 못하셨어요. 좀 더 심각하다는 것을 알려드리려고 병원에 가서 검사를 한번 해보시라고 권유하면서 "자폐스펙트럼 진단을 받을 수도 있으니, 너무 놀라지는 마세요."라고 했더니 그런 심한 말은 하지 말라고 하시더군요. 검사 결과, 자폐성이라는 결과가 나왔고 열심히 치료수업도 하고, 집에서도 같이 해주면 많이 좋아질 테니 힘내자고 말씀드렸습니다.

그런데 얼마 되지 않아 그만두겠다고 하시길래 왜 그러신지 이유를 여쭤봤더니 다른 기관의 선생님께서 아이가 자폐가 아니라고 했고, 엄마와의 관계만 잘 형성되면 말도 잘하고 좋아질 거라고 했다고 합니다. 자폐가 아니라는 말에 너무 기쁘셨나 봅니다. 골든타임의 중요한 시기에 더 열심히 노력해야 하는데, 어머님의 결정이 안타까웠습니다.

반대의 경우도 있습니다. 자폐스펙트럼 증상을 보인다는 소견을 받고 와서 2~3년 동안 열심히 교육한 뒤 자폐스펙트럼이 아니라는 결과가 나오기도 합니다.

진단명에 너무 위축되지 않기를 바랍니다. 아이의 현재 증상에 따라 구분해 놓은 진단명 때문에 앞으로의 발전 가능성조차 포기하는 실수를 하지 않으시면 좋겠습니다. 아이들에게는 무궁한 잠재력이 있습니다. 어떻게 교육하고 도와주느냐에 따라 결과는 너무 다르게 나타납니다.

부모에게 진단명이 무슨 의미가 있을까요? 그저 내 아이를 고치겠다는 마음이면 됩니다.

둘째, 아이가 보내는 SOS 신호를 놓치지 마세요.

혹시 아이가 좀 더 시간이 지나면 충분히 모든 것을 스스로 해낼 거라고 생각하시나요?

또래에 비해 1~2년 이상 뒤떨어지고 기본적인 소통조차 어렵다면 아이는 부모에게 자신의 힘든 상황을 도와달라는 신호를 보냅니다. 이미 자신의 힘만으로는 자연스럽게 다른 아이들처럼 성장하기가 벅차다는 것을 알려주는 것이지요. 우리의 몸과 뇌는 거울과 같아서 보여지는 그 부분의 뇌발달도 약하다는 것을 알아차리셔야 합니다.

또한 시간이 지날수록 발달의 차이가 커질 수 있다는 경고이기도 합니다. 아이는 끊임없이 도와달라는 신호를 보내는데, 부모는 '우리 아이는 아니겠지.' 하는 마음으로 이러한 신호들을 놓치고 있습니다. 순간의 잘못된 판단으로 아이의 불편함을 방치하고, 교육하기 좋은 시간을 낭비하고 있는 것은 아닌지 확인해 보셔야 합니다.

대개 어떤 사건이 일어나기 전에 전조증상이 있습니다. 아이들도 느린 아이라는 신호를 자주 보내줍니다. 말과 행동, 반응이 늦는 증상입니다. 그런데도 이러한 것들을 무시한다면 언어뿐 아니라, 또래 관계나 사회성 등 이후에는 더 큰 어려움을 겪게 될 것입니다.

반대로 이러한 신호를 빨리 알아차리고 적절한 방법으로 교육한다면 평범한 사회의 구성원으로 살아가는 데 어려움이 없을 만큼 성장하기도 합니다. 특히 뇌가 급속도로 발달하는 영유아기에 집중하여 도와준다면 뒤떨어진 차이를 충분히 따라가기도 합니다.

부모님께서는 아이의 입장에서 생각해야 합니다. 아이는 어떻게 해야할지 답답하고 힘든 상황에서 방법을 알려달라고 말하고 있음을 눈치채셔야 합니다. 이 시기야말로 부모의 도움이 절실히 필요한 시기입니다.

셋째, 전문기관에 맡기면 다 될까요?

상담과 검사 등을 통하여 아이가 느린 것을 알게 되면 대부분의 부모는 전문기관에서 교육을 시작하게 됩니다. 아이의 상태와 가정 형편에 따라 교육하는 시간과 방법은 다르겠지만 최선을 다해 열심히 노력합니다. 그런데 많은 부모를 만나면서 느낀 점이 있습니다. 전문기관에 다니는 것으로 마음에 위안을 얻고 안심하시는 거예요. 아이의 발달은 1~2년 이상 지연되어 있는데, 보통 일주일에 2~3시간 수업을 하면서 어느 정도 시간이 지나면 또래 아이들처럼 좋아질 거라고 기대하고 계시는 경우가 많습니다. 전문가에게 맡겼으니 알아서 해줄 거라 믿는 마음이 큽니다.

물론 전문가의 도움은 중요합니다. 하지만 지연된 것을 바로잡기에는 턱없이 부족한 시간입니다. 전문가의 조언과 상담을 통해 교육방향을 잘 설정하고 도움을 받되 가정에서도 함께 해주셔야 합니다. 반복하여 알려주고 경험하면서 뒤처진 차이를 좁혀야 합니다. 가정에서는 전혀 하지 않으면서 일주일에 몇 시간 교육받는 것으로 만족하시고 또래 아이들만큼 성장하길 기대하는 것은 무리입니다.

지금부터는 직접 하겠다고 마음 먹으시기 바랍니다. 부모가 직접 실천하며 함께 하는 시간이 많아질수록 아이는 빠르게 달라집니다.

넷째, 내 아이를 인정하는 것이 먼저입니다.

부모가 내 아이를 인정하는 것이 치료의 첫걸음입니다. 속상하고 힘들지만 아이의 앞날을 위해 하루 빨리 힘을 내고 필요한 것들을 채워주셔야 합니다. 체면 때문에, 사회적 위치 때문에 인정하기 어려우신가요? 부모님께서 인정하는 시간이 길어질수록 황금같은 시간을 낭비하게 되고 치료기간도 길어지게 됩니다.

간혹 아이가 느린 것을 인정하지 못해서 오랫동안 힘들어하며 치료조차 제대로 하지 못하는 것을 봅니다. 정말 안타깝습니다. 내 아이가 느린 아이라는 것을 인정하는 순간 적극적으로 치료에 참여하게 됩니다. 전문기관을 찾아 교육도 받고, 가정에서 해야 할 것들을 배우고 실천하게 됩니다. 안일했던 양육방법이나 태도를 돌아보고 아이를 위해 할 수 있는 것들을 바꾸게 됩니다.

　일반 아이처럼 여겨져서 잘 안 되거나 못하는 것을 보면 답답하고 속상했는데, 느린 아이의 눈높이로 바라보니 얼마나 힘들었을지 이해하게 되고 기다려 줄 수 있는 여유가 생깁니다. 화를 내고 다그치기보다는 돕는 자의 역할을 할 수 있게 됩니다. 아이가 편안해집니다.

　혹시 '내 아이는 아닐거야.'라는 생각만으로 아이를 보고 계신 건 아닌지요? 부모인 우리는 누구보다 내 아이를 잘 알고 있습니다. 혹시 몰랐던 부분이 있어도 충분히 관찰하고 살펴볼 수 있습니다. 가장 많은 시간을 함께하고 있고 아이의 성향이나 기질도 잘 알고 있으니까요.

　아이를 그대로 바라볼 수 있는 여유를 가지셨다면 어디가 약한지, 무엇이 안 되고 불편한지 알아볼 수 있는 방법은 얼마든지 있습니다. 가장 먼저 아이를 있는 그대로 인정할 수 있는 마음의 눈을 준비해주세요.

핵심 Point

　느리게 성장하는 아이들이 있습니다. 그것을 발견했다면 격려하고 도와주면 됩니다. 비교하고 조급해 하지 마세요. 조금 느리지만 결국 해냅니다. 부모의 믿음이 아이를 힘나게 하고 일어서게 합니다.

3.
왜 부모교육이 중요한가!

처음 발달센터를 운영하면서 느린 아이에게 관심이 컸습니다. 저 역시 느린 아이를 키우는 엄마였고, 아이들에게 부족한 것을 열심히 교육하면 좀 더 빨리 좋아질거라 기대했기 때문입니다. 교사들을 격려했고 부모님의 심정을 생각해서 잠시의 시간도 낭비하지 말자고 다짐했습니다. 그런데 시간이 지날수록 똑같은 수업을 했는데도 아이들의 속도는 제각각 다르다는 것을 느꼈습니다.

 빠른 변화를 원한다면 부모교육이 우선되어야 합니다

거기에는 성향이나 기질뿐만 아니라 부모의 역할이 숨어 있었습니다. 아이를 잘 교육하는 것도 중요하지만 부모의 생각과 습관, 양육 방식을 바꿔야 시너지효과가 난다는 것을 깨닫게 되었습니다.

어떤 부분에서 그럴까요?

첫째, 부모와 가장 많은 시간을 보내기 때문입니다.

일주일 동안 센터에서 교육을 잘 받던 아이였는데 주말이 지나고 월요일이 되면 다시 이전의 상태로 돌아가거나 어린아이처럼 칭얼거리며 짜증을 내는 아이들이 있습니다. 그러면 다시 반복하여 알려주고 수업할 자세를 잡는 데 하루나 이틀의 시간이 걸리곤 합니다. 물론 주말 동안 신나게 보내다가 집중된 교육을 하려니 싫을 수도 있을 거예요. 하지만 유독 심한 아이들이 있습니다. 그런 경우 부모의 양육태도나 방법이 달랐던 경우가 많았습니다.

예를 들어 센터에서는 아이가 뭔가를 요구할 때 행동이나 말, 그것도 힘들면 손짓이나 입모양이라도 움직여 표현하도록 유도합니다. 그러면서 한 번이라도 더 소통을 시도하는데요. 주말 동안 부모와 있으면서 그저 부모가 제공해주는 대로 먹고, 입고, 놀다가 옵니다. 그러다가 다시 센터에 와서 선생님들이 "아~ 해보자.", "손 들어보자." 하면 귀찮기도 하고 힘들어서 짜증을 내버립니다.

센터에서 교육하는 부분을 집에서도 같이 해주셔야 됩니다. 교육에 일관성이 있으면 좀 더 빠른 변화를 보이게 되는데, 부모와 시간을 보내는 동안 가만히 있어도 원하는 것을 얻게 되므로 교육의 일관성이 흐트러지는 것을 보게 됩니다.

센터에서의 시간은 짧습니다. 길어야 매일 2~3시간입니다. 나머지 시간은 대부분 부모와 함께하는데 사소한 것 하나라도 센터와 같은 방향으로 유도하고 알려주는 습관을 가진다면 그 효과는 클 수밖에 없습니다.

둘째, 부모의 영향력이 가장 크기 때문입니다.

영유아기 아이에게 부모의 존재는 절대적입니다. 느린 아이는 초등학생이어도 그런 경우가 많습니다. 전적으로 부모의 판단과 기준, 생각에 따라 모든 것이 바뀔 수 있습니다.

생존의 본능일 수도 있고, 긴장이나 불안감이 느껴지면 더욱 부모의 눈치를 살피기도 합니다. 그러한 부모의 태도와 말, 행동들은 옳고 그름의 기준을 떠나 무조건적일 수 있습니다.

또한 부모의 양육태도와 습관을 그대로 배웁니다. 늘 함께 생활하면서 보고, 학습하는 것이 아이에게 그대로 전달됩니다. 아이에게 도움이 되는 좋은 습관이나 행동은 건강한 속도를 내게 하지만, 그렇지 않은 것은 방해가 됩니다.

따라서 가정에서 부모가 함께 기초적인 활동이나 교육을 해주는 경우에는 아이의 변화가 눈에 띄게 나타나지만, 전문기관에만 의존하는 경우에는 그만큼의 속도를 내지 못합니다.

전문기관에 아이를 보낸다는 이유로 부모의 역할이 끝났다고 생각하면 오산입니다. 전문기관에서 가이드라인을 제공받아 가정에서 꾸준히 지도해 주어야 합니다. 작은 자투리 시간, 말, 놀이활동 등 모든 학습의 장이 될 수 있는 곳이 바로 가정이며, 부모의 관심으로 아이의 부족한 부분을 채울 수 있는 곳도 가정입니다.

셋째, 부모가 아는 만큼 아이의 성장이 빨라집니다.

부모가 내 아이를 제대로 아는 만큼 아이에게 접근하는 방법이나 바라보는 시선이 달라집니다. 그래서 부모교육이 필요합니다. 부모는 많이 그리고 정확하게 알아야 합니다.

간혹 아이를 보면 신체적인 발달도 약하고 상호작용, 인지적 사고 등에 어려움이 큰데 말만 좀 늦을 뿐이라며 사회성 수업을 하고 싶다는 부모님도 있습니다. 테스트를 해보면 사회성 수업을 하기에는 무리여서 개별적인 집중교육을 권하게 되는데, 잘하는 아이들 틈에 있고 싶은 부모님께서는 서운해 하십니다.

이처럼 아이의 상태와 부모의 주관적 견해는 다를 수 있어서 자신의 생각들이 맞는지 전문가와 함께 점검해 보셔야 합니다. 아이에게는 너무나 소중하고 돌이킬 수 없는 시간들입니다. 제대로 알고 제대로 접근하고 노력하셔야 합니다. 그 어떤 치료법보다 부모가 알고, 달라지는 것이 훨씬 효과적입니다.

늘 우리 아이의 현재 수준을 확인하셔야 됩니다. 신체적 나이보다 발달 수준에 눈높이를 맞춰 교육해야 합니다. 현재 나이는 4세이지만 언어나 신체발달 수준이 2세라면 2세 수준에 맞는 활동이나 언어를 교육해야 합니다. 벌어진 차이만큼 부족한 부분을 채우고 확장해주는 집중적인 교육이 필요합니다.

또한 일상생활에서는 또래 아이의 언어도 들려주어야 합니다. 아이가 이해하기 힘들 것 같아 또래 아이의 언어를 들려주지 않으면 이후에 또다시 그만큼의 간격이 벌어지게 됩니다. 부족한 부분에 집중하되 현재 단계에서 이루어야 할 것들도 함께해야 좀 더 시간을 아낄 수 있습니다.

아이에게 부모는 우주와도 같은 존재입니다. 현재 아이의 성장단계를 알고 잘 이끌어 주면 부모가 손짓하는 대로 따라옵니다. 평소의 작은 습관과 방법만 바꿔도 아이가 달라지는 것을 느끼실 거예요. 부모인 내가 먼저 힘을 내야 되겠죠?

4.
죄책감은 그만! 아이 성장의 걸림돌

우리 아이가 느린 아이라고 생각하는 순간 부모는 아이에 대한 미안함에 사로잡히게 됩니다. 임신에서 출산까지, 또는 그 이후를 곰곰이 되짚어 보며 어디에서 아이에게 문제가 생긴 걸까 찾게 됩니다. 여러 가지 추측할 수 있는 것들이 있겠지만 정확한 원인을 찾으려다 보니 사소한 것까지 모두 부모 때문인 것 같습니다.

'임신한 것도 모르고 먹었던 감기약이 문제가 된 건 아닐까?'

'뱃속에 있을 때 태동이 별로 없었는데 운동이 부족했던 걸까?'

'출산일이 다 됐는데도 아이가 나오지 않아 유도분만을 한 게 원인이었을까?'

'큰 소리로 부부싸움을 해서 그럴까?'

'힘들다고 아이와 잘 놀아주지 못해서 그런 걸까?'

'유전 때문일까?'

이처럼 끝도 없이 이어지는 생각의 고리속에 빠지게 됩니다.

저도 그랬습니다. 임신한 것도 모르고 놀이기구를 탄 것, 약을 먹은 것, 아이가 유난히 많이 울어서 힘들게 했던 날 화를 냈던 것 등 무엇하나 안 걸리는 게 없었습니다. 감당하기 힘든 현실을 마주하게 된 부모들은 다 자신의 탓인 것만 같습니다.

그때 '조금만 더 잘할 걸!'하는 후회가 밀려옵니다. 왠지 나 때문에 우리 아이가 이런 상황에 놓인 것만 같습니다. 심한 경우에는 죄책감으로 아무것도 할 수 없는 심리적 상태에 이르기도 합니다.

부모 탓이 아닙니다

가급적 이 단계를 빨리 뛰어 넘으셔야 합니다. 의학계에서 발달장애의 경우 주로 선천적인 원인을 이야기합니다. 대부분 부모의 탓이 아닌 경우가 많습니다. 설령 양육하는 과정에서 잘못 알았던 부분이 있다고 해도 내 아이에게 문제가 될 것을 알면서 뭔가를 하는 부모는 없습니다. 잘잘못을 따지는 것은 어떤 식으로든 도움이 되지 않습니다. 그러니 너무 자책하지 않으시면 좋겠습니다. 잠시 수용하고 감정을 추스릴 시간이 필요할 수는 있지만 너무 오래 걸리지 않기를 바랍니다. 스스로를 갉아먹는 부정적인 생각에 사로잡혀, 힘내서 나아가야 할 귀중한 시간을 낭비해서는 안 됩니다. 아이는 이 시간에도 자라고 있고, 도움을 필요로 하고 있음을 기억해 주세요. 지금부터 잘 도와주면 됩니다. 우리 아이에게는 오늘 하루가 너무 소중합니다. 오늘 하루가 쌓여서 내일의 놀라운 변화가 올 테니까요.

간혹 아이의 힘듦을 보면서 좀 더 잘해주지 못한 자신에게 벌주듯이 상처를 내는 부모를 봅니다. 또한 아이가 힘들고 어려운데 부모인 내가 편하면 안 될 것 같아서 스스로 힘들게 하기도 합니다. 이러한 부모의 감정은 아이에게 전혀 도움이 되지 않습니다. 특히 엄마가 울고, 힘들어 하고, 우울해 하면 아이는 즐거울 수가 없습니다. 더욱 위축되거나 눈치를 보게 됩니다. 엄마가 힘들어 하는 것이 자기 때문인 것 같아 더 조심하게 됩니다.

 ## 더 많은 경험과 기회를 주세요

느린 아이일수록 더 많이 표현하고 적극적으로 참여하고 경험해야 합니다. 느린 부분들을 따라가기 위해 더 열심히, 더 많이 익혀야 하니까요. 그런데 정서적으로 위축되거나 자신감이 없는 아이들은 어떤 활동에도 잘 반응하지 않고 소심하게 행동합니다. 이러한 반응 때문에 발달의 차이를 따라가는 데에 오랜 시간이 걸릴 수밖에 없습니다.

자신감을 갖도록 해주시고 격려해 주셔야 됩니다. 좀 틀려도, 실수해도 괜찮다고 해주세요. 바라만 보고 있기보다 뭐든지 참여해서 실수하는 것이 훨씬 더 건강하고 바람직한 모습입니다. 좀 더 자극을 주고, 하고 싶은 의지를 갖게 하는 것만으로도 시간을 단축시킬 수 있습니다. 좀 더 속도를 낼 수 있습니다.

얌전히 아무것도 안 하고 앉아 있는 아이보다, 예민하고 까칠하고 공격적이기까지 한 아이들이 더 빨리 속도를 내는 것을 종종 보게 됩니다. 조용한 아이의 경우 내면의 힘과 의지, 반응을 끌어내는 데 시간이 더 걸리기 때문입니다.

그러기 위해서 부모의 마음이 편안하고 안정되어야 합니다. 아이가 그 안정감을 느끼며 자신있게 행동하기 때문입니다. 겉으로 보여지는 것만이 아니라 마음속 깊은 곳에서 진심으로 아이를 믿고 기다릴 수 있는 준비를 하셔야 합니다. 아이들이 태어나서 걷기까지는 1년이라는 시간이 걸립니다. 한두 달만에 눈에 띄도록 확확 변하지는 않습니다. 발달의 과정을 지나고 채워져야 비로소 변화되는 모습이 보이게 됩니다.

한두 달이 지나도 아이가 큰 변화가 없다고 초조해 하시고 화내는 모습을 보이면 아직 제대로 시작도 못한 아이는 그 자리에서 긴장하여 앞으로 나아갈 수가 없습니다.

매일 아침 하루를 시작하기 전에 오늘 하루가 우리 아이에게 새로운 날이 될 거라고 생각하며 힘을 내시면 좋겠습니다. 기대와 희망을 가지세요. 똑같은 하루 같아 보이지만 오늘도 아이들에게는 물을 주고 영양분을 공급하며 일어서기 위해 힘을 내는 시간이 될 것입니다. 조금 더 여유를 가지고 아이를 보며 웃어주시고 격려해 주시기를 부탁드려요.

부모가 웃으면 아이도 웃습니다. 부모가 힘을 내면 아이도 힘을 냅니다. 부모가 수고하고 애쓰는 그 길에 우리 아이도 최선을 다해서 노력하고 있다는 것을 잊지 않으시면 좋겠습니다.

부모 탓을 하며 죄책감을 가지기보다 더 많은 경험과 기회를 가지게 해주세요. 부모가 웃으면 아이도 웃습니다. 부모가 힘을 내면 아이도 힘을 냅니다.

5.
짧게 1년, 길게 10년!
어느쪽을 선택하시겠어요?

상담하러 온 아이 중에는 지금 빨리 치료를 해야하는 아이가 보입니다. 더구나 성장이 활발한 골든타임을 지나는 아이라면 제 마음을 더욱 안타깝게 합니다. 그래서 발달과정과 방향을 짚어 드리며 하루라도 빨리 시작하도록 권해드립니다. 그래야 기간도 단축시키고 좀 더 빠른 결과를 볼 수 있기 때문입니다.

그런데 부모님 중에는 치료를 위해 수업하는 것을 머뭇거리는 경우가 많습니다. '우리 아이가 꼭 수업을 받아야 할까? 좀 더 기다리면 좋아지지 않을까? 시간이 지나면 자연스럽게 말도 터지지 않을까?' 하는 마음이 앞서기 때문입니다. 물론 경제적인 비용과 부모가 시간을 내서 데리고 와야 하는 등의 요인들도 포함될 것입니다.

하루 먼저 시작하면 한 달을 앞서 갑니다

조금만 기다리면 될 것 같은 아이가 있는 반면, 기다릴수록 발달의 차이가 커질 것으로 예상되는 아이도 있습니다. 느린 아이의 경우 스스로 일어설 힘이 부족하고 방법을 몰라서 늦춰진 경우가 많습니다. 그런데 기다린다고 해결될까요? 아닙니다. 이제는 적극적으로 개입하고 도와주어야 합니다.

모든 아이는 비슷한 종류의 뇌세포와 뉴런을 가지고 태어납니다. 뉴런을 연결하는 것을 시냅스라고 하는데요. 아이에게 다양한 자극을 주면 시냅스가 계속 생겨나고 서로 연결합니다. 그런데 자극을 주지 않으면 단절되겠지요. 때문에 적절한 시기에 적절한 자극을 주어야 하는데, 느린 아이는 이러한 자극이 부족한 경우가 많습니다.

아이의 발달에 중요한 영향을 끼치는 시냅스는 다양한 자극과 교육을 통해 생겨나기도 하고 없어지기도 합니다. 36개월에 가장 급격하게 증가하기 때문에 이 시기를 골든타임이라고 말합니다. 따라서 이 시기에 뇌 발달이 적절하게 이루어지고 건강하게 성장하기 위해서는 많은 자극을 주어야 합니다. 이 시기를 놓치면 뇌 발달이 지연되거나 왜곡될 수 있기 때문에 결정적인 시기라고도 합니다. 즉 이 시기에 적절한 언어 자극이 없으면 언어 발달에 필요한 시냅스는 할 일이 없어서 그 기능을 잃게 되고 이후의 언어 발달은 힘들어지게 됩니다. 감각이나 신체발달 등 다른 영역도 마찬가지입니다.

이제는 기다릴 시간이 없습니다. 하루하루가 너무 소중합니다. 특히 느린 아이라면 발달의 속도를 맞추기 위해 2배, 3배의 노력이 필요합니다.

뇌의 발달이 왕성하게 일어나는 시기에 충분한 자극을 주는 하루의 시간은, 기다리며 보내는 한 달의 시간을 앞당길 수 있습니다. 1년 사이에 집중해서 부쩍 성장하는 아이도 있고, 이런저런 이유로 미루다가 초등학생이 되어 후회하는 경우도 있습니다. 지금 바로 교육하고 도움을 주어야 하는데, 아직도 '잘 되겠지.' 하는 안일한 마음으로 시간을 허비하는 것이 너무 안타깝습니다.

또래와 6개월 이상 차이 난다면 도움이 필요합니다

판단이 어려우시면 이렇게 생각해 보세요. 우리 아이가 또래보다 6개월 이상 차이 나는 느린 아이라면 하루 빨리 부족한 것을 채우기 위해 치료적인 수업을 시작하시면 됩니다. 또래에 비해 6개월 이상 차이가 난다면 어떤 부분에서라도 약간의 불편함이 느껴질 것입니다. 그렇다면 더 고민하실 필요가 없습니다. 시간은 기다려주지 않으니까요.

혹시 기다리면 자연스럽게 해결될 조금 늦은 아이라고 생각되시나요? 저라면 이같은 경우에도 빨리 개입해서 발달의 속도를 내도록 할 것입니다. 그 시간 동안 아이가 겪을 불편함을 줄여주기 위함입니다.

만약의 경우 기다려 봤는데 발달의 차이를 따라잡지 못하면 어떻게 될까요? 뒤늦은 후회와 어려움이 생기게 됩니다.

예를 들어 지금은 또래에 비해 조금 부족하지만 1년 후에 말도 하고 좋아질 수 있는 아이라고 생각해 보세요. 1년 후에 좋아질 수 있다니 그냥 기다리기만 하면 될 것 같지만 그 기간 동안 또래 아이들과 편하게 어울리지 못할 수 있고, 나보다 잘하는 아이들을 보며 위축되거나 자신감을 잃을 수도 있습니다. 그러면 사회성 발달에도 어려움이 생길 수 있어요. 이후에 또래 아이들과 어울릴 정도로 발달해도 심리적인 위축 등의 불편함을 해결해야 하는 노력이 필요합니다.

적극적인 치료와 개입을 통해 1년을 6개월로 줄이면 아이가 6개월 빨리 또래 아이들과 소통하고 어울리며 불편한 시간을 줄일 수 있습니다. 좀 더 발달을 촉진해서 우리 아이가 불편한 시간이 줄고 이후에 발생할 수 있는 어려움이 줄어든다면 지금 개입하지 않을 이유가 있을까요?

많은 자극을 주고 도움을 주는 것에 부작용 따위는 없습니다. 현재의 작은 차이를 빨리 해결해서 평범한 일상을 누리는 아이가 되도록 도와주세요.

또래 아이들은 영재교육도 하면서 좀 더 빠른 발달의 결과를 얻으려고 하는데 우리 아이의 느린 속도를 그냥 두고 보는 것은 너무 안일한 대처입니다. 하루라도 빨리 건강한 성장을 이루도록 해주셔야 합니다.

느린 아이도, 문제없어 보이는 아이도 6개월 정도 발달의 차이가 난다면 지금 바로 교육을 시작하세요. 성장을 격려하고 돕는 것은 문제가 되지 않습니다. 하지만 그대로 두면 더 큰 발달의 차이와 어려움을 가져올 수 있습니다. 오늘 하루가 우리 아이에게는 결정적 시간이 될 수 있습니다.

6.
아이 성장을 앞당기는 키포인트 4가지

아이에게 부모는 그 누구보다 많은 영향력을 끼치는 존재입니다. 부모는 아이의 거울이라고 할만큼 부모의 행동이나 습관, 태도가 아이에게 그대로 전해지기 때문이겠지요.

아이에게 부족함이나 문제 행동, 개선해야 할 부분이 있다면 그것들을 도와주는 것 또한 부모의 역할이 아닐까 생각합니다.

느린 아이 부모들을 만나보면, 많이 놀라고 힘들어 하십니다. 인정하고 싶지 않기도 하고 치료를 미루기도 합니다. 하지만 더욱 정신을 가다듬고 아이와 함께 힘을 내셔야 합니다. 당장 뭘 해야 할지 모르겠고, 혼란스러우실 거예요. 차차 이해하고 알아가실 수 있겠지만 우선 마음을 다지고 실천할 수 있는 것들을 시작해 보시기 바랍니다.

첫째, 아이의 위치를 잘 확인해 주세요.

부모의 눈에는 괜찮을 수도 있겠지만 제대로 아이를 파악하지 못하면 소중한 시간을 그냥 흘려버리게 됩니다. 전문기관이나 병원을 통해 우리 아이의 현재 상태와 수준을 정확히 확인하고 살펴보시기 바랍니다.

옆집 사람, 가족, 지인의 말만 듣고 안심하거나 검사를 미룰 것이 아니라 현재의 아이 상태를 정확히 아는 것이 중요합니다. 객관적인 검사를 통하여 내 아이의 상태를 인지하고 있어야 앞으로의 계획을 세우실 수 있습니다.

아이에게 문제가 있는 것을 발견했음에도 불구하고 주변의 말을 들으며 시간을 낭비하는 경우를 많이 봅니다. 정말 궁금하고 걱정된다면 전문가와 상담하시기 바랍니다.

부모가 얼마나 아이를 잘 파악하고 올바른 교육방향을 잡았는지에 따라 아이의 치료기간은 짧아질 수 있습니다. 무분별하게 여기저기 기웃거리며 내 아이와 맞지도 않는 치료를 하면서 중요한 시기도 놓치고 비싼 비용을 지불하는 것을 볼 때면 참으로 안타깝습니다.

둘째, 미디어를 전부 차단해 주세요.

제가 가장 강조하는 부분이기도 한데, 영유아기에 미디어는 정말 도움이 되지 않습니다. 휴대폰, TV, 컴퓨터, 오디오, 소리나고 반짝이는 장난감까지 미디어에 관련된 것은 모두 치워주세요. 동요를 들려주는 것도 CD가 아닌 엄마, 아빠의 목소리로 들려주셔야 합니다.

미디어의 편리함을 버리고 부모가 직접 하는 불편함을 선택하시기 바랍니다. 밥을 먹일 때나 칭얼거릴 때 힘드실 수 있을 거예요. 이미 미디어에 어느 정도 노출된 아이들은 차단할 때 떼를 쓰기도 할 거예요. 하지만 반복하고 또 반복해서 안 되는 이유를 알려주시고, 다른 것으로 전환해 주셔야 합니다. 부모가 힘들다고 해서 미디어를 손에 쥐어 주는 일은 당장 멈추셔야 합니다. 오히려 생각보다 빠르게 아이들이 미디어 없는 환경에 적응하는 것을 보실 수 있을 거예요.

셋째, 부모가 수다스러워져야 합니다.

느린 아이는 대부분의 영역에서 발달이 늦은 경우가 많은데 충분한 자극과 경험이 필요합니다. 특히 말을 잘 하는 것에 가장 관심이 많고, 말을 통해 학습이 이루어지고 발달하는 부분이 크다 보니 언어 자극이 풍부해야 합니다. 때문에 일상의 모든 생활과 마주하는 상황에서 아이에게 끊임없이 말해 주시고, 그것을 듣고 이해하는 것이 무척 중요합니다.

어떻게 말해야 할지, 무엇을 말해야 할지 잘 모르시면 아이와 생활하는 모든 순간을 말로 해준다고 생각하세요. 일상의 활동뿐 아니라 감정을 느끼고 표현하는 것, 직접 부딪히는 상황에 대한 설명이나 해결하는 과정, 또 책을 읽거나 학습시에도 질문하고 대답하며 이야기 나눌 수 있습니다. 가장 많이 들은 말부터 따라할 것이고, 이해하게 될 것입니다.

넷째, 적극적인 치료를 시작하세요.

일단 좀 더 기다려 보겠다는 생각을 버리고 지금 즉시 가까운 전문기관을 찾아 치료에 대한 계획을 세우시기 바랍니다. 지나간 시간은 어떤 식으로든 되돌릴 수 없습니다.

최소 몇 년 동안은 아이의 성장과 발달에 우선 순위를 두면 좋겠습니다. 경제적인 비용과 시간, 체력, 여가생활 등 아이의 앞날을 위해 잠시 양보해 주세요.

가능한 범위 내에서 전문교육이나 수업을 한 시간 더 하고, 한 두마디 하던 말을 열 마디, 스무 마디로 늘려 주세요. 또 지금보다 두 배 이상 놀아 주시고, 주말이면 야외로 나가 새로운 경험과 자극을 얻도록 도와주셔야 합니다. 한 번 더 눈을 맞추고, 한 번 더 소통하는 것들이 쌓여서 아이는 어느 순간 달라지고 커 나갈 거예요.

지금부터는 '좋아지겠지, 괜찮겠지.' 하는 안일한 마음을 버리고 적극적으로 아이와 함께해 주세요. 시간이 지나면서 후회와 아쉬움이 아닌, 가장 소중한 시간이었음을 깨닫게 될 것입니다.

 부모의 선택에 따라 아이의 내일이 달라집니다

느린 아이 치료에 가장 큰 걸림돌 중 하나는 부모의 잘못된 인식입니다. 아이는 힘들다고 표현하는데, 부모는 괜찮다고 합니다. 부모의 잘못된 판단과 선택으로 아이들은 더 오랜 시간 불편함을 느끼게 되고, 이로 인해 또 다른 문제들이 나타나기도 합니다.

기관을 방문하여 치료도 하시고, 전문가의 조언을 받아 가정에서 할 수 있는 것들을 열심히 실천하시기 바랍니다. 새롭게 자극을 주고, 반복하여 훈련하고, 잘하는 것은 더 잘할 수 있도록 하셔야 합니다.

아이에게 도움이 되는 것들은 강화하시고, 불필요하거나 방해가 되는 것들은 과감히 없애셔야 합니다. 가정에서의 활동과 습관을 아이의 성장에 도움이 되는 것으로 바꾸시기 바랍니다. 부모가 다 해주셨던 것들을 아이가 할 수 있도록 하시는 것도 좋습니다. 청소나 빨래 등 집안일에 동참시켜 주시고, 간단한 심부름을 자주 시키는 것도 좋습니다. 물론 일거리가 더 늘어나고 일일이 가르쳐야 되니 부모가 직접 하는 것이 편할 수도 있습니다. 하지만 이제는 불편하더라도 아이에게 교육이 되고 성장할 수 있는 기회로 바꾸셔야 합니다.

언제까지 떠 먹여 주시겠습니까? 가정에서의 작은 행동, 부모의 작은 습관 변화가 우리 아이의 건강한 밑거름이 됩니다.

이제부터는 편리한 것을 버리고 불편한 것을 선택하셔야 합니다. 디지털 기기의 도움보다 아날로그 방식으로 하시는 것이 좋습니다. TV나 스마트폰의 소리보다 엄마, 아빠의 목소리를 많이 들려주세요. 어느 순간 혼자 놀던 아이가 엄마, 아빠를 향해 웃고 다가올테니까요.

7.
맘카페가 정답은 아닙니다!

많은 부모님을 만나면서 가장 안타까운 점은 초기 정보가 너무 부족하다는 것입니다. 또한 잘못된 정보도 많아서 어디로 가야할지, 어떻게 맞는 건지 판단하기 어렵습니다.

그렇기 때문에 부모님께서는 여기저기 가까운 주변 사람에게 물어보게 됩니다. 그러다가 어디서 어떤 치료를 했더니 아이가 좋아졌더라 하면 그 말을 믿고 치료를 시작합니다.

아이마다 원인도, 증상도 다르고 치료적 접근방법도 잘 살펴야 되는데 무조건 같은 결과를 내리라 기대합니다. 가끔은 오히려 치료를 안 하니만 못하게 아이의 증상이 심해져서 오는 경우도 있습니다. 시간과 비용을 들이고 노력했는데 오히려 부작용이 나타난다면 얼마나 속상할까요? 그래서 처음에 아이를 잘 살피고 방향을 잡는 것이 무척 중요하다고 강조해서 말씀드립니다.

초기 상담은 무조건 전문가에게!

딱히 물어볼 곳이 없다보니 부모들은 인터넷으로 검색하게 되고, 비슷한 부모들이 많은 맘카페에 가입하게 됩니다. 왠지 든든하기도 하고 나 혼자만 겪는 것 같은 일을 다른 사람들도 겪고 있다고 생각하니 위로도 됩니다. 서로 격려도 하고 힘이 되어 주는 것이 좋습니다.

그런데 주의할 점이 있습니다. 맘카페 회원들은 느린 아이를 키우는 부모이긴 하지만 전문가는 아니라는 점입니다. 각자 자기의 아이에 대한 정보와 주관적인 생각들을 쏟아내는 곳이니만큼 혹하는 바람에 내 아이의 교육 방향이 이리저리 흔들리는 것은 조심해야 합니다.

오래 전에 맘카페에서 6개월 정도 칼럼을 쓴 적이 있습니다. 칼럼을 쓰면서 시간이 되면 고민글을 보고 남의 일 같지 않아서 한마디라도 도움이 되고 싶어 간단하게나마 댓글도 달아드리곤 했습니다. 게시글 아래로 수많은 댓글이 달립니다. 그 내용을 보니 자기 생각과 경험들을 이야기한 것이 많았습니다. 뿐만 아니라 '이렇게 하면 된다, 안 된다.' 하는 글 중에는 잘못된 정보도 많았는데 느린 아이 부모라는 공감 때문에 그것이 맞는지 확인하지도 않은 채 결정을 내리는 경우도 보았습니다. 정확한 정보가 없으니 "우리 아이는 아니더라, 괜찮더라." 하는 말만 듣고 오히려 혼란에 빠지게 됩니다.

저에게 오셨던 한 어머님도 맘카페 이용을 많이 하는 분이셨어요. 매주 새로운 질문을 가지고 와서 상담을 하곤 하셨는데 근본적인 아이의 상태나 교육법보다는 '이렇다더라~ 저렇다더라~' 하는 맘카페 어머님들의 의견을 이야기하며 모든 아이의 증상과 방법을 물어보셨어요.

현재 치료 중인 아이의 상황과 치료법을 말씀드려도 매주 아이와 상관없는 새로운 내용을 상담하러 오시니 힘들기도 했습니다. 몇 달을 지켜보다가 맘카페를 들어가지 마시고 치료에만 전념하자고 말씀드렸던 기억이 납니다. 맘카페에서 위로 받고 정보를 얻으시는 것도 참고만 하시고, 이제는 내 아이에게 집중하자고 말씀드렸습니다. 그 시간을 줄이고 아이를 위해 미션 드린 것을 한 번 더 실천해 주시기를 부탁드렸습니다.

맘카페의 글과 내용은 참고만 하시고 아이에 대한 것은 전문가와 상담하시기 바랍니다. 전문기관에서 아이의 상황을 정확히 듣고 그에 맞는 교육을 하시면 좋겠습니다. 내 아이와 맞지 않는 다른 길을 갔다가 돌아올 시간적 여유가 없습니다.

내 아이에게 집중하는 오늘 하루, 한 시간이 큰 변화를 가져옵니다.

초기정보에 따라 아이의 방향성이 크게 달라집니다. 비슷한 증상은 있어도 똑같은 아이는 없습니다. 가족도 지인도 아닌 꼭 전문가와 상담하세요. 올바른 방향을 잡아야 합니다. 그리고 아이에게 집중하고 행동하는 것이 빠른 변화를 가져옵니다.

8.
느린 속도를 따라잡는 '시간의 양'

느린 아이란 각 시기(영아기~청소년기)마다 발달해야 하는 부분들이 잘 채워지지 않아 또래에 비해 발달이 늦어진 경우를 말합니다.

정상범위에서 어느정도 차이가 나는지에 따라 단순 발달지연, 또는 발달장애로 말하기도 합니다. 몸, 말, 생각, 어울림 등 모든 발달은 서로 연결되어 있으며, 한 영역이 부족하거나 약하면 다른 영역에도 영향을 미칠 수 있기에 전반적인 발달이 잘 이루어져야 건강하다고 할 수 있습니다. 때문에 아이가 발달하는 모든 단계에서 충분한 자극과 학습이 필요하고, 부족한 영역이 있다면 더 늦기 전에 채워 주셔야 합니다.

하지만 늦어진 발달을 따라 가는 것이 쉽지만은 않습니다. 또래에 비해 학습이나 사회적 기술 등을 습득하는 데 더 오랜 시간이 걸립니다. 때문에 하루라도 빨리, 2배 이상 집중적으로 해야 한다고 말씀드리는 것입니다. 부모의 입장에서는 아이를 위해 치료기관에 보내고 집에서도 열심히 노력하시니 좋아지리라 기대합니다.

맞습니다. 애쓰고 노력하는 만큼 좋아질 것입니다. 그런데, 한 가지 생각하지 못하는 부분이 느린 아이를 빠르게 성장시키는 '시간의 양'입니다. 전문병원이나 기관, 비싼 교육, 좋은 치료사도 필요하지만 아이를 위해 교육하고 집중하는 시간의 양이 더 중요합니다. 남들 하는 만큼 하는 것이 아니라 얼마 만큼 늦었는지, 어느 정도의 치료 기간을 계획하는지에 따라 이 시간은 달라질 것입니다.

무조건 전문기관에서 수업을 많이 하라는 것이 아닙니다. 가정코칭과 부모교육을 통해서 실천할 수 있다면 이 부분은 해결할 수 있으리라 여겨집니다.

 힘들다고 포기하실 건가요?

느린 아이라는 소견이나 진단을 받으면 부모는 충격에 빠지게 됩니다.

더구나 의사 선생님으로부터 "일반 아동만큼 치료가 안 된다."거나 "이런저런 교육을 통해 약간의 도움을 줄 수 있을 뿐이다." 즉 별다른 대안이 없다거나 오히려 시간이 지날수록 더 힘들 수 있다는 말을 듣고 오셔서는 그저 눈물만 흘리십니다. 뭐라고 설명해야 할까요? 세상을 다 잃은 것 같고 앞으로 어떻게 살아가야 할지 막막하고 자신 없다고 하십니다.

저도 그 감정을 느꼈기에 충분히 이해가 됩니다. 손하나 까딱하기도 힘겨운 상태에서 울어도 울어도 시원해지지 않았습니다. '어떻게 해야 하지?' '다시 확인해 볼까?' 앞으로의 삶이 어둡게만 느껴지고 현실을 마주할 용기도 없었습니다. 하지만 힘들다고 포기할 수 없었습니다.

저는 어느 정도는 그 감정을 충분히 느끼라고 말씀드립니다. 슬프고 화나는 것, 힘든 것, 억울한 것들을 외면하지 말고 하고 싶은 대로 하시라고 합니다. 실컷 울어도 보고, 잠도 계속 자보고, 집안일도 좀 미루고 하면서 말입니다.

하지만 이 기간이 너무 길면 안됩니다. 어느 정도 감정을 추스릴 시간은 필요하겠지만, 너무 길어지면 부정적이고 안좋은 생각들이 꼬리를 물고 가지를 쳐서 부모의 자리, 현실의 자리로 돌아오는 것이 힘들어지기 때문입니다.

센터를 운영하면서 수익을 내기 보다 아이들의 집중적인 치료와 부담을 낮추기 위해 노력했습니다. 치료비를 다른 곳보다 조금이라도 더 낮추고, 최적의 치료 시기를 놓치는 것이 안타까워 한 시간이라도 더 수업을 해 드리려고 노력했습니다. 제가 알고 있는 것들을 공유하기 위해 블로그와 유튜브를 시작했고 무료 상담과 부모강의를 하기도 했습니다.

처음부터 주 1~2회가 아니라 매일 2~3시간을 기본 수업으로 정했고 전반적인 통합교육을 실시한 결과 아이들이 좀 더 빠르게 변화되는 것을 느낄 수 있었습니다. 이처럼 느린 속도를 따라 잡기 위해서 집중적인 교육은 절대적으로 필요합니다.

특히 별다른 진전이 없어서 오신 부모들은 몇 개월 되지 않아 아이의 변화가 나타나자 만족도가 높아졌고, 좀더 적극적으로 센터의 교육방향에 맞춰 가정에서 양육하는 방법을 실천하셨습니다. 아이들이 좋아지고 부모들이 웃기 시작하시는 것을 볼 때마다 얼마나 보람되고 기쁜지 모르겠습니다.

하지만 어려운 점도 있었습니다. 센터 운영 초기에는 교육비가 싸다는 이유로 신뢰하지 못하는 분도 계셨고, 무료상담이라는 이유로 최소한의 약속을 지키지 않거나 기억조차 못하고 있는 분들도 있었습니다. 가급적 상담비라도 부담을 드리지 않아야겠다고 생각했는데, 정작 상담을 필요로 하는 분들에게 기회를 드리지 못하고 시간만 낭비하는 경우도 많았습니다.

또 느린 아이들은 주 1~2회의 수업만으로는 좋아지는 데 한계가 있기에 일부 후원을 해드리면서 매일 수업하기를 권하기도 했는데 안타깝게도 제 마음이 부담스럽게만 들리는 것 같았습니다.

빠른 성장을 원한다면 그만큼의 교육시간은 꼭 필요합니다

바우처 제도가 생기면서 부모들은 바우처 금액에 맞춰서 주 1~2회 수업하면 되는 걸로 인식되기 시작했습니다. 주 3~4회를 수업하면 많이 한다고 생각합니다. 그러니 제가 매일 수업해야 한다고 하면 그렇게 많이 하냐며 깜짝 놀라는 것이었습니다. 느린 발달의 속도를 맞추려면 주 1~2회의 수업으로 가능할까요? 매일 2~3시간을 해도 부족하기에 가정에서 함께 할 수 있도록 격려하게 됩니다.

아이에게 더 많은 자극을 주고 다양한 것을 경험하게 하면 좋아질 수밖에 없습니다. 느린 격차를 따라잡기 위해서는 일반 아이들보다 2배 이상 많은 교육시간이 필요합니다. 발달과정의 단계를 건너뛰고 갑자기 좋아지는 것은 무리입니다. 부모님들께 간절히 부탁드립니다. 아이를 위해 그만큼의 교육시간을 꼭 채우세요. 전문기관에서 오랫동안 교육하기에는 경제적으로 부담될 수 있습니다. 그래서 매일 가정에서 할 수 있는 것들을 알려드리는 것입니다. 부족한 것은 가정에서도 얼마든지 채우실 수 있습니다.

현재 저희 센터에서는 매일 3시간씩 수업하는 아동의 경우 2시간의 비용만 내고 1시간은 후원해 주고 있습니다. 운영비를 제외하고 아이들을 후원하는 것입니다. 다른 센터와 비교해 볼 때 어쩌면 터무니없는 제도이기도 합니다. 저의 입장에서는 매일 오는 아이들이 많은 것보다 주 2회 오는 아동이 많을수록 부담도 적고 운영도 쉽습니다. 그런데 왜 후원을 하면서까지 매일 오라고 할까요? 우리 아이들에게 그 시간이 꼭 필요하기 때문입니다. 불과 1~2년만 지나도 후회하고 깨닫는 것을 너무 잘 알기에, 제가 제 아이뿐 아니라 직접 현장에서 수도 없이 경험했기에 그 시간을 놓치지 않았으면 하는 마음때문이지요. 느린만큼 그것을 채우는 교육시간의 양은 꼭 필요합니다.

우리 부모님께서 소중한 아이를 위해 무엇이 우선인지, 어떻게 필요한지 올바른 방향을 잘 잡으셔서 하루 빨리 목표를 이루셨으면 하는 마음 간절합니다.

전문기관을 최소한 이용하셔서 가이드라인을 잡으세요. 가정에서 할 수 있는 것들을 매일 실천하세요. 느린 기간만큼 교육의 양은 꼭 필요합니다.

9.
1시간 교육보다 효과적인 감정조절

"몇 번을 말해도 못 알아 듣는 아이를 보니 나도 모르게 소리를 지르게 돼요."

"짜증내고 징징거릴 때마다 속이 뒤집혀요."

아이를 키우면서 이와 비슷한 상황을 자주 만나실 거예요. 몇 번은 인내심을 갖고 참아보지만 계속해서 반복되면 결국 감정이 폭발하게 됩니다. 특히 그날따라 일이 꼬이거나 안좋은 일들이 있을 때, 체력적으로 지치고 피곤한 상황이라면 더 쉽게 감정적으로 대하게 됩니다.

부모가 감정적으로 아이를 대하는 순간, 아이들은 불안하고 긴장하게 됩니다. 자신의 행동이 옳고 그름을 살펴볼 여유도 없이 부모의 눈치를 보느라 바쁩니다. 감정 반응이 둔감해서 괜찮다고 생각하시나요? 그렇지 않습니다. 모든 아이들은 어떤 식으로든 감정을 느낍니다. 그것을 예민하게 표현하기도 하고 어떻게 해야할지 몰라 아무렇지도 않은 척 있을 뿐이지요.

화가 나면 교육을 멈추세요

"부모가 직접 자녀를 가르치는 일은 너무 힘들다."라는 말을 많이 듣습니다. 특히 아이의 학습을 위한 교육을 하시다가 화를 내어서 부모와 아이 모두에게 상처가 되는 경우도 많습니다. 왜 이렇게 화가 날까요? 아이가 부모의 기대에 미치지 못하는 것이 가장 큰 이유겠지요.

저는 화가 나서 감정적으로 아이를 대할 것 같으면 바로 교육을 멈추라고 합니다. 부모가 안정적인 마음의 상태를 유지할 수 없다면 이미 교육은 어려울 뿐더러 오히려 부정적 영향을 끼치기 때문입니다.

부모와 아이는 안정적이고 신뢰를 주는 관계여야 합니다. 무조건 화를 참아야 하는 것이 아니라 화가 나도 아이가 이해할 수 있도록 잘 설명해 주고 부모의 위치를 지켜야 합니다. 감정을 표현하고 알려줄 수는 있지만 감정적으로 아이를 대하는 것은 다른 문제입니다.

불쑥불쑥 올라오는 부모의 감정을 느끼면서 아이가 집중해서 교육을 받을 수 있을까요? 무서움을 느껴 그냥 앉아 있을 수는 있지만 이미 머릿속은 뒤엉켜서 어떻게 해야 할지 모를 거예요. 아이 입장에서는 당황스럽고 불안할 뿐입니다. 믿고 있던 부모와의 관계도 혼란스럽게 됩니다. 때문에 부모가 어떤 상황에서든 감정적이 된다면 모든 교육을 멈추시고 심호흡을 먼저 하시기 바랍니다.

 부모의 안정된 정서가 어떤 교육보다 더 좋은 효과를 냅니다

아이에게는 1시간의 교육보다 부모와의 안정적인 관계가 훨씬 중요합니다. 특히 엄마와 오랜 시간 함께 있는 아이에게 엄마의 정서는 그대로 전해집니다. 이때 안정적인 관계가 잘 유지되면 아이도 편안하고 불안하지 않습니다. 교육도 잘 따라오고 무엇을 해도 자신감 있게 자기의 전부를 보여주게 됩니다.

하지만 정서가 불안정한 아이는 눈치를 보며 어떤 활동에도 소심하고 위축된 모습으로 참여하게 됩니다. 긴장한 상태라면 어떤 교육을 해도 잘 받아들이기 힘듭니다. 따라서 아이가 편안하게 표현하고 받아들일 수 있도록 정서적 안정상태를 만들어 주어야 합니다.

정서적으로 안정된 부모와 소통하는 아이는 자신의 말이나 행동, 감정까지도 받아들여진다는 것을 알기에 매사에 적극적이고 편안합니다. 설령 잘못된 행동이나 부정적인 감정을 표현한다고 해도 야단치거나 억압하기보다 공감해 주었던 경험이 있다면 더욱 긍정적인 선택을 하려고 합니다.

감정조절, 부모가 하는 대로 배웁니다

부모가 매 순간 어떻게 감정을 조절하는지가 중요한 이유는 아이가 그대로 따라서 배우기 때문입니다. 예를 들어서 어머님이 무척 화가 났을 때 어떻게 처리하세요? 어떤 분은 화가 나서 소리를 지르거나 짜증을 내기도 하시고, 위협적으로 탁자를 '쾅' 두드리기도 하실 거예요. 물론 그렇지 않은 분들도 계시죠.

그런데 의도하지 않았다고 해도 어머님이 너무 화가 나서 하는 이 행동과 말을 우리 아이들이 그대로 받아들입니다. 이런 모습이 반복되면, 아이들은 화가 날 때 '저렇게 해야 되는 건가 보다.' 하고 배우게 됩니다. 이런 일이 직·간접적으로 여러 번 반복되면 자기도 모르게 아이는 학습하여 습관처럼 행동하게 됩니다.

만약 아빠가 화가 날때 밖에 나가서 화가 풀릴 때까지 안 들어온다면 우리 아이도 나중에 그렇게 할 수 있다는 뜻이예요. 그래서 부모는 '나는 어떻게 하고 있는가?' 하고 돌아보셔야 합니다.

부모가 아이들에게 어떻게 감정을 조절하고 처리하는지를 보여 줌에 따라 아이들의 감정 조절과 정서적 안정에 영향을 미칠 수 있습니다. 때문에 부모가 먼저 바람직한 방법으로 감정 조절하는 법을 알아야 합니다.

 ## 감정도 연습하면 됩니다

혹시 감정 처리가 미숙하다면 건전하고 바람직한 방법으로 바꿔 주시면 됩니다. 아이의 말 한마디, 행동 하나에 따라 부모의 마음이 풀리기도 하고, 화가 나기도 하는 것을 경험하실 거예요.

아이가 화가 나거나 감정이 올라왔을 때 어떻게 해결하기를 바라시나요? 소리 지르면서 위협적인 행동을 하길 원하세요? 아니면 모두가 이해할 수 있는 행동이나 말로 원만하게 풀어가기를 원하시나요? 부모가 원하고 바람직하다고 여기는 그 행동과 말을 부모가 먼저 보여주시면 좋을 것 같습니다.

예를 들어 부부싸움을 하거나 어떤 갈등이 생겼을 때 화를 내고 소리 지르고 밖으로 나가셨다면 이제부터는 이야기를 통해 푸시는 거예요. 방법은 얼마든지 많습니다.

"지금 너무 화가 나서 말하기 어려울 것 같으니까 5분 후에 다시 이야기해요."

그리고 각자 5분의 시간 동안 급한 감정의 불을 끄고, 커피 한 잔 드시면서 천천히 이야기하시는 거예요.

"그때는 미처 몰랐어요. 조심할게요."

이렇게 서로 아름답게 잘 화해하고 마무리하는 모습을 아이들에게 보여 주는 것이 정말 중요합니다. 위기의 상황을 지혜롭게 풀어나갈 방법을 한두 가지 만들어 보세요.

아이들이 봤을 때 '아~ 화가 났을 때 저렇게 푸는 거구나.', '감정은 저렇게 해결하는 거구나.' 하고 이해할 수 있는 좋은 방법들을 선택하셨으면 좋겠습니다. 그리고 반복하여 실천하시면 됩니다. 그 과정을 통해서 부모 역시 감정을 잘 이해하고 해결하는 방법을 배우게 됩니다.

글자 하나 알려주려다가 속이 끓기 시작하면 책을 내려 놓으세요. 조금 천천히 익혀도 늦지 않습니다. 하지만 엄마와의 관계가 불편해지기 시작하면 더 이상 어떤 것을 해도 아이에게 전달되기 어렵습니다. 엄마의 말투, 손짓 하나에 온 신경이 집중되고 긴장하게 되니까요. '잘한다, 잘했구나.' 격려만 하기에도 부족한 시간입니다. 무엇보다 소중하고 예쁜 아이입니다.

10.
부모의 믿음이 아이를 움직이게 합니다

느린 아이 부모는 놀람과 상실, 아픔 등으로 힘든 시기를 보냅니다. 앞으로의 삶이 불안하고 두려울 수도 있고, 특히 아이의 미래를 생각하면 눈앞이 깜깜해지기도 할 거예요. 가능하면 부모로서 느끼는 감정들과 힘든 마음을 표현도 하시고 주변의 도움도 받으시면 좋겠습니다.

하지만 아이 앞에서는 힘을 내 주세요. 부모가 힘을 내고 방향을 잡아주셔야 아이도 힘을 낼 수 있습니다. 이제부터는 현실을 객관적으로 수용하셔서 부모로서 아이에게 해 줄 수 있는 것들을 시작해야 합니다.

천천히 방향과 목표를 설정하고 나아가시면 되는데, 이 과정에서 무엇보다 중요한 것은 부모의 마음가짐입니다. 부모로서 마음의 안정을 찾고 아이와 함께 나아갈 준비를 하셔야 합니다. 아이는 오로지 부모만 바라보고 의지하고 있기 때문입니다. 시간이 지날수록 부모도 지치고 흔들리면서, '우리 아이가 과연 좋아질까?' 하는 불안감을 가질 수도 있습니다. 그럴 때마다 잘 견디시고 부모로서의 믿음을 잃지 않으시기 바랍니다.

고칠 수 있다는 믿음을 가지세요

현장에서 보면 생각보다 좋아지는 아이들이 정말 많습니다. 조금 더 일찍 발견하고 치료와 교육을 잘 하신다면 우리 아이는 분명히 좋아질 수 있습니다. 저 역시 제 아이가 느린 아이라는 것을 알게 된 순간 어떻게든 고치면 된다고 마음 먹었습니다. 내 아이가 자폐, 언어장애, 발달장애 등 그 어떤 상태라도 고치면 되는 것입니다. 목표는 다르겠지만 일단, 고칠 수 있다는 마음을 가지셔야 그 근처의 지점이라도 다다르지 않겠습니까?

부모가 그런 확고한 마음을 가지면 중간중간 밀려오는 어려움과 불안함을 떨쳐버릴 수 있고, 아이에게도 든든한 버팀목이 되어 줄 수 있습니다. 부모의 마음에 희망이 있고 아이에 대한 기대와 믿음이 있다면 하루하루의 시간이 소중하고 감사할 수밖에 없습니다. 신기하게

도 부모가 갖고 있는 그 마음을 우리 아이도 느낍니다. 그리고 그것이 치료과정에서 좋은 결과로 연결됩니다. 아이의 현재를 보며 슬퍼하고 낙심하기보다는 미래를 생각하며 힘을 내시면 좋겠습니다.

천천히 가더라고 끝까지 간다는 결심을 하세요

느린 아이임을 알았다면 일반 아이의 속도와 비교하지 마세요. 특히 신체 나이로 기준을 잡고 아이를 바라보는 실수는 하지 않았으면 좋겠습니다. 아이들마다 속도가 다릅니다. 우리 아이의 현재 속도와 위치가 어딘지 들여다보시고 거기에서부터 시작하시면 됩니다.

다시 말해서 좀 더 천천히 가셔야 합니다. 눈에 보이는 옆집 아이나 주변의 또래 아이들과 비교하기 시작하면 아이는 너무 버겁고 힘들 수 있습니다. 자신감을 잃고 위축되기도 합니다. 이런 것들은 아이가 성장하고 발달하는 데 방해가 됩니다.

그리고 중요한 것은 천천히 가더라도 끝까지 가겠다는 부모의 의지와 결심입니다. 사랑스런 내 아이를 위해서 힘들고 어려운 점이 있어도 끝까지 가겠다는 마음을 잃지 않으시면 좋겠습니다. 많이 힘드실 수 있어요. 경제적으로, 육체적으로, 정신적으로 무엇하나 쉽지는 않으실 거예요. 하지만 소중한 내 아이를 위해서 그 어떤 것도 문제될 것이 없다는 강한 마음이 필요합니다. 천천히 가지만 그 하루하루가 쌓여서 결국 기대하는 목표에 이를 수 있다는 것을 명심하셨으면 좋겠습니다.

간혹 아이가 큰 변화를 보이지 않는다고 상심하며 중간에 치료를 포기하는 분들도 있는데 정말 마음이 아픕니다. 의학적인 기준이나 판단도 중요하지만 소중한 내 아이의 미래는 어떻게 달라질지 아무도 모릅니다. 포기하지 않는 부모의 열정으로 기적과 같은 일들도 많지 않습니까?

당당한 사회의 구성원이 될 때까지

그렇다면 끝까지 간다는 것은 어디까지일까요? 저는 느린 아이들을 만나고 교육하면서 한가지 목표가 생겼습니다. 최소한 이 아이들이 사회구성원으로서 살아갈 수 있을 만큼 성장시켜야 한다는 것입니다. 부모의 울타리에서 벗어나 독립적으로 생활하는 데 어려움이 없을 정도는 되어야 부모도, 아이도 이후의 삶이 편안하고 행복할 수 있을 테니까요.

그래서 저는 일반 아이 수준의 성장을 100%라는 목표점으로 잡고 달려갑니다. 그렇지만 모든 아이가 100%의 지점에 도달하는 것은 아닙니다. 아이마다 성향과 기질이 다르고 부모, 양육환경 등이 다르다 보니 어떤 아이는 90%라는 지점에, 또 어떤 아이는 80%, 60% 등에 머무르기도 합니다. 저는 최소한 70% 지점까지 도달하는 것이 목표입니다. 제가 말씀드리는 70% 지점이란 IQ 80 이상으로 기본적인 일상생활에 무리가 없는 정도를 말합니다. 이 정도만 되어도 사회생활을 하고 살아갈 수 있다고 여겨집니다. 그러므로 가는 길이 멀고 힘들어도 포기하지 않으시면 좋겠습니다.

물론 열심히 가르치고 노력했음에도 불구하고 70% 이하에 머무르는 아이들도 있습니다. 최선을 다했다면 그 모습도 수용할 수 있으면 좋겠습니다. 하지만 처음부터 좌절하고 포기하지 마십시오. 할 수 있는 힘껏 해보고 주어진 결과도 수용할 수 있는 마음의 여유를 갖고 계신다면 불안하거나 두려울 것이 없습니다. 기대하는 목표를 가지고 끝까지 가보시길 부탁드립니다. 처음부터 안될 거라는 마음으로 시작하면 아이는 더 낮은 곳에 다다를 수 밖에 없습니다.

아이는 아직 초등학교 입학도 안 했는데 좋아질 거라는 기대조차 없이 특수시설을 알아보고 준비하는 분도 보았습니다. 그래서 아이와 시간을 보내는 대신 열심히 돈을 벌어야 나중에 시설이라도 보낼 수 있다고 하시는 말씀을 들으니 안타깝기 그지없었습니다.

아직은 가능성이 있습니다. 부모로서 할 수 있는 방법이 있다면 끝까지 해보시기 바랍니다. 어느 시점에 아이가 껑충 뛰어오를지 모르니까요.

첫째, 지금부터는 전부 다 알려주겠다고 생각하세요.

여러 방면에서 아이가 느리다 보니 무엇을 해도 아직은 안 될 것 같은 생각이 들기도 합니다. 수백 번씩 알려줘도 반응없는 아이를 보면서 지치기도 하고, 아직은 이것을 알려줄 시기가 아닌 것 같다고 판단하기도 합니다. 때로는 '좀 더 크면 알게 되겠지.' 하는 마음으로 기다리기도 합니다.

정말 시간이 지나면 저절로 좋아질까요? 그렇지 않습니다. 이미 느린 아이가 되었다는 것은 스스로 할 수 있는 부분들이 약해서 도움이 필요하다는 것을 의미합니다.

지금부터는 처음부터 끝까지 전부 다 알려주신다는 마음으로 하셔야 합니다. 이미 알고 있는 것은 확인하면 되고, 모르는 것은 계속 알려줘서 어느 정도 시간이 지나면 이해하고 행동할 수 있게 해주셔야 합니다. 지금은 전혀 반응이 없는 것 같지만 콩나물시루에 물을 부으면 어느 순간 콩나물이 자라고 있듯이 우리 아이들도 쑥쑥 성장하고 반응하는 순간이 옵니다.

말이나 행동, 상황에 대한 인지, 사물, 사람, 감정, 느낌 등 매일매일 심어주셔야 합니다. 지금 모른다고 해서 심는 행위를 하지 않으면 쑥쑥 성장해야 할 시기에 크게 뛰어 오를 수 없습니다. 얼마만큼 많은 자극을 주고, 알려주셨는지에 따라 아이의 성장 속도는 다릅니다. 꼭 기억하셨으면 좋겠습니다.

저도 느린 아이를 교육하다가 실수한 부분이 바로 이것이었습니다.

4세때 치료를 시작하며 수도 없이 '엄마'를 알려주고 시켜 보았지만 아이의 표정은 무표정이었고, 전혀 반응이 없었습니다. 과일을 먹으면 과일 이름을 알려주고, 시장에 가면 물건들을 가리키며 알려주고 제 나름대로 열심히 했지만 전혀 관심이 없는 아이를 보면서 '아직은 뭔가를 알려주는게 너무 이른가?'하며, '조금 좋아지면 다시 시작해야지.' 하고 쉬었습니다. 한편으로는 말을 많이 하려니 힘들기도 했고 아이의 상태가 그러니 지금은 어쩔 수 없다고 합리화했습니다.

어느 순간 아이가 말을 하게 되니 그동안 얼마나 교육을 하지 않았는지 보이기 시작했습니다. 아이는 어렸을 때 제가 읽어준 책을 가지고 와서 흉내 내며 비슷하게 이야기를 하기도 했고, 불러줬던 동요를 중얼거리며 부르기도 했어요. 정말 깜짝 놀랐습니다. 그동안 전혀 알아듣지 못한다고 생각했는데 아이는 그대로 받아들이고 있었습니다.

또 한 가지, 모를 거라 생각해서 교육하고 알려주는 것을 쉬었더니 아이 머리에 들어있는 지식이 너무 적었습니다. 때문에 말을 하고 싶어도 단어나 상황에 맞는 말을 알 수가 없으니 꿀 먹은 벙어리처럼 서있는 것을 알게 되었습니다. 머리가 띵하며 놓쳤던 것들이 보였습니다. '좀 더 많이 알려줄걸!' 하고 후회와 아쉬움이 밀려왔지만 이미 지나간 시간은 돌이킬 수 없었습니다.

지금부터는 더 열심히 해야겠다는 각오로 지식을 넣어주기 위한 교육을 병행했습니다. 알게 되는 것들이 많아지자 표현도 달라지기 시작했고, 점점 상황에 맞는 말들도 늘어나게 되었습니다. 이때의 경험과 간절함으로 부모님께 집에서 할 수 있는 것들을 열심히 설명하며 조금이라도 더 아이를 위해 시간을 내어 달라고 부탁드리곤 합니다.

둘째, 느린 아이도 할 수 있습니다.

느린 아이를 대하는 교사나 주위 사람들 중에는 가르쳐도 안 될거라는 부정적 견해를 갖는 분들이 있습니다. 그래서 무엇을 가르치기보다는 대신해 주려는 마음이 앞서고 감싸고 보호해 주려고 하는 모습이 자주 보입니다. 당연히 도와주고 보호해 주어야 합니다. 하지만 스스로 뭔가를 할 수 있는 독립적인 아이가 되길 바란다면 많이 도와주지 마세요.

조금 더디고 힘들어도 조금씩 시도하게 하시고 결국에는 혼자 해낼 수 있도록 하셔야 합니다. 처음부터 잘할 수 없으니 조금씩 돕고 격려해 주는 것은 마땅하지만, 아이에게 시도조차 하지 않고 '안 될거야, 도와줘야 돼, 내가 해줘야 돼!' 하는 마음만 앞서면 아이의 발달은 더디고 치료의 시간만 늘어납니다. 치료 기간이 길어지고 스스로 할 수 있는 것들이 적을수록 또래 아이들과의 관계나 사회성 측면에서 더 큰 불편을 초래하게 됩니다.

기본적인 생각을 바꾸십시오. '우리 아이도 할 수 있다. 조금 시간이 걸릴 뿐이다!' 그래서 아주 사소하고 작은 것부터 시도하고 해볼 수 있게 기회를 제공해 주셔야 합니다. 아이가 해볼 수 있는 기회마저 빼앗아서는 안 됩니다.

옆의 아이는 한 달 되니 할 수 있던데, 우리 아이는 몇 달이 되어도 못한다고 실망하지 마세요. 아이마다 속도는 차이가 날 수 있습니다. 분명한 건 속도의 차이일 뿐 우리 아이도 할 수 있습니다.

5살 된 경계선 지능 남자아이가 온 적이 있습니다. 언어와 인지, 학습 측면에서 약간의 부족함이 보였으나 신체발달은 양호했습니다. 그런데 아이가 수업을 마치고 집에 갈 때 보니, 아이가 어머니 무릎에 발을 올려놓으면 무릎을 꿇고 앉아서 양말을 신겨주고 신발도 신겨주시는 것이었습니다. 어머님께 "지금부터 양말 스스로 신기 교육해 보세요. 저희도 교육하겠습니다."라고 말씀드린 뒤 선생님들께서 수업 마친 후 양말 스스로 신는 연습을 시작했습니다. 처음에는 양말 입구도 잘 못 찾고, 안 된다고 징징거리고 싫다고 거부하기도 했습니다. 거꾸로 신을 때도 있고, 양말 모양새가 우스꽝스럽게 되기도 했습니다. 하지만 조금씩 도와주면서 연습시키다 보니 어느새 스스로 앉아서 양말을 신을 수 있게 되었습니다.

어머님께 "이제 아이가 양말을 신을 수 있어요."라고 했더니 어머님 반응이 시큰둥하며 집에서는 아직 잘 못 신는다고 하셨습니다.

며칠 후 수업을 마치고 신발장 앞에서 여전히 아이는 발을 올리고 징징거렸고, 어머님은 별말씀 없이 양말을 신겨주시는 모습을 보았습니다. 엄마만 있으면 할 수 있던 것도 못하는 아이의 모습이 보였고, 어머니의 입장에서는 가르치고 교육하기보다 그냥 신겨 주는 것이 편해 보였습니다. 아이와 실랑이 하고 싶지 않아 보였습니다.

우리 아이가 할 수 있다는 믿음을 부모가 먼저 갖지 않는다면 아이는 그만큼의 결과에 이를 수 없다는 것을 기억해 주시기 바랍니다.

란자나 교수(인도, 2014)는 느린 아이들도 일반 아이들과 같은 잠재력을 가지고 있는 아이들이라고 말합니다. 느린 아이들의 발달 상태가 또래에 비해 조금 못 미칠 수도 있고, 크게 격차가 나기도 하지만 모든 아이들은 충분한 잠재력을 가지고 있습니다. 각각의 아이에게 맞는 가장 적합한 방법으로 교육하고 도움을 준다면 느린 아이들도 빠르게 달라질 수 있습니다. 이미 안 될 거라는 선입견을 가지고 접근하면 그 이상의 목표를 이룰 수 없습니다.

셋째, 부모가 힘을 내면 아이도 힘을 냅니다.

부모들이 느린 아이에 대한 경험이나 정보가 없다 보니 자신이 없고 두렵습니다. 그래서 일단 전문기관에 보내게 되고 선생님들께서 알아서 해주실 거라 믿고 안심합니다. 물론 전문 선생님들께서 수업을 잘 해주시리라 생각합니다.

문제는 전문기관에만 의존하고 집에서의 생활은 그대로인 경우입니다. 먼저 부모가 힘을 내셔야 합니다. 전문가에게 아이와 관련된 전문지식이나 조언을 구한 후 앞으로의 교육 방향을 설정하고 어떻게 해야 하는지 방법을 배운다고 생각하셔야 합니다. 그리고 아이에게 부족한 것들을 채워야 합니다. 기관에서의 몇 시간 수업이 도움이 되기도 하고, 그 덕에 아이의 상태가 호전되기도 합니다. 하지만 우리 아이가 또래 아이의 수준에 이르기 위해 필요한 시간과 경험을 다 채울 수는 없습니다. 설령 기관에서 다 채울 수 있다고 해도 교육비용을 감당하기 어려울 것입니다. 때문에 가정에서 수없이 반복하고 연습하며 부족한 부분을 채워야 치료기간이 단축될 수 있습니다. 그래서 누구보다 부모의 역할이 중요하고, 부모의 역량에 따라 아이의 변화 양상이 달라집니다.

기관에서 충분한 가이드라인을 제시 받고, 매일매일 연습하며 자극을 주고 약한 곳을 채우는 것은 부모의 몫입니다. 그래서 부모가 힘을 내야 합니다. 아이에 대해 이해하고 방향을 잡으셨다면 열심히 달려가야 합니다. 부모님께서 얼마만큼 힘을 내는지에 따라 아이도 같이 힘을 냅니다.

 ## 아이를 이해하면 방법이 보입니다

부모님께서 힘을 내시면 작은 것 하나라도 도움이 되기 위해 적극적으로 바뀝니다. 아이를 좀더 이해하려고 노력합니다. 좀 더 좋은 방법을 찾으며 고민합니다. 먹는 것, 장난감, 놀이하는 것, 밖에서 활동하는 것 등 조금이라도 아이에게 도움이 되고 좋은 것을 찾을 수밖에 없습니다. 날마다 뭔가를 채우려고 끊임없이 노력합니다.

말 한마디 더 걸어주시고, 잠시라도 같이 놀아 주시려고 애쓰시는 그 모습을 아이도 받아들입니다. 관심없던 것에 관심을 갖게 되고, 놀이에 참여하게 되고, 움직이며 운동하게 됩니다. 부모와 함께하는 시간을 즐거워하게 되고 조금씩 성장하는 것을 느낍니다.

반대로 부모님께서 힘을 내지 못하고 힘들어만 하신다면 아이도 혼자서 일어서기 어려워집니다. 어떻게 해야 하는지 모르겠고, 혼자만의 세계에 빠져 지내게 됩니다. 우리 아이가 어떻게 달라질지 모르는 중요한 시기에 있는 힘껏 아이를 일으켜 세우고, 걷고, 달려갈 수 있기를 바랍니다.

아이는 부모가 믿어주는 만큼 뛰어 오릅니다. 당당한 사회 구성원이 될 수 있도록 지도해 주세요. 모든 사람이 안 된다고 해도 해보지도 않고 기죽지 마세요. 포기하지 마세요. 우리는 아이를 위해 뭐든지 할 수 있는 부모니까요. 할 수 있습니다.

Part II.

건강한 발달의 핵심!
몸/말/생각/어울림

1.
우리 아이 발달을 방해하는 과잉보호

아이들을 교육하면서 많은 부모님과 아이들을 만났습니다. 제가 만난 느린 아이 대부분은 선천적인 요인보다는 후천적인 영향이 컸습니다. 양육태도와 환경, 정서적 요인 등에 의해 건강한 발달 과정에서 놓치거나 방해가 되었던 요소들이 있었는데요.

그 중에 가장 간과하기 쉬운 것이 과잉보호였습니다. 아이가 어리고 느리다 보니 부모 입장에서는 도울 수 있는 모든 것을 아낌없이 해주시려고 합니다. 아이에게 왠지 미안한 감정과 안쓰러운 마음이 겹쳐서 무조건적으로 수용하기도 하고, 부모가 맞벌이라 조부모님께 아이를 맡기는 경우 조부모님께서는 아이에게 거의 헌신적이기까지 합니다.

무표정하고 얌전했던 아이

무표정한 얼굴의 얌전한 여자아이(4세)가 있었습니다. 부모님이 무척 예뻐하셔서 계단에서는 안고 다니셨고, 과자나 과일을 먹을 때도 알맹이만 입으로 쏙 넣어 주셔서 아이가 손댈 필요도 없었습니다. 옷이나 신발은 당연했고, 먹다가 흘러서 입 주변이나 옷이 더러워져도 가만히 있으면 부모님께서 바로 닦아 주셨습니다. 틈만 나면 먹으라고 간식을 계속 주셨는데 아이의 의지와는 상관없어 보였습니다.

아이는 수업시간에 "이것 해보자!"라는 말을 하거나 손에 교구를 쥐어주면 그냥 울어 버렸습니다. 손으로 도구를 잡고 활동하는 것도 전혀 하지 못했습니다. 촉감에도 무척 예민했고 주로 혼자서 놀았습니다. 놀이나 활동, 다양한 도구를 사용해 본 경험이 무척 적어 보였습니다. 아이는 말 한마디 하지 못했고, 요구를 하거나 가리키는 행동도 하지 못했습니다. 가만히 있기만 했던 모습이 얌전한 아이로 보여진듯 했습니다.

아이가 말을 못해도 먼저 행동으로 보여주고 들려주라고 했습니다. 그리고 계속 말도 같이 해주라고 했는데, 연습하고 열흘 정도 되니 과자를 먹은 후 스스로 쓰레기를 버리는 것이었습니다. 시간은 좀 걸리겠지만 할 수 있겠다는 생각이 들었습니다.

위와 비슷한 사례는 정말 많습니다. 어느 정도 부모의 그 마음을 헤아릴 수 있습니다. 모든 게 잘 안 되는 아이를 보며 어떻게든 돕고 싶으실 겁니다. 그리고 그렇게 아이의 불편함을 해결해 주고 도와주는 것이 아이를 위한 것이라 여겨 본인들의 힘듦을 당연히 여기게도 됩니다.

경험하고 성장하는 기회를 뺏는 것과 같습니다

그런데 이러한 과잉보호가 아이의 발달을 늦추고 있다는 것을 아셨으면 좋겠습니다. 한창 뛰어놀다가 넘어지고, 말도 따라하며 성장해야 할 시기에 대부분의 것을 해주다 보니 아이는 뭔가를 경험하고 스스로 행동하는 것이 어렵습니다.

뛰면 넘어질까 걱정되서 안아주고, 밥도 간식도 먹여주고, 흘리면 다 닦아주십니다.

아이가 느려서 도와주는 게 당연하다고 여기실 수도 있을 거예요. 하지만 아이가 늦다고 해서 전부 다 해주는 것은 아이가 직접 배우고 익힐 수 있는 기회마저 빼앗는 행동일 수 있습니다.

한번 생각해 볼까요? 아이는 직접 만져보고 움직이면서 감각과 신체를 발달시킬 수 있습니다. 넘어지면서 아픈 것도 느끼고, 조심해서 걸어야겠다는 생각, 몸의 균형을 잡기 위한 노력도 하게 됩니다. 배가 고플 때 의사표현을 해야 먹을 수 있다는 것을 알면 계속 말하게 되고, 필요한 장난감을 얻기 위해서 어떻게 해야 하는지 소통하는 방법을 배우게 됩니다.

그런데 아이가 흙 묻은 손을 한번 닦아보지도 못했다면 더러워진 손을 닦아야 된다는 생각과 행동을 할 수 있을까요? 말하지 않아도 계속해서 밥이 입으로 들어온다면 굳이 배고프다는 표현을 할 필요가 있을까요? 가만히 있어도 모든 것이 제공되니 아이는 그저 가만히 있게 됩니다. 누군가가 옆에서 주면 먹고, 힘들면 안아주는 환경에 익숙해져서 그렇게 살아가는 법을 배우게 됩니다.

과잉 보호는 우리 아이의 감각 자극, 신체 성장, 생각할 수 있는 기회를 주지 않게 됩니다. 말을 하고 소통할 수 있는 방법을 배우지 못하게 합니다. 떼쓰고 우는 것이 문제해결의 방법이라 여겨 그 방법을 선택하게 됩니다. 점점 더 아이는 발달의 격차가 생길 수밖에 없습니다.

그러니 안쓰러운 감정은 마음 깊숙히 간직하고 지금 아이가 잘해줬으면 하는 것들을 할 수 있도록 기회를 주셔야 합니다.

 스스로 할 수 있도록 기다려 주세요

'잘 걷고 뛰어다니면 좋겠다.'라고 생각하시면 다른 아이보다 한 번 더 걷고, 한 번 더 움직이도록 해야 됩니다. 아이가 다리의 힘이 약하면 조금만 걸어도 주저앉아서 팔을 뻗어 안아달라고 하겠지요. 그럴 때마다 번쩍 안아주시면 다리에 힘이 생길 수 없습니다. 시간이 걸려도 한 걸음씩 스스로 걸을 수 있도록 기다려 주셔야 합니다.

아이가 어떤 것을 얻기 위해 떼쓰고 울다가 안 되는 것을 알고 나면 언제 그랬냐는 듯 장난감을 가지고 놀거나, 한동안 토라져서 혼자만의 놀이를 하는 것을 본 적이 있으신가요? 이것은 그 시기의 발달 과정에서 스스로 조절하는 방법을 배우고 있는 것입니다. 안쓰럽기보다 '잘 자라고 있구나.' 대견하게 여기시고 아이가 그 상황을 잘 해결할 수 있도록 기다려 주시면 됩니다.

부모의 역할이 아이의 모든 것을 해결해 주는 것이라는 잘못된 생각을 바꾸시기 바랍니다. 안 그래도 느린 아이라면 갈 길이 멀고, 다른 아이들보다 더 많은 연습이 필요한데 아이를 지나치게 의존적으로 양육하는 것은 아이의 발달을 지연시키는 결과를 가져올 따름입니다.

아이도 주어진 상황에서 스스로 해결하려는 능력을 가지고 있습니다. 그런데 부모가 관여하여 쉽고 빠른 방법으로 해결해 주는 것은 아이 스스로 문제를 해결할 힘을 잃게 만드는 것과 같습니다. 부모의 눈에 조금 답답하고 안쓰럽게 보여도 한 걸음 뒤로 물러나 기다려 주세요. 아이가 할 수 있는 만큼 믿고 지켜봐 주시는 것이 한층 더 아이의 성장을 돕는 길입니다.

어떻게 행동하고 말해야 하는지 방법을 알려주세요

무조건적으로 도와주기보다 어떻게 행동하고 말해야 하는지 알려주면 좋겠습니다. 지나치게 "나는 못해, 도와주세요." 하는 아이들을 보면 심각한 문제가 있다기보다 처음부터 그렇게 경험하고 학습한 경우가 많습니다. 한 심리학자는 아이를 지나치게 의존적으로 키우는 것이 최악의 교육법이라고 말했습니다.

예를 들어, 간식을 먹고 싶을 때 "주세요."라는 말을 이해하고 할 수 있을 때까지 두 손을 모으는 행동을 보여주시고 "주세요."라는 말을 계속 들려 주세요. 처음에는 보고 듣다가 시간이 지날수록 따라하게 됩니다. 두 손도 모아보고, 입 모양도 씰룩거리며 움직여 봅니다. 그 순간에 크게 칭찬해 주시면 됩니다. 자기의 행동이나 표현을 통해 원하는 것을 얻는 경험을 하면서 소통에 대해 알게 되고, 아이는 점점 더 많은 소통을 하고 싶어집니다.

저는 느린 아이들이 빠른 개입을 통해 사회의 구성원이 될 수 있다고 생각합니다. 중요한 것은 부모가 아이와 함께 해 나가는 것이며, 얼마나 많은 시간 동안 이 과정을 아이와 함께 하느냐에 따라 아이의 발달속도는 달라지게 됩니다.

부모의 도움이 없으면 아무것도 할 수 없는 그런 아이로 키우고 싶으세요? 어떻게 말하고 행동해야 할지 몰라 답답한 아이에게 시원한 길을 정성껏 안내하는 것이 부모의 역할입니다. 오늘부터 무조건 해결해 주는 것이 아니라 방법을 알려 주세요. 아이는 부모가 안내해 준 대로 따라갑니다.

아이가 예쁘고 사랑스러워서 전부 다 해주고 싶은 게 부모 마음입니다. 하지만 이것이 지나치면 아이의 발달이 느려지고 울고 떼쓰는 것으로 해결하려는 고집쟁이 아이로 만들 수 있습니다. 지나치게 사랑했던 방법이 오히려 아이 성장에 독이 될 수 있습니다. 정말 아이가 건강하고 사랑스럽게 자라길 바란다면 오늘부터 아이를 놓아 주세요. 스스로 할 수 있게 기회를 주세요. 방법만 알려주면 됩니다.

2.
발달의 첫 단추는 몸입니다

아이들을 만나 보면 신체적 발달과 감각적인 어려움이 많은 것을 발견합니다. 저는 교육을 시작할 때 몸을 만드는 수업을 기본으로 합니다. 몸이 가장 첫 번째로 거치고 지나가야 할 발달단계이고 기초이기 때문입니다. 이러한 몸을 만드는 데는 감각자극과 신체활동이 필요합니다.

그런데 막상 부모님께서는 대수롭지 않게 여기는 경우가 많습니다. 겉보기에 큰 이상이 없으면 괜찮을 거라 생각하고 눈에 띄는 증상에만 관심을 가집니다.

예를 들면 말을 전혀 못하니 말만 좀 할 수 있게 해달라고 하시거나 계속해서 박수를 치거나 큰 소리를 내는 등의 상동 행동을 안 하게 해달라고 합니다.

중요한 것은 가장 먼저 몸이 만들어져야 한다는 것입니다. 발달의 첫 단추를 잘 끼워야 합니다. 그러면 말하는 것은 수월해지고 상동 행동은 감소하거나 소거될 수 있습니다. 몸과 뇌는 서로 연결되어 있어서 몸을 관찰하면 뇌를 이해할 수 있습니다. 아이들 몸의 발달상태와 말하고 행동하는 것을 보면 뇌의 어떤 영역이 약한지, 잘 발달했는지 알 수 있습니다.

아이가 태어나서 발달을 이루어 가는 데도 순서가 있습니다. 옹알이를 하고 목을 가누고 뒤집기와 배밀이를 하며 스스로 기고, 앉고, 일어설 수 있게 됩니다. 엄마, 아빠를 말하기 전에 몸이 먼저 준비되는 것입니다. 또한 다양한 감각들을 느끼고, 사람들과 관계를 맺으며 환경에 적응해 갑니다. 출산 후 아이의 움직임은 뇌 발달에도 무척 중요하며 이 과정에서 아이가 어떻게 움직이는지에 따라 이후의 발달이 전반적으로 달라지게 되기도 합니다.

 ## 하기 싫어하는 것을 집중적으로 훈련하세요

발달단계에서 건너뛰었거나, 부족했던 경험과 자극을 채워야 다음 단계로 넘어가서 뇌의 균형적인 발달을 이어갈 수 있습니다. 특히 기능이 낮고 약한 부분을 집중적으로 훈련하여 벌어진 격차를 줄이도록 해야 합니다. 아이들이 하기 싫어하는 것, 힘들어 하는 것이 약한 부분이라고 생각하면 됩니다. 소근육이 약한 아이는 레고 블록이나 만들기를 어려워합니다. 물감이나 밀가루를 손으로 만지는 것을 질색한다면 감각자극이 더 필요합니다.

반복적인 교육을 통해 어느 정도 균형을 이루게 되면 문제가 되었던 증상이나 행동들이 사라지고 학습도 가능해지며 빠른 변화가 일어납니다.

이러한 발달단계에서 가장 기초가 되는 것이 신체적 발달과 감각통합(감각자극을 잘 처리하여 적절히 반응하는 것)입니다. 사람은 감각을 통해 세상을 경험하고 그 정보들을 뇌에서 잘 통합 처리하여 적절한 반응을 하게 됩니다.

저에게 왔던 설아(4살)는 말을 전혀 못해서 8개월 정도 언어치료를 받다가 온 아이였습니다. 말문이 트이기를 기다렸으나 시간이 지나도 옹알이조차 못하고 별다른 반응이 없어서 답답하다고 했습니다. 설아는 침을 계속 흘리며 입을 다물지도 못했고, 간단한 감탄사조차 전혀 내지 못했으며 걸음걸이도 불안했습니다. 말을 하기 위한 준비과정이 좀 더 필요했습니다. 설아 부모님께서 처음에는 언어수업보다 몸을 튼튼하게 하는 훈련을 더 많이 하는 것에 대해 의아해 하셨습니다.

발달의 과정을 잘 설명해 드리고 몸이 좋아지면 말하는 것이 쉽다고 상담해드렸고, 2~3개월이 지나면서 옹알이가 나오고 점점 한 단어씩 말이 나오기 시작하자 금방 이해하셨습니다. 불안정했던 걸음

걸이가 개선되고, 지금까지 하지 못했던 점프도 할 수 있게 되었으며 운동신경들이 발달하면서 전반적인 변화를 가져오게 되자 무척 기뻐하셨습니다. 시간이 지날수록 말은 계속 늘었고 2년 만에 치료 종결 후 설아는 어린이집 생활을 즐겁게 할 수 있었습니다.

몸의 발달이 잘 이뤄지지 않으면 인지나 언어, 사회성, 학습적인 단계에서도 균형을 이룰 수 없고 어려움이 따를 수밖에 없습니다.

우리의 몸과 뇌는 서로 상호적이어서 느린 아이일수록 매일 감각을 통하여 자극을 주고 신체적 운동을 통해 몸의 균형을 이루고 뇌를 발달시켜야 합니다. 감각과 신체활동은 그 어떤 것보다 뇌를 가장 활발하게 움직이는 것이기도 합니다. 때문에 이 부분을 채우지 않는다면 다른 영역의 훈련과 교육을 많이 한다고 해도 효과가 적을 수밖에 없습니다.

 ## 감각과 신체활동은 뇌를 가장 활성화 시킵니다

영유아 시기의 감각자극이나 신체활동, 놀이 등은 뇌를 가장 활발하게 움직입니다. 또한 반복되는 행동이나 자극은 뇌의 뉴런을 더욱 활발하게 하고 체계적인 조직을 갖추도록 합니다. 뉴런은 2세까지 70~80% 형성되는 만큼 이 시기에 다양한 경험과 놀이는 꼭 필요합니다.

신경계 구조

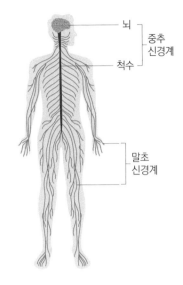

뇌
척수
중추
신경계

말초
신경계

신경계 : 자극에 대한 정보를 받아들이고 반응하는 일을 담당하는 기관으로 말초신경계가 감각기관에서 받아들인 감각자극이나 운동자극을 중추신경계로 보내면, 중추신경계는 그 정보들을 처리해 운동(반응)으로 내본낸다. 이러한 과정을 통해 우리의 몸이 움직이는 것이다.

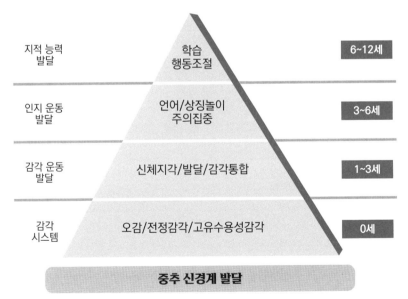

지적 능력 발달	학습 행동조절	6~12세
인지 운동 발달	언어/상징놀이 주의집중	3~6세
감각 운동 발달	신체지각/발달/감각통합	1~3세
감각 시스템	오감/전정감각/고유수용성감각	0세

중추 신경계 발달

활발한 신체활동을 통해 아이들의 집중력이나 기억력, 문제해결 능력도 향상될 수 있습니다. 뇌 기능이 활발해지면서 인지 능력을 향상시켜 학습능력에도 도움을 줄 수 있습니다. 또한 신체기능이 올라가면서 성취감과 자신감을 갖게 되고, 감정을 조절하는 정서 발달에도 도움을 줄 수 있습니다.

뇌는 쓰면 쓸수록 발달합니다. 자극이 다양해지고 많아질수록 더욱 정교하게 조직화됩니다. 아이가 느린 것을 발견했다면 가장 첫 단계인 몸부터 점검해 보고 부족한 것을 채우면서 올바른 방향을 잡으면 좋겠습니다.

기초가 튼튼하지 않으면 원하는 목표만큼 다음 단계로 성장할 수 없습니다. 우리 아이가 신체적 발달이 늦거나 감각통합에 어려움이 있다면 꾸준하고 반복적인 자극과 훈련을 통하여 튼튼한 몸을 먼저 만들어야 합니다.

아이가 발달하는 데도 순서가 있습니다. 가장 첫 단계가 몸입니다. 몸이 튼튼하고 건강해야 말도 잘하고 친구들과도 즐겁게 어울릴 수 있습니다.

3.
사람 접촉이 필요한 아이들

우리는 살면서 사람들과 관계를 맺고 어울리게 됩니다. 그 속에서 혼자서는 느낄 수 없는 감정, 사람들과 좋은 관계를 유지하는 방법 등을 배우기도 하고, 위로와 힘을 얻기도 합니다. 좋은 관계를 유지하기 위해 사회성 기술을 더 향상시키기도 하지요.

느린 아이에게는 이러한 사람과의 접촉이 꼭 필요합니다. 아이는 가장 먼저 만나는 부모와의 관계에서 정서적 안정감을 갖게 됩니다. 부모는 배고프면 먹여주고, 치워주고, 필요한 것을 제공하면서 아이와 신뢰관계를 형성합니다. 이러한 안정감과 신뢰는 아이가 성장하는 데 좋은 밑거름이 됩니다.

또한 끊임없는 스킨십을 통해 감각적 자극도 얻습니다. 뽀뽀해 주고, 안아주고, 손도 잡아주면서 부모의 체온을 느끼기도 하고 자연스런 감각이 형성되기도 합니다.

요즘은 맞벌이를 하는 부모 속에 외동으로 자라는 아이들이 많습니다. 바쁜 시간에 아이와 놀아줄 수 없어 스마트폰을 쥐어 주거나 장난감을 가득 사주기도 합니다. 사람과 소통하고 사람과 접촉하며 건강하게 성장해야 하는데 미디어와 장난감에 우리 아이를 맡기는 일들이 많습니다. 그러다보니 발달에 균형이 깨지는 현상이 나타나고 있습니다. 잠깐만이라도 아이와 눈을 맞추고 살을 부대끼며 놀아주는 것이 필요합니다. 또한 일상 속에서 아이는 기쁘고, 슬프고, 화나는 등의 감정을 경험하고 배우게 됩니다. 아이는 이러한 감정을 부모나 형제 자매, 또래들과의 관계에서 자연스럽게 배울 수 있습니다.

느린 아이의 경우 감정이나 눈치가 없는 것처럼 보일 때도 있고, 사람에 대한 관심이 적어 보이기도 합니다. 옆에서 아파하고 울어도 무관심하게 자기 일에만 몰두하는 경우도 많습니다. 그래서 더욱 사람과의 접촉이 필요하고 사람과 함께 있는 시간이 많아야 합니다. 사람에게 관심을 가질 수 있는 경험과 환경이 필요합니다.

말을 배우고 사회성을 향상시키기 위해서도 당연히 사람과의 접촉이 필요합니다. 사람들과의 관계에서 필요한 것이 말이고 사회성이기 때문입니다. 소통하기 위해 말하는 것을 배우게 되고, 부모와 또래들과의 관계에서 행동의 원칙을 배우게 됩니다.

느린 아이는 혼자 있는 것을 좋아할 때가 많습니다. 다른 사람과 함께하는 것이 힘들고 혼자만의 세계에서 즐거움을 느끼기 때문입니다. 사람들과 소통하는 방법을 모르기에 더 혼자 있고 싶어하기도 합니다.

30분 이상 아이가 혼자 놀지 않도록 해주세요

혼자서 하루 종일 노는 아이를 보며 '참 순하고 엄마를 힘들게 하지 않아 고마운 아이'로 생각하고 있지는 않으신지요? 혼자 있는 시간이 많아질수록 자기만의 단조로운 놀이나 생각에 빠져서 점점 누군가 옆에 오는 것도 불편해하고 밀어냅니다.

혼자 있는 것보다 함께하는 것이 신나고 좋다는 것을 느끼게 해줘야 합니다. 또한 끊임없이 사람과 접촉함으로써 사람에 대해 불안이나 긴장을 갖지 않도록 해야 합니다. 사람을 통해 즐거운 경험이 차곡차곡 쌓이도록 해야 합니다.

그러기 위해서는 먼저 엄마와 소통하며 놀이할 수 있어야 합니다. 가장 가까운 엄마와도 반응하지 않고 관심을 갖지 않는다면 다른 사람과의 소통은 더 어렵겠지요. 가급적 30분 이상 아이가 혼자 노는 것을 막아주세요. 아이가 혼자 있는 시간에 계속해서 간섭해주시고, 귀찮아하더라도 함께할 수 있는 놀이를 제공해 주세요. 놀이를 하는 방법을 알게 되고 즐거운 경험을 얻게 되면 더 이상 귀찮아 하지 않을 거예요.

바빠서 같이 할 수 없는 상황이라면 이름을 불러서 돌아보게 하거나 잠깐이라도 어깨를 툭툭 쳐 주시며 말을 걸어 주세요. "이야, 재미있는 거 만드는구나!" 또는 "지금 뭐 만드는 중이야?" 하며 한 번 더 엄마를 쳐다보게 하고 주의를 환기시켜 주세요.

사람에 대한 질문도 많이 해주세요. "저 아기는 왜 울고있지?", "저 아저씨 공을 정말 잘 차는구나.", "친구 얼굴이 슬퍼보여, 화난 것 같아." 등 한 번 더 사람을 바라보고 표정을 살피도록 유도하는 질문이 좋습니다.

느린 아이는 사람에 대해서는 무관심하고 장난감이나 숫자, 글자 등 사물에 관심이 많습니다. 사람에 대한 관심이 적은 아이일수록 사람과의 접촉은 많아야 하고, 지속적이어야 합니다. 사람들이 있는 곳을 방문하고 놀아 주세요. 사람을 통해 얻는 좋은 경험이 많을수록 좋습니다.

사람에 대한 접촉과 관심을 가질 수 있도록 해 주세요. 먼저 엄마와 놀이하는 것이 즐겁다는 것을 경험하게 해주시고 아이 혼자 30분 이상 노는 것을 막아 주세요. 사람과 소통하고 함께하는 즐거움을 느낀다면 그 안에서 방법을 찾고 크게 달라질 거예요. 더 이상 혼자 놀지 않습니다.

4.
말 잘하기 위해 기억해야 할 5가지

아이가 말을 하지 못하면 대부분 언어치료를 진행합니다. 어떻게 보면 당연한 이야기입니다. 말을 못 하니 말을 잘하기 위해 언어치료를 하는 것이니까요. 그런데 적게는 6개월, 많게는 2~3년간 언어치료를 하고도 말이 늘지 않는다며 찾아오는 분들이 많습니다. 왜 그럴까요? 여기서 중요한 것을 놓치는 것들이 있습니다.

첫째는, 말을 하기 이전 단계에서 부족한 부분이 있는지 확인해 보아야 합니다.

말하기 이전에 먼저 발달하는 것이 몸입니다. 몸에 해당하는 것이 감각과 신체발달인데요. 다양한 감각을 잘 느끼는지, 소근육, 대근육

등과 같은 신체가 잘 발달되어 있는지 보셔야 합니다. 몸이 튼튼하고 균형 있게 발달되어야 다음 단계인 말도 잘할 수 있기 때문입니다.

말을 하기 위해서 필요한 입과 주변 근육들, 구조와 체계가 갖춰져 있는 것, 숨을 잘 들이마시고 내뱉는 것 등도 신체발달에 해당됩니다.

좀 더 쉽게 말씀드리면 입을 잘 다물고 벌리는 게 가능한지, 음식을 꼭꼭 씹어 먹을 수 있는지, 혀를 자유롭게 움직일 수 있는지, 피리나 풍선을 불 수 있는지 등을 보셔야 됩니다.

이러한 부분이 잘 안 된다면 말을 하기 위해 필요한 신체구조가 아직 약한 거예요. 이 부분부터 먼저 도와주어야 합니다. 말하기 위한 구조도 갖춰지지 않았는데 열심히 따라 하라고 해서 말을 할 수는 없을 테니까요. 또한 감각적 경험이 많을수록 언어발달이 빨라질 수밖에 없습니다. 내 안에 가지고 있는 감각들을 언어와 연결시키고 바로 이해하기 때문입니다.

둘째, 개념이나 뜻을 이해하는지 보셔야 합니다.

저는 아이들이 말을 하기 시작하면 이제 치료의 시작이라고 말씀드립니다. 그동안 행동을 보고 추측했다면 말하는 순간, 무엇이 부족한지 알 수 있기 때문입니다. 지식은 들어 있는지, 말하는 의미나 뜻이 전달되는지, 개념은 알고 있는지, 적절한 반응을 하는지 등 말하는 것을 보면 지금 아이의 위치가 어디인지 쉽게 파악할 수 있습니다.

말하는 것에 급급해서 따라하기만 시키는 경우가 있습니다. 개념을 가르치는 것을 뒤로 미룬 채 단순 읽기나 쓰기만 했던 아이들을 보면 숫자를 쓰고 읽지만 1이 '한 개'라는 개념을 모릅니다. '길다, 짧다, 무겁다, 가볍다' 등의 글씨는 읽지만 막상 두 개의 물건을 주고 어떤 게 더 무거운지 물어보면 모릅니다. 어떤 아이는 위, 아래, 옆 등의 위치를 두 달 동안 가르쳐도 힘들어하는 것을 보았습니다.

단순히 시각적으로 외우기보다 그 말에 담겨있는 개념이나 뜻을 알 수 있어야 말의 확장이 늘어날 수 있습니다.

'크다/작다, 무겁다/가볍다, 길다/짧다, 두껍다/얇다, 넓다/좁다, 높다/낮다, 많다/적다' 등의 개념을 틈틈이 알려주시면 좋습니다. 과자를 먹으면서 '길다/짧다'를 알려줄 수 있고, 장난감 놀이를 하면서 '무겁다/가볍다, 높다/낮다' 등의 개념을 알려 줄 수 있습니다. 밥을 먹으면서도 밥이 '많다/적다'는 이야기를 할 수 있습니다. 옷이나 책, 아이가 사용하는 물품이나 가정에서 쓰는 모든 것들이 말을 배우는 소재가 됩니다.

셋째, 평면이 아닌 입체 교육이 필요합니다.

언어훈련 시 많이 쓰는 것이 단어카드입니다. 실물 교육이 좋긴 하지만 전부 실물을 보여준다는 것은 무리이기에 단어카드를 쓸 수밖에 없습니다. 하지만 이 단어카드로 하는 교육 비중이 너무 높으면 안 됩니다. 두께도 무게도 부피도 느낄 수 없는 평면 교육이기 때문입니다.

예를 들어 그림카드에 있는 빨간 사과만 보고 '사과'를 배운 아이는 초록색 사과를 '사과'로 이해하지 못합니다. 또한 사과를 깎아서 접시에 담긴 사과를 보고 '사과'라고 하지 않을 수도 있습니다. 사과 냄새를 맡고 먹으면서도 다른 사과로 인식할 수 있습니다. 사과를 안다는 것은 다양한 사과의 색깔, 느낌, 무게, 부피, 향과 맛을 전부 안다는 것입니다.

느린 아이가 된 여러가지 요인 중에는 텔레비전이나 스마트폰, 책을 지나치게 많이 봐서 문제가 된 경우도 많습니다. 이런 것들은 평면 교육이라고 할 수 있습니다. 학습지나 시각적인 자료보다는 만져보고, 들어보며 실물 위주의 입체적인 교육을 해주셔야 합니다. 사물의 구체적이고 현실감 있는 모습을 보고, 느끼고, 만지고 경험해야 그것에 대한 전부를 이해할 수 있습니다.

넷째, 다양한 어휘를 사용해 주세요.

아이가 반응이 없고 말을 잘 못한다고 해서 말을 안 하거나 간단한 단어 위주의 말, 단답형의 말을 사용하는 부모들이 많으신데요. 반대로 생각하셔야 합니다. 말을 못하기 때문에 더 많이, 더 다양하게 들려 주셔야 합니다. 말을 잘하는 아이라면 반복해서 알려주고 들려주고 이해시켜 주어야 할 필요가 있을까요?

매 순간 적절한 말을 듣게 해주셔야 합니다. 지금은 바로 표현하지 못하지만, 이런 것들이 쌓여서 어느 순간 입에서 나오기 때문입니다.

단조롭게 한 가지 말만 듣고 배운 아이들은 밖에서 다른 말을 들었을 때, 상황을 이해하여 반응하기 어렵습니다. 즉 아침마다 "밥 먹자." 라는 말을 듣고 밥먹는 시간을 이해한 아이는 밥이 먹고 싶을 때 "밥 먹자."라고 합니다. 그런데 누군가가 "배고파."라고 하면 무슨 뜻인지 모릅니다. 따라서 밥을 먹고 싶다는 표현이 "밥 먹자.", "배고파.", "아 침 먹자." 등 여러 가지가 있음을 이해해야 합니다.

또한 아이가 어린이집에 갈 때에도 매일 "잘 다녀와."라는 말만 해 주시기보다는 "좋은 하루 보내.", "친구들과 재미있게 놀고 와.", "조 심해서 다녀와." 등 여러 가지 말로 인사해 주세요. 다양한 인사를 들 으며 '아! 이런 상황에서는 이런 말들을 쓰는구나.' 하고 자연스럽게 수용하게 됩니다.

이처럼 매 순간 부딪히는 상황에서 여러 가지 다양한 언어를 들려 주면 그러한 것들이 지식이 되어 자연스럽게 표현하게 됩니다.

다섯째, 생각하고 대답할 수 있어야 합니다.

처음 말을 할 때에는 상대방이 하는 말을 따라서 할 수도 있습니 다. 아직 적절하게 말하는 것이 힘들 수 있으니까요. 처음에는 어떻 게든 말을 많이 하는 것이 필요합니다. 말하는 구조나 방법을 익혀야 하니까요. 하지만 계속 따라만 하면 발전이 없습니다. 점점 생각을 하고 대답할 수 있어야 합니다.

이때 질문을 많이 사용하게 되는데요. 처음에는 이름을 불렀을 때 "네."라는 대답을 시작으로, "사과 먹고 싶어?", "딸기 먹고 싶어?"와 같은 선택형 질문을 해주세요. 아이가 고개를 끄덕이거나 "딸기", "사과"라는 말을 표현한 후에 주는 것이 좋습니다. 즐거운 놀이를 하거나 아이가 원하는 것을 달라는 행동을 할 때에도 잠시 멈추셔서 질문해 주세요.

이후에는 "오늘 한 ○○놀이가 왜 즐거웠어?"처럼 개방형 질문을 해주시면 도움이 됩니다. 처음에 어려워할 때는 힌트나 정답을 알려주는 제공 학습을 통해 어떤 대답을 해야 하는지 알려주시면 됩니다. 방법을 터득하면 생각한 것을 자유롭게 말하면서 사고력을 높일 수 있습니다.

생각하는 힘은 아이가 스스로 경험하고 해결하면서 생겨납니다. 아이가 생각하기도 전에 먼저 해결해 주거나 생각할 시간을 충분히 제공하지 않으면 만들어지기 어렵습니다. 오랫동안 꾸준히 생각하는 경험을 하고 그에 맞는 대답을 할 수 있도록 해주셔야 됩니다.

아이가 말을 잘하려면 편안한 환경과 따뜻한 부모의 관심이 필요합니다. 정서적 안정감을 느껴 새로운 것들을 더 잘 받아들일 수 있습니다. 자주 말을 걸어 주고 적극적으로 경청하며 소통해 주세요. 책을 읽어주거나 질문해 주는 것도 좋아요.

5.
준비된 만큼 빨라지는 기초 인지능력

우리 아이가 식탁에서 뒹굴거나 위험한 물건을 던져도 예쁘기만 하신가요? '어리니까 그럴 수 있지.' 하며 마음대로 하게 두시는지요? 나이 먹고 크면 저절로 알게 될까요?

그렇지 않습니다. 특히 조금이라도 느린 아이라면 더 빨리, 제대로 알려주셔야 나중에 더 큰 어려움을 피할 수 있습니다.

일상생활에서 아이가 느끼고, 깨닫고, 경험하며 해내는 것들을 기초인지라고 말할 수 있습니다. 사람과의 관계, 주어진 상황에서 판단하고 대처할 수 있는 힘이며, 국어, 수학과 같은 학습을 하기 전에 발달해야 하는 기본적인 능력이기도 합니다. 즉 기초인지란 배움과 성장을 위한 기본 준비가 되어 있는 것을 말합니다.

예를 들면, 밥 먹을 때는 식탁의자에 앉아서 먹는 것, 어른을 만나면 인사하는 것, 의자를 발로 차면 안 되는 것, 쓰레기는 쓰레기통에 버리는 것 등과 같이 일상에서 아이들이 눈으로 보며 배울 수 있는 기초적인 부분을 말과 행동으로 알려주시는 거예요.

좀 더 나아가서 아이의 발달에 필요한 전반적인 영역들을 알려주시면 좋습니다. 말을 잘 할 수 있는 언어영역, 창의성, 시간과 공간, 기초수학, 감정, 사회성, 신체운동 등 기본적인 것을 익힐 수 있도록 도와 주시면 됩니다. 기초인지가 쌓인 만큼 언어로 연결되고 확장하는 것도 쉽습니다. 느낌, 감정, 기억과 경험들이 언어와 연결되기 때문입니다.

 ## 기본이 준비되면 성장속도가 빨라집니다

기초인지는 성장을 위해 꼭 점검하고 훈련해야 할 부분입니다. 이러한 기능이 없으면 무언가를 받아들일 준비가 되어 있지 않기에 반복해서 교육하고 훈련해도 빠른 변화가 나타나지 않습니다.

아이들을 교육하면서 기초인지 영역을 가르치느라 많은 시간을 써야 하는 것이 너무 안타깝습니다. 예를 들면 수업시간에 앉는 것이 힘들어서 계속 돌아다닌다거나, 무조건 특정 물건을 갖고 싶다고 울고 안아달라고만 하는 등의 이유로 황금같은 수업시간을 낭비하는 일이 많습니다.

아이에 따라서 부족한 부분을 채우기 위해 맞춤수업을 준비했지만 아이를 달래느라 많은 시간을 써버리게 되면 준비한 수업을 제대로 하지 못하게 됩니다. 발달이 약한 부분을 전문적으로 훈련하기에도 부족한 시간인데 기초적인 교육을 다루느라 수업의 절반을 써버린다면 얼마나 속상할까요?

기초인지 능력은 2세 이후부터 가정에서도 충분히 훈련할 수 있습니다. 이 훈련은 말을 못해도 가능합니다. 감각이나 느낌, 감정에서부터 일상에서의 규칙, 질서, 상황에 따른 말과 대처방법 등 또래아이에 비해 뒤처지는 것이나 모르는 것은 전부 알려주면 됩니다.

제가 만난 아이들 중에

• 양말을 신지 못하는 아이(6세)

  1개월 만에 스스로 신게 되었습니다.

• 걷기 싫어 안아줘야 했던 아이(4세)

  2개월 만에 스스로 걷기 시작했습니다.

• 원하는 것을 전혀 표현하지 못하던 아이(4세)

  6개월 만에 두 손으로 '주세요.' 하고 표현하게 되었습니다.

• 수업실에 들어서면 의자 먼저 넘어 뜨리는 아이(6세)

  2개월 만에 바르게 앉게 되었습니다.

• 숫자는 쓰는데 개념을 모르는 아이(7세)

  3개월 만에 수를 셀 수 있게 되었습니다.

이러한 것들은 전문적인 지도가 필요하기보다 가정에서 충분히 알려줄 수 있는 부분입니다.

조금 느려서 깨닫고 표현하는 데 시간이 더 걸릴 수는 있지만 부모가 교육할 수 있는 부분입니다. 아이가 아직 못 알아 듣는다고 생각하시나요? 아이는 듣고 있습니다. 아이와 실갱이 하기 싫고 그저 예쁘다고 넘어 가면 그 시간만큼 아이의 성장이 늦춰질 수밖에 없습니다.

기초인지가 되지 않는 아이는, 쉬운 교육을 해도 다른 아이처럼 받아들이는 것이 어렵습니다. 같은 시간을 교육해도 발달의 변화와 속도가 느립니다. 다음 단계로의 성장까지 오랜 시간이 걸립니다.

 아이가 할 수 있을 때까지 알려 주세요

그러면 어떻게 해야 할까요? 전반적인 모든 영역이 기초인지와 관련 있기에 여기에서는 간단하게 몇 가지만 언급해 보겠습니다.

우선 일상생활의 상식과 예절에 포함되는 부분을 계속해서 알려주고 행동하게 도와주시면 됩니다. 위에서 말씀드린 식탁에 앉아서 밥 먹는 것이나 인사하기 같은 것들입니다. 주의하실 것은 아이에게 먼저 알려주고 보여 주세요. 저는 이것을 제공학습이라고 말합니다.

부모가 먼저 인사하면 아이도 인사하는 법을 빨리 배웁니다. 부모가 늘 웃는 얼굴이면 아이도 웃는 얼굴을 자주 보여줍니다.

☺ 창의성

좋아하는 책을 많이 읽는 것이 좋습니다. 알고 있는 지식이 많아야 그것을 토대로 창의적인 생각도 할 수 있습니다. 모르는 단어가 나오면 사전 찾기 놀이도 하고, 문제를 내고 맞히는 놀이도 좋습니다. 아이가 궁금한 것을 질문할 수 있다면 더 좋겠지요. 쉬운 샘플을 보여주거나 방법을 알려주고 일기 쓰기, 세 줄 쓰기 등을 통해 자신의 경험과 생각을 써보는 것도 좋습니다. 무엇보다 아이가 하고 싶은 활동을 맘껏 하게 해주세요. 그만큼 집중할 수 있는 시간이 늘어납니다. 또한 틀려도, 잘못해도 '괜찮아.' 할 수 있는 여유를 가지고 지나치게 통제하지 말아주세요.

☺ 시간과 공간

시간에 대한 의미를 이해할 수 있게 도와 주세요. 책을 읽거나 어떤 활동을 할 때 시간을 재어 보며 "시간이 오래 걸렸다, 빨리 끝냈다." 등의 이야기를 들려주세요. 3분 안에 숨은 그림 찾기, 5분 안에 퍼즐 맞추기 등의 놀이를 통해 시간의 길이를 인식할 수 있게 도와주시면 좋습니다

공간적인 개념을 이해하기 위해서는 컵 쌓기, 입체퍼즐, 레고나 블록, 만들기 등의 놀이가 좋습니다. 지도나 약도 보는 법 알려주기, 약

도 그리고 색칠하기, 교구를 이용하여 우리집 만들기와 같이 직접 공간을 만들어보는 것도 좋습니다. 집 주변의 마트처럼 자주 가는 장소의 도로와 위치를 익혀서 심부름을 보내거나 그 위치를 그림으로 표현하는 것도 도움이 됩니다.

☺ 기초수학 개념

아이와 놀이를 할 때, 간식을 먹을 때 등 적용할 수 있습니다.

예를 들어 블록 놀이에서는 누가 더 높게 쌓았는지, 낮게 쌓았는지(높다/낮다), 간식을 먹을 때 누가 더 많고 적은지(많다/적다), 아빠 키가 큰지 작은지(크다/작다), 책가방이 무거운지, 책이 가벼운지(무겁다/가볍다) 등의 개념을 아이와 놀면서 익힐 수 있습니다.

간단한 교구나 장난감, 집에 있는 물품 등을 이용해 색깔별, 도형별로도 나누어 보고 과일가게, 야채가게처럼 마트 놀이를 하면서 분류에 대한 개념을 이해할 수 있습니다.

동그라미-세모-네모, 꽃-꽃-나비처럼 규칙에 대한 것도 배울 수 있습니다. 그림카드, 장난감, 쉬운 교재 한 권만 있어도 충분합니다. 하지만 그림카드나 교재에 너무 의존하지 마시고, 가급적 실제 물건이나 교구, 장난감으로 직접 만지고 놀이하는 것을 추천합니다.

이처럼 가정에서 조금만 관심을 가지면 할 수 있는 것들이 많습니다. 한두 번 하는 것이 아니라 아이가 충분히 인지하고 표현할 수 있을 때까지 반복해서 알려주셔야 합니다. 말로 이해하기 어려운 경우라면 직접 행동으로 보여주고, 따라하게 하셔도 좋습니다. 물론 그 상황에 맞는 말도 계속해 주시면서요. 몸으로 직접 움직인 경험은 더 잘 기억하게 되고 그에 맞는 말도 자연스레 익히게 됩니다.

아이의 약한 부분을 집중적으로 교육할 때 빠르게 달라질 수 있습니다. 모든 영역에서 발달의 균형을 이루면 똑같은 시간, 똑같은 교육을 해도 속도에서 차이가 나기 시작합니다.

느린 아이라면 가정에서 할 수 있는 기초인지를 먼저 가르쳐 보세요. 건강한 성장을 위해 꼭 준비되어야 하는 과정이며, 다음 단계로의 성장이 빨라지게 될 것입니다.

기본이 준비되어 있으면 성장속도가 빨라집니다. 아이가 약한 부분, 힘들어 하고 싫어하는 부분이 있다면 그 곳을 더 많이 알려주세요. 그 곳이 성장속도를 내는 핵심이 될 수 있습니다. 아이가 할 수 있을 때까지 반복해서 알려 주세요.

6.
생각하는 힘을 키워 주세요

생각하는 힘을 사고력이라고 말합니다. 주어진 문제나 상황을 논리에 맞게 접근하고 해결할 수 있는 능력이지요. 아이들은 다양한 경험을 통해 각자의 속도에 맞게 성장하는데, 문제를 해결하거나 자신의 생각과 감정을 표현할 때 사고력은 꼭 필요한 요소입니다.

느린 아이는 생각하고 대답하는 것을 무척 힘들어 합니다. 또한 자신이 지금 하는 행동이 주변 사람들에게 어떤 영향을 주는지 생각하기도 어렵습니다. 똑같은 것을 여러 번 설명해도 잘 이해하지 못하고, 하고 싶은 말만 반복하기도 합니다. 눈에 보이는 단순 사물을 잘 표현하기도 어렵다보니 생각하고 말하는 경험이 적었고, 연습해도 또래 수준에 도달하기까지 많은 시간이 필요하기 때문입니다.

때문에 어떤 질문에 생각하고 대답하는 데 어려움을 보이고, 글의 주제나 핵심을 파악하거나 상대방의 말을 잘 이해하는 것도 어려울 수 있습니다. 가급적 단어나 문장을 천천히, 반복해서 설명해 주고 질문도 짧게 끊어서 해주어야 이해하기 쉽습니다. 전체 문장이나 말을 듣고 대답하는 것이 힘들고 어렵기 때문이지요.

하지만 어렵고 시간이 걸린다고 해서 이 부분을 그냥 지나치면 안 됩니다. 말하기와 소통, 문제 해결과 학습 등 모든 분야에서 사고력은 꼭 필요하기 때문입니다. 회피하기보다 해낼 수 있는 단계부터 훈련하고 교육해서 생각할 수 있도록 도와주셔야 합니다. 사고력은 타고난 것이 아니라 훈련을 통해 향상시킬 수 있기 때문입니다.

 ## 사고력을 높이는 데 주의할 3가지 방법

☺ 다양한 관점에서 볼 수 있는 교육

사고력을 높이려면 좀 더 구체적이고 현실감 있는 교육이 필요합니다. 하나의 사물을 가지고도 다양한 관점에서 바라볼 수 있도록 해주세요. 조금만 시선을 바꾸면 일상생활에서 충분히 하실 수 있습니다.

예를 들어 그림카드로 '집'을 배울 수 있습니다. 하지만 여러 가지 블록을 가지고 직접 집을 만들어 본 경우에는 집의 위치와 무게감, 부피 등을 느낄 수 있습니다. 또한 앞에서 바라본 모습과 옆, 뒤에서 바라본 모습이 다르다는 것도 알 수 있고, 보이지 않는 아래쪽에도 블록이 끼워져 있음을 알 수 있습니다.

평면으로 집을 배운 것보다 직접 집을 만져보고 느끼면서 다양한 관점에서 바라보고 기억할 수 있습니다. 잘 만들지 못해도 괜찮습니다. 부모님과 함께 하나 하나 순서대로 만들어 보면서 그 과정을 배우고 기억하는 것 또한 사고력을 높이는 데에 도움을 줄 수 있습니다.

사물을 보고 그리는 것도 좋습니다. 예를 들면 사과를 보고 그리면 처음에는 단순히 동그라미로 표현할 수도 있지만 시간이 지날수록 형태와 구도, 음영까지 디테일하게 그리게 되는데 이 과정을 통해서 관찰하고 생각하고 계획하는 것을 배울 수 있습니다. 단순히 그림 그릴 때뿐만 아니라 아이가 어떤 일을 처리하고 계획할 때도 사고력을 동반하게 됩니다.

☻ 생생한 느낌이 살아있는 교육

단순한 글쓰기와 읽기는 교육하기에 편할지는 몰라도 아이의 입장에서는 뜻도 모르는 것을 쓰고 읽기도 합니다. 간혹 글씨를 읽으면서 그 의미에 대해서는 전혀 모르는 아이들을 보면 단순히 글자를 쓰고 읽는 것 이상의 의미는 없는 것 같습니다.

글의 의미를 알려주기 위해서 직접 행동하고 보여 주면서 교육하면 좋습니다.

동화책을 읽어 주실 때에도 그냥 책만 읽어 주는 것보다는 그 문장과 관련된 행동이나 표정을 통해 알게 해주는 것이 좋습니다.

'토끼와 거북이' 동화를 읽고 있다면 토끼가 뛰는 행동, 거북이의 느릿느릿한 걸음, 토끼가 낮잠 자는 모습 등을 직접 몸으로 보여 주시고 함께 해보는 것이 좋습니다. 상황에 따라 의성어나 의태어, 감탄사도 넣어주면 더 좋겠지요. 느린 아이는 일반 아동에 비해 훨씬 많은 반복교육과 학습이 필요합니다. 몇 번 하다가 안 된다고 포기하지 마시고 일상생활 속에서 끊임없이 교육하는 습관을 가지면 좋겠습니다.

☺ 시각적인 교육보다 논리적 교육

아이들 중에는 시각적 기능이 뛰어난 경우가 많습니다. 거리의 위치, 표시, 간판, 지하철 노선표 등을 정확하게 외우기도 하고 보이는 숫자나 문장을 외우는 것도 가능합니다. 하지만 단순히 숫자나 문장을 외우기만 하는 것은 그것을 이해하고 사고하는 데 큰 도움이 되지 않습니다. 개념을 이해하고 응용할 수 있는 방향으로 교육하셔야 합니다.

예를 들어 '2 + 3 = 5'와 같은 단순계산을 가르치기보다는 2개와 3개가 더해지니 5개가 되었다는 논리적 사고를 이해하고 말할 수 있어야 진정으로 수를 이해했다고 볼 수 있습니다.

제가 만났던 아이는 수를 1부터 100까지 쓸 수 있었지만 1이 하나이고, 2가 두 개라는 것을 이해하지 못했습니다. 그냥 처음부터 끝까지 숫자를 외워서 쓰는 것뿐입니다.

말과 글도 마찬가지입니다. 말을 따라하기보다는 그 말을 이해하고, 글씨를 쓰고 외우는 것보다 그 의미를 이해할 수 있어야 합니다.

 사고력을 높이는 방법

☻ 집중력

아이가 어떤 활동에 몰두해서 엄마가 부르는 소리도 듣지 못하면 집중력이 좋다는 말을 합니다. 과연 그럴까요? 대부분의 아이들은 좋아하는 것에 집중하게 됩니다. 하지만 집중력이 좋다는 것은 좋아하지 않는 활동도 정해진 시간 동안 잘 참여할 수 있는 것을 말합니다.

아이들은 좋아하는 것은 제법 오랜시간 집중할 수 있지만 새로운 것, 힘들거나 어려운 것은 집중하기가 어렵습니다. 특히 감정 조절이 안 될 때는 더욱 힘들어 울거나 짜증을 내게 됩니다. 아주 쉬운 것부터 지속적으로 연습하여 스스로 할 만하다 여겨지면 좀 더 집중하게 됩니다. 즉 연습을 통해 아이가 힘들어 했던 것을 좀 더 쉽게 할 수 있도록 도와주는 것이 중요합니다. 구체적인 목표를 세운 뒤 5~10분 정도 짧게 활동하고 칭찬해 주세요. 천천히 시간을 늘리면 됩니다. 처음에는 부모나 교사가 도움을 주어 성취감을 느끼게 하는 것이 좋습니다.

☻ 기억력

기억력은 모든 생활과 학습의 기본입니다. 보고 들은 정보들을 잘 저장했다가 사용할 수 있어야 됩니다. 기억력이 낮은 아이는 금방 말한 것도 잊어버리고 여러 가지를 한꺼번에 지시하면 실천하지 못하는 경우도 많습니다. 기억력이 좋을수록 어떤 활동이나 학업 성취도가 올라가는 것은 당연합니다. 또한 의사결정이나 문제해결에도 중요한 역할을 합니다.

기억력 향상을 위해 반복 학습은 꼭 필요합니다. 손으로 만지거나 눈으로 보고, 들을 수 있는 다양한 감각 교구들을 활용하여 더 기억을 잘 하도록 도울 수 있습니다. 또 짧은 문장 외우기, 규칙을 지키며 놀이하기, 자주쓰는 물건 위치 정하기, 관찰하기 등의 활동도 도움이 됩니다.

☻ 작업기억

작업기억은 짧은 시간 동안 보거나 들은 것을 일시적으로 기억하고 처리하는 능력을 말합니다. 뇌의 메모장으로 비유하기도 하지요. 매일 들어오는 많은 양의 정보에서 지금 당장 해야 하는 일을 우선적으로 처리하고 다른 정보와 결합시키기도 합니다. 따라서 작업기억은 아이가 새로운 정보를 이해하고 문제를 해결하는 데 매우 중요합니다.

작업기억이 낮은 아이는 정보를 잘 저장하고 꺼내 쓰는 속도가 늦기 때문에 집중력이 짧거나 산만하며 주의력이 떨어질 수 있습니다.

또한 긴 문장을 연결하거나 빠르게 말하는 것을 잘 알아 듣기가 힘듭니다. 때문에 학교에서 수업이나 과제, 지시사항을 따르는 데도 어려움이 있을 수 있습니다. 천천히 반복해서 말하고 아이가 대답할 수 있을 때까지 기다려 주어야 합니다. 또한 쉽게 이해할 수 있는 사물이나 이미지, 상황 등을 연결하여 쉽게 기억할 수 있도록 도와주면 좋습니다.

느린 아이는 또래 아이에 비해 작업기억 용량이 작습니다. 때문에 반복 교육을 통해 배운 것들을 장기 기억으로 간직할 수 있도록 도와 주는 것이 필요합니다.

처음에는 생각하는 것이 무척 힘들고 오래 걸릴 수 있습니다. 하지만 계속해서 노력하면 시간도 빨라지고 쉬워집니다. 우리의 뇌가 그렇습니다. 기억하고 생각하는 방법을 터득하면 이후에는 빠르게 움직입니다.

7.
사회성의 출발은 부모입니다

언어나 신체적인 발달의 경우 집중적으로 훈련하면 부모들이 느끼기에도 변화가 보여서 조금은 안심하기도 하는데 사회성 부분은 어떻게 해야할지, 어느 정도의 기간을 노력해야 하는지 막막해 하는 경우가 많습니다.

아이가 어린이집, 유치원이나 학교에서 혼자 노는 모습을 보면서 '아이가 크면 친구들과 잘 어울리겠지.'라고 생각하는데 그렇지 않습니다. 더 차이가 나고 불편함을 겪기 전에 소통하며 어울릴 수 있도록 사회성을 교육하고 훈련해 주어야 합니다.

아이가 커 감에 따라 더 많은 관심을 갖는 것이 사회성 문제입니다. 처음에는 말만 잘하면 좋겠다는 마음이었다가 막상 아이가 말을 하고 성장하면 사회성이라는 문제에 맞닥뜨리게 됩니다. 더구나 어린이집이나 학교에 가면 매일 겪게 되는 것이 또래관계, 다시 말해 사회성이라서 어떻게 하면 사회성을 향상시킬 수 있을까 고민하는 것을 많이 봅니다.

사실 사회성은 일반 아이들도 힘들어 합니다. 각자의 가정환경이나 생활방식, 소통하는 방법들이 다르다보니 상대방의 말이나 행동을 이해하는 데 어려움이 있고 내가 해오던 방식으로 소통하려고 하니 문제가 생기게 됩니다.

대부분의 아이들은 성장 과정에서 소꿉놀이, 역할놀이, 게임 등을 하면서 소통하고 감정을 드러내고 화해하며 참는 것을 자연스럽게 배웁니다. 싸웠다가도 풀고, 화가 났다가도 다시 즐겁게 놀이하면서 친구들과 놀기 위해 어떻게 해야 하는지, 부모님께 혼나지 않으려면 어떻게 해야 하는지 익히게 됩니다.

그런데 느린 아이는 그렇게 놀고 부딪히고 소통해야 할 시기에 말이 늦어서, 걸음이 늦어서 등의 이유로 친구들과 어울려 놀지 못했습니다. 부모의 보호를 받으며 지냈고, 많은 시간을 혼자서 놀이하며 보내기도 했습니다. 말하는 게 우선이라 생각해서 언어치료는 열심히 하지만, 이후에 나타나는 사회성 문제는 처음에는 생각조차 못합니다.

어느 정도 아이가 성장하면 '이제 또래 아이들과 놀겠지.' 했는데, 막상 어울리지 못하는 것을 발견합니다. 여전히 혼자 놀거나 울거나 피하거나 쉬운 말도 못하는 아이를 보면서 속상해 합니다.

부모는 아이에게 "왜 혼자 노니? 그런 쉬운 말도 못하니? 사과하라는데 왜 안하니?" 등의 말로 다그치기도 하고 야단을 치기도 합니다.

아이는 안 하는게 아니라 못하는 겁니다

아이는 그 상황에서 어떻게 말하고 행동해야 하는지 모를 때가 많습니다. 부모 입장에서야 '나이가 이만큼 됐으니 그 정도의 말은 하겠지' 하고 생각하지만 아이는 친구들과 겪는 문제 상황을 경험해 보지 못했고, 그 상황에 적절한 말이나 표현도 해보지 못했습니다. 말만 하면 적절한 말들이 바로 쏟아져 나올 것 같지만 상황에 대한 인지와 경험, 표현하는 방법들을 모르면 아무말도 할 수 없습니다.

아이 입장에서는 당황스럽고 난처할 뿐입니다. 그래서 더 친구들을 피하고 혼자 놀려고 합니다. 하지만 아이 마음속에는 친구들과 놀고 싶은 마음과 관심이 있습니다. 끊임없이 나도 함께 하고 싶으니 도와달라고 신호를 보냅니다.

그렇기 때문에 부모님께서 가르쳐 주셔야 합니다. 처음부터 끝까지 다 알려준다고 생각하는 게 좋습니다. 자연스럽게 습득할 시기는 이미 지났기 때문에 일부러라도 계속해서 가르쳐야 합니다.

그러면 어떻게 해야 사회성을 향상시킬 수 있을까요? 가장 첫 출발은 부모입니다.

☺ 부모와 먼저 신뢰관계 형성하기

·········▶ 부모 → 형제, 자매 → 친한이웃(사촌) → 소그룹/대그룹 → 또래

사회성은 태어난 이후 부모와의 신뢰 형성에서 시작됩니다. 먹는
것, 자는 것 등 기본 욕구에 필요한 양육과 따뜻한 스킨십을 통해 부
모와 신뢰감 형성이 이뤄집니다. 안정감을 느낀 아이는 자라면서 말
이나 행동으로 표현하게 되고 부모의 적절한 반응을 통해 소통하는
기술을 익히게 됩니다.

아이들은 사회 속에서 어울리며 살아가게 됩니다. 그 사회에서는
매일 새롭고 다양한 일들이 펼쳐질 것이며, 어렵고 불편한 것들을 스
스로 해결해 나갈 수 있는 힘이 있어야 합니다. 그러기 위해서는 가
장 안전한 가정에서 부모와 먼저 시작해야 합니다.

부모와 소통하는 게 가능해지면 형제, 자매들과의 소통으로 확장
시켜 주시고, 친한 이웃이나 사촌들과의 놀이에서 소통할 수 있도록
지도해 주시면 좋습니다. 부모나 형제, 자매와 잘 소통하는 것 같은
데 다른 사람들과 있을 때면 돌발상황이 나오기도 하고 소통이 잘 안
될 수도 있습니다. 편안한 가정에서 배려해 주는 가족보다는 더 긴장
하고 불안할 수 있기 때문이지요. 당황하지 마시고 다양한 상황에 대
비하여 충분히 연습한 뒤 다음 단계로 나가면 됩니다. 소통한 경험이
긍정적일수록 점점 자신감이 생깁니다.

이쯤 되면 동네 놀이터나 문화센터 등 소그룹으로 어울릴 수 있는

곳을 경험해 보는 것도 좋습니다. 장소가 바뀌고 아이들이 많아지면 또 다른 행동을 보일 수도 있습니다. 걱정하지 마세요. 아직 그 부분에서는 '연습이 부족했구나.' 생각하시고 알려주면 됩니다.

다음 단계로 어린이집, 학교와 같은 대그룹에서 불편함 없이 지낼 수 있다면 또래와 소통하는 것도 힘들지 않습니다. 아이들은 또래관계에서 가장 어려움을 느끼고 긴장합니다. 어른들처럼 배려하거나 참아주지 않고 하고 싶은 말과 행동을 거침없이 하기 때문에 대처하기보다 피하고 싶은 경우가 많습니다. 때문에 또래관계에서 자신감 있게 말하고 행동할 수 있다면 어떤 곳에서든 무리없이 생활할 수 있게 됩니다.

여기서 말씀 드리고 싶은 것은 사회성도 단계별로 지도해 주셔야 한다는 것입니다. 가족들과도 소통이 안 되서 힘든 아이가 그룹이나 단체생활에서 잘할 것으로 기대하는 것은 무리입니다.

특히 초등학생의 경우 도움반과 원반의 중간 역할을 부모님께서 해주셔야 합니다. 아이들이 성장하고 달라지지만 또래아이들과 함께하기에는 어려운 부분들이 있습니다. 먼저 친구에게 다가가서 상황에 맞게 말하는 법과 문제가 생겼을 때 해결하는 방법을 가르쳐 주시고 관심있는 일이나 즐거운 놀이를 함께할 수 있다면 큰 도움이 됩니다.

하지만 일반 학급에서 느린 아이에게 맞춰 활동을 하는 것은 현실적으로 무리입니다. 그렇기 때문에 중간 역할자인 부모가 가정에서 충분히 연습시키고 알려 주는 것이 좋습니다.

☺ 즉각적으로 반응 해주기

·········▶ 긍정적 요인 강화, 부정적 요인 약화

아이가 어떤 필요에 의해 말이나 행동으로 표현할 때 즉각적으로 반응하면 좋습니다. 즉각적인 반응이라 해서 뭐든지 들어준다는 의미는 아닙니다. 칭찬과 격려를 크게 해주시고, 부적절하거나 위험한 행동은 안 된다는 것을 일관되게 알려주셔야 합니다. 이를 통해 아이는 자기가 한 말이나 행동이 어떻게 받아들여지는지 쉽게 이해하게 되고 자신감을 가질 수 있습니다. 어떤 식으로든 아이가 소통하기 원할 때 지나치거나 무관심하지 마시고 적절하게 반응해 주세요.

예를 들어 동생과 함께 장난감 조립을 잘 하고 있을 때 "동생과 사이좋게 멋진 작품을 만들고 있구나."라고 말하며 칭찬해 주시고, 놀이터에서 친구와 놀고 싶어할 때 "같이 놀자고 말해보면 좋을것 같아."라고 알려 주세요.

친구와 놀면서 간식을 나눠줄 때도 "참 잘했어."라고 칭찬해 주어 다음에도 이런 행동을 할 수 있도록 반응해 주세요.

하지만 단순히 부모의 관심을 끌기 위해 물건을 던지거나 하는 부적절한 행동을 보이면 오히려 무관심하게 대해서 그 행동이 관심을 끌 수 없다는 것을 알게 해주셔야 합니다.

☺ 아이와 자주 맞서기

⋯⋯⋯▶ 의사소통의 기술 매일 알려주기

부모들은 아이가 안쓰럽다보니 이것 저것 도와주고 뭐든지 챙겨주려고 합니다. 참 다행이라 생각합니다. 하지만 아이가 발달이 늦다고 해서 많은 부분을 간과하고 넘어가는 것은 오히려 아이에게 도움이 되지 않습니다.

제가 본 아동(5세) 중에 엄마가 자신의 요구를 잘 파악하지 못하거나 들어주지 않을 때 심하게 떼를 쓰고 엄마를 때리기도 하는 것을 보았습니다. 그런데 엄마의 반응은 그러려니 하는 것이었습니다. "애가 기분이 안 좋아서 그래요.", "애가 말을 못하니 어쩔수 없지요." 하며 체념하고 맙니다. 그러면서 아이가 원하는 것이 어떤 것인지 따라다니며 찾아줍니다. 말은 못해도 엄마의 눈치를 살피는 정도의 인지가 있는 아이였습니다.

여러분이라면 어떻게 하시겠어요? 말을 못하니 그렇게 하는 것이 맞다고 생각하시나요? 어쩌면 아이와 씨름하기 힘들어서일 수도 있고, 조금은 봐줘도 된다는 생각도 있을 것입니다. 그런데 떼를 쓰고 엄마를 때리기까지해서 원하는 것을 얻고자 하는 것은 지금까지 그 방법이 통했다는 것이고, 이후에는 그런 행동이 더 발전되고 커질 수밖에 없습니다. 그러다 간혹 안 된다고 하면 더 크게, 더 심하게 행동하겠지요.

지금부터라도 잘못된 것에 대해 아이와 맞설 용기를 내셔야 합니다. 야단을 많이 치거나 화를 내라는 이야기가 아닙니다. 강압적인 교육이나 지나치게 통제하는 것은 사회성 향상에 방해가 될 수 있습니다. 힘들더라도 학습이 필요한 부분을 반복해서 알려주라는 것입니다.

일반 아이와 어울리길 바라신다면 똑같은 방법으로 더 자주 아이와 부딪히고 알려주셔야 합니다. 단지 아이의 현재 상황을 고려해 단계를 낮추고 인내하면서 변화시키는 것입니다.

☺ 아이만의 스타일 존중하기
·········▶ 다른 아이와 비교하지 않기

모든 아이는 기질과 성향이 다릅니다. 가정환경도 다르고 표현하는 방법도 다릅니다. 그런데 부모님께서 어떤 비슷한 기준치나 비교대상을 만드시고 우리 아이가 그렇게 되기를 바라신 적은 없으신지요?

똑같은 그룹 내에서도 활동에 적극적으로 참여하는 아이도 있지만, 둘이서만 다니거나 놀이하는 아이도 있습니다. 또 신체활동이나 놀이를 좋아하는 아이가 있지만, 블록이나 퍼즐놀이를 좋아하는 아이도 있습니다. 둘이서 놀거나 조용히 앉아 있다고 해서 사회성이 없는 것은 아닙니다. 상호작용이 가능한 놀이 활동을 할 수 있으면 괜찮습니다. 단 아이를 혼자 두는 것은 피하셔야 합니다.

아이들마다 갖고 있는 기질이나 성향을 존중해 주시고, 그 아이에게 맞는 방법으로 접근하시면 됩니다. 그렇기 때문에 아이의 성향을 잘 알고 있는 부모의 역할이 중요합니다. 무엇보다 사람과 이야기하고 놀이하는 것이 즐겁다는 것을 경험하게 도와 주시기 바랍니다.

☻ 의도적으로 아이가 보는 앞에서 과장되게 행동하기
········▶ 사회적 기술의 좋은 방법 제시하기

느린 아이는 상대방의 감정을 읽는 것이 힘들고 어떤 주어진 상황에서 대처하는 법을 모를 때가 많습니다. 그 이유 중의 하나가 그런 경험이 많지 않기 때문인데요. 말로 설명하고 이해시키기에 큰 어려움이 있습니다. 때문에 가정에서 부모나 형제, 자매들이 상황을 만들고 대처하는 법을 알려주시면 많은 도움이 됩니다.

만약 집 분위기가 서로 자신의 의사표현을 잘 하고 수용해 주며 소통이 잘된다면 학습하기에 좋은 환경이 될 수 있습니다. 실제로 그렇지 못하다고 해도 가상의 상황을 만들 수 있습니다.

예를 들어 엄마가 아빠한테 실수하거나 잘못 말해서 아빠가 화가 나 있는 경우, 엄마가 어떤 말과 행동을 해서 아빠 기분을 풀어주는지 보여줄 수 있습니다.

도움을 요청할 때, 갖고 싶은 것이 있을 때, 같이 놀고 싶을 때 등 상황을 설정해서 자연스럽게 아이가 보고 배울 수 있도록 합니다. 또는 아이가 겪었던 일을 떠올리며 역할극을 해주셔도 좋습니다. 이때 일반 아이에게 보여주는 것보다(아이의 발달 차이에 따라) 과장된 리액션을 하면서 보여주면 기억하는 데 좀 더 도움이 될 수 있습니다.

사회성 발달단계

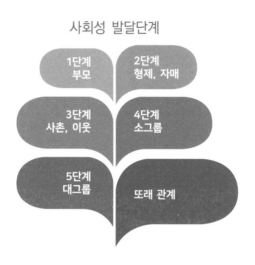

사회성의 첫 시작은 부모와의 관계입니다. 아이들이 있는 곳에 밀어 넣기만 한다고 해서 배울 수 없습니다. 오히려 더 주눅이 들 수도 있습니다. 매번 부딪히고 해결해야 하는 상황에서 어떻게 하면 좋은지 끊임없이 알려 주세요. 방법을 터득하고 소통이 되면 좀 더 넓은 세상 밖으로 내보내세요.

8.
미디어 꼭 차단해야 하나요?

부모님과 상담을 할 때 가장 많이 하는 말이 미디어 차단입니다. 가능하면 100% 차단하라고 합니다. 미디어가 주는 영향이 생각보다 크기 때문입니다.

하지만 가끔 이런 질문들을 하십니다.

"하루에 20~30분 정도는 보여줘도 괜찮지 않나요?"

"저희 아이는 미디어를 통해 학습을 하는데 많이 배우는 것 같아요."

"휴대폰으로 동요도 배우고, 게임도 하면서 새로운 말도 하던걸요."

과연 괜찮은 걸까요?

요즘 어디를 가도 흔히 볼 수 있는 풍경이 어린 아이들이 스마트폰을 보며 노는 장면입니다. 사람들이 많은 식당, 병원, 공공장소 등은 말할 것도 없고, 부모와 차를 타고 이동할 때나 집에서 심심해할 때도 마찬가지입니다. 공공장소에서 시끄럽게 하거나 돌아다니지 않도록 보여 주기도 하고 부모가 쉬고 싶을 때도 스마트폰을 들려주며 혼자 놀라고 합니다.

한국정보화지능원 연구에 따르면 유아동 스마트폰 이용률은 67.7%로 10명 중 7명 정도가 이미 스마트폰을 접하고 있다고 합니다. 또한 어린이의 하루 평균 미디어 이용시간은 약 4시간 45분으로 일상에서의 미디어 의존도는 매우 높습니다.

이것은 부모님께서 미디어가 그 시기 아이의 성장에 얼마나 방해가 되는지 잘 모르시기 때문입니다. 부모의 주관적인 생각, '주위 사람들도 그렇게 한다더라.', '30분 정도는 짧아서 괜찮을거야.', '아이가 너무 원하는데~' 등과 같은 마음으로 매일 미디어 시청을 허용하는 것을 보며 정말 안타까웠습니다. 조금 더 편하게 지내는 만큼 아이의 발달은 늦춰지게 됩니다.

최소한 왜 지금 우리 아이에게 미디어를 보여주면 안 되는지, 어떤 점이 문제가 되는지 정도는 알아두면 좋겠습니다. 치료기관에 열심히 다니고 이런저런 노력을 하면서 속도를 내고 있는데 커다란 방해물이 가로막고 있는 것과 같습니다. 내 아이에게 가장 필요한 것이 무엇인지, 어떻게 해야 하는지 정확하게 알고 실천하는 만큼 아이의 성장과 변화는 빨라집니다.

성장을 가로막는 큰 장애물, 미디어 노출!

미디어 노출은 발달의 균형을 깹니다. 미디어의 범위는 가장 많이 쓰는 스마트폰, TV, 컴퓨터를 비롯하여 카오디오, 카세트, 소리나고 반짝이는 장난감 등 기기를 통해서 나오는 대부분의 것입니다. 미디어 사용은 뇌의 특정한 부분만 자극해서 정보를 통합하고 사고하는 전두엽의 발달을 방해하고 충동성을 드러낼 가능성이 많습니다.

일단 스마트폰과 같은 미디어를 접하고 나면 장난감을 가지고 놀거나 친구들과 노는 것보다 훨씬 더 재미를 느낍니다. 화려한 색상과 빠른 속도로 바뀌는 화면, 자극적인 소리 등 강렬하게 기억되기 때문입니다. 또한 스마트폰을 보느라 신체활동이 감소하고, 일방적인 자극만 주어지다보니 사람과의 관계에서 필요한 기술을 배우기 어렵습니다. 그러므로 뇌와 신체발달, 감정과 소통 등이 제대로 발달하기 전에 미디어에 많은 시간 노출되는 것은 치명적이라고 할 수 있습니다.

또한 아이가 친구와 놀거나 장난감을 가지고 놀 때보다 큰 수고를 하지 않아도 쉬지 않고 다양한 볼 거리와 들을 거리들을 쏟아냅니다. 스스로 아무런 노력이나 생각을 하지 않아도 된다는 것이 아이의 균형적인 발달에 가장 해가 되는 것인데, 금방 드러나지 않으니 이 부분을 간과하는 것 같습니다.

학습을 통한 발전을 기대하신다구요? 시각적 학습이나 기억력은 일시적으로 좋아 보일 수 있으나 사람들과 상호작용하고, 생각하며,

소통하는 과정들이 생략되었기에 균형적인 발달이나 사회성 향상에 도움이 되지 않습니다.

아이가 어릴수록, 발달이 느릴수록 스마트폰은 꼭 차단하셔야 합니다. 우리는 아이에게 위험한 칼이나 먹으면 탈이 나는 약을 주지 않습니다. 칼을 잘 다룰 줄 알고 필요한 약을 분별해서 먹을 정도가 되면 주겠지요. 음식도 마찬가지입니다. 상한 음식을 먹고 배탈이 나서 병원에 다녀온 아이에게 똑같은 음식을 먹이지 않습니다.

그런데 미디어, 스마트폰의 위험성은 잘 모르는 것 같습니다. 당장은 아무런 문제가 없어 보이지만 무분별한 스마트폰 노출은 건강한 두뇌발달과 신체발달, 정서와 사회성 발달 등에 악영향을 끼치게 됩니다. 창의성과 사고력, 주의력을 저하시키고 충동성을 키울 수 있습니다.

우리나라 신경정신의학회에서는 만 2세까지 스마트폰에 노출되지 않도록 권하고 있습니다. 2세 이하 영아의 스마트폰 사용이 법으로 금지되어 있는 나라도 있습니다. 미국이나 일본 등 선진국에서도 학교에서의 스마트폰 사용을 금지하는 움직임이 많아지고 있습니다. 또한 마이크로소프트의 창업자인 빌 게이츠도 아이들에게는 열네 살이 될 때까지 휴대폰을 사주지 않았고, 식사시간에 휴대폰 사용을 금지했다고 합니다.

왜 그럴까요? 미디어로 인한 부정적인 영향이 많기 때문이 아닐까요? 6세 미만 아이가 스마트폰의 일방적인 자극에 계속 노출되면 좌우뇌의 불균형을 초래합니다. 아이들은 6세까지는 우뇌(창의성, 감정,

공간지각 등)가 먼저 발달하고 좌뇌(언어, 논리, 분석 등)는 3세부터 발달하기 시작하여 6세 이후에 더 활성화됩니다. 그런데 스마트폰에 과도하게 노출되면 좌뇌 기능만 주로 활성화되고 우뇌 기능은 발달이 더뎌지게 됩니다. 그로 인해 주위 사람이나 상황 등에 둔감해지고 감정에 대한 인식도 낮아지게 됩니다.

무엇보다 사람에게 반응하지 않거나 관심을 갖지 않게 됩니다. 동영상 보는 것에 익숙해져 시각·청각적으로 강한 자극에 반응하지만 사람의 목소리나 현실적인 상황에는 쉽사리 반응하지 않습니다. 때문에 부모가 부르는 소리에는 대답하지 않는데, 컴퓨터나 스마트폰의 알림에는 즉시 반응하는 결과가 나오기도 합니다. 그러므로 미디어 노출을 차단시키고 사람의 목소리를 더 많이 들려주어야 합니다.

스마트폰의 보급률이 높아지면서 아이들이 느끼는 우울감은 증가했다는 연구결과도 있습니다. 일반 아이들에게도 스마트폰은 우려스러운데, 발달이 늦은 아이들은 더 엄격하게 차단해 주셔야 합니다. 스스로 통제할 수 있는 힘이 없고, 지나치게 몰입할 수 있는 여지가 많기 때문입니다.

 ## 초등학교까지는 스마트폰 노출을 피해 주세요

저는 부모님들이 언제까지 스마트폰이나 미디어를 차단해야 하나고 물으실 때마다 초등학교까지는 가급적 차단하라고 말씀드립니다. 현재 학교에서 미디어 수업이 일부분 이뤄지고 있습니다. 조금은 봐도 되지 않냐고 하시는데, 이미 그만큼의 양은 학교에서 충당되기 때문에 가급적 차단하시고 학교 과제를 할 때나 정보 검색 등 꼭 필요한 경우 최소한의 시간만 허용하면 좋겠습니다.

지금도 뇌는 발달하고 있습니다. 조금 힘드셔도, 아이가 심심해하고 칭얼거려도, 스마트폰을 쥐어 주기보다 함께 뒹굴뒹굴 놀아 주는 건 어떨까요? 아직은 스마트폰보다 호기심을 갖고 이것저것 탐색하고 사람과 어울려 노는 놀이를 통해 더 좋은 성장을 이룰 수 있는 시간이라고 생각합니다. 스마트폰 노출은 늦으면 늦을수록 좋습니다.

구글의 최고 경영자인 에릭 슈미트가 펜실베이니아 대학 졸업 축사에서 한 말입니다.

"컴퓨터를 끈다. 휴대전화도 끈다. 그러면 주위에 사람들이 있다는 것을 발견하게 될 것이다."

한림대학교 동탄성심병원 연구팀은 2세 이전에 미디어에 노출된 아동의 10명 중 9명은 사회성 발달 지연을 보였다는 연구 결과를 발표했습니다. 아이 혼자 미디어에 노출되는 것은 사회성 발달에 위험한 요소로 분석했고, 미디어를 볼 때에 인지과정을 자극하지 않고 시각영역만 자극되었다고 합니다.

아이가 고집 피우고 보여달라고 떼를 쓸까 봐 미리 겁먹지 마세요. 아이들은 다시 세워진 규칙에 적응하고 살아갑니다. 어느 순간 스마트폰 없이 잘 놀고 불편하지 않게 됩니다. 아이가 스마트폰을 가지고 놀게 하고 편한 시간을 가지겠다는 목적이 아니라면 스마트폰 대신 부모님께서 아이와 재미있게 놀아 주세요.

학령기가 되면 기초 학습을 시작하고 사고력과 사회성, 감정 조절 등을 배워야 할 시기입니다. 이 시기에 이성적인 사고, 감정, 집중력과 문제해결 등을 담당하는 뇌의 전두엽 발달이 매우 중요한데 스마트폰에 지나치게 노출되면 이러한 균형을 깨트리게 됩니다. 주의력과 이해력이 떨어지고 충동성, 공격성 등의 모습을 보일 수 있습니다. 스마트폰 대신 함께 웃고, 격려하고 칭찬하는 시간, 스스로 해보고 성취하는 경험을 많이 가질 수 있으면 좋겠습니다.

성장을 가로막는 큰 장애물이 미디어 노출입니다. 초등학교까지는 스마트폰 노출을 피해 주세요.

미디어 과잉노출 예방 수칙

❶ 24개월 이전에는 미디어를 전부 차단해 주세요. 2세 미만 아이들이 미디어를 통해서 얻을 수 있는 교육적 효과는 거의 없으며, 더 큰 아이들도 2시간 이상의 미디어 노출은 삼가는 게 좋습니다.

❷ 오감놀이, 신체적 활동 위주로 놀아주세요.

❸ 아이가 심심해하는 것을 너무 걱정하지 마세요. 아이는 심심할수록 창조적·문제 해결적 사고를 시도합니다.

❹ 스마트폰은 되도록 늦게 사주세요. 꼭 필요하다면 초등학교 이후가 좋습니다. 스스로 조절하기 힘든 시기입니다.

❺ 학습어플 대신 직접 책을 읽고, 만지고, 말하는 방식이 좋습니다. 스마트폰을 게임이 아닌 교육과 학습에 사용하는 것은 괜찮다고 생각하는 경우가 많습니다. 책을 직접 만지고 읽고 말하고 느끼는 방식이 아이들의 뇌를 더 자극합니다.

❻ 보상으로 스마트폰을 보여주지 마세요. 보상 요구가 많아지고 더 많이 사용할 뿐입니다.

❼ 부모와 함께 스마트폰 금지 시간을 정해 보세요. 부모가 스마트폰을 하는 모습만 봐도 영향을 받습니다.

❽ 사람의 소리를 많이 듣게 해주세요. 미디어 대신 엄마, 아빠의 목소리, 사람의 목소리를 듣게 해주세요.

❾ 화상수업보다는 방문수업을 하세요.

❿ 아이가 좋아하는 놀이를 찾고 함께해 주세요(퍼즐, 블록, 장난감 등).

9.
즉시 해결해 주지 마세요

뜻대로 안되면 조금도 참지 못하고 울고 떼쓰는 아이, 심지어 큰소리로 화내고 다른 사람을 때리기까지 한다면 어떨까요? 곁에 있는 부모도 당황스럽고 다른 사람에게 피해를 주기도 하겠지요. 잠깐 달래서 문제가 해결되면 좋겠지만 오랜시간 지속되고 반복된다면 답답하고 힘드실 거예요.

여러 가지 이유가 있겠지만 이 장에서는 아이가 스스로 자신을 통제하는 자기조절력에 대해 말씀드리려고 합니다. 자기조절력은 말 그대로 자신의 신체와 감정, 생각을 조절하고 통제할 수 있는 능력으로 3~6세에 발달합니다. 즉 신체를 자기 마음대로 사용하고 조절할 수 있는 신체조절, 자신의 감정을 참기도 하고 표출하기도 하며 조절할 수 있는 감정조절, 사람과의 관계나 상황에서 생각하고 타협할 수 있는 힘을 말합니다.

아이가 말을 못하면 말할 수 있게 돕는 교육에만 신경을 쓰게 되듯이 약한 부분에 우선적인 집중을 하다보니 다른 부분을 살피고 교육하는 것이 어렵습니다. 또한 아이의 불편함을 도와주려는 마음이 큰 나머지 스스로 뭔가를 해보고 경험하기 전에 전부 해주게 됩니다. 이러한 과정에서 아이가 자기의 몸을 사용하면서 터득하게 되는 것, 부모나 또래와의 관계에서 느끼는 감정과 해결능력 등을 배우지 못하고 지나오게 됩니다.

때문에 어떤 상황에 직면하게 될 때 생각하고 해결하기보다 울거나 떼쓰거나 소리지르는 방법을 사용하게 됩니다. 시간이 지날수록 아이는 자신을 조절하거나 통제하기 어려워지고, 학교와 같은 집단생활도 힘들 수 있습니다. 물론 학습에도 영향을 미치게 됩니다. 특히 감정과 충동성이 강한 사춘기에는 감정 폭발과 공격적인 모습까지 나타날 수 있어 학교생활에 더욱 어려움을 겪게 됩니다.

영유아기에 자기조절 능력을 키우지 못하면 자라면서 고집이 세고, 화내고 소리지르는 아이, 공격성이나 충동성이 강한 아이로 보여질 수 있습니다.

빨리 밥을 먹고 싶지만 밥이 될 때까지 기다려야 하는 것, 새 장난감이 갖고 싶지만 매일 살 수는 없는 것, 친구 과자가 먹고 싶지만 내 것이 아니라 참아야 하거나 나눠 달라고 말할 수 있어야 합니다.

또 버스를 타고 싶지만 버스가 올 때까지 기다리는 것, 매일 똑같은 시간에 놀이터에 갔지만 상황에 따라서는 가지 못할 수도 있는 것, 한 번에 탑을 꼭대기까지 쌓고 싶지만 한 개씩 쌓기 연습을 해야 되는 것 등 다양한 상황에서 기다리고 타협하며 문제를 해결하는 자기조절 능력을 키우게 됩니다.

그런데 부모들은 이 순간을 참지 못하고 끼어들어서 문제를 직접 해결해 주려고 합니다. 그렇다면 어떻게 해야 할까요? 지금이라도 자기조절력을 갖출 수 있도록 도와줘야 합니다. 아이마다 힘들어 하는 그 상황을 발견하고 지속적으로 해결하고 성장할 수 있도록 연습해야 합니다.

 ## 1분짜리 아이를 만들지 마세요

가장 먼저 말씀드리고 싶은 것은 아이의 울음이나 요구에 반응하여 즉시 해결해 주지 않는 것입니다. 무조건적인 보살핌은 두 돌(24개월)이면 충분합니다. 아이가 살짝 울기만 해도 원하는 것이 해결되고, 요구하는 것들이 즉시 해결된다면 아이는 기다리거나 참는 것을 배울 수 없습니다.

예를 들어 아이가 원하는 것을 요구했더니 1분 안에 즉시 해결되는 일이 반복된다면 이 아이는 1분 이상의 기다림이 힘들 수 있습니다.

참을 수 있는 시간이 1분인 것입니다.

상황에 대한 이해도 부족하게 됩니다. 매번 경험하고 배울 사이도 없이 결과물이 주어지기에 어떤 상황인지, 어떻게 대처해야 하는지 알 수가 없습니다. 여전히 같은 상황에서 똑같이 요구하거나 울어 버리게 됩니다. 그 방법밖에 할 수 있는 게 없습니다. 그 방법이 늘 통했기 때문입니다.

부모님 중에 간식시간이 되면 서너 개의 간식을 순서대로 꺼내 놓고 아이가 고르기를 기다리는 분이 계십니다. 아이가 별로 내키지 않거나 먹지 않으면 다음 간식을 계속 꺼내기도 합니다. 어떻게든 아이가 간식을 먹어야 마음이 편해집니다. 아이가 새로운 곳에서 간식이 먹고 싶을 때 표현하고 기다릴 수 있을까요? 또 어떤 아이는 늘 정해진 시간에 버스를 탔는데 도로가 막혀 버스가 제 시간에 오지않자 정거장에서 울고 뛰며 불안해 하기도 합니다. 상황을 이해하고 기다릴 수 있는 힘이 부족하기 때문입니다.

 "No!"라고 말할 수 있어야 합니다

갖고 싶은 장난감을 사주지 않으면 소리지르며 떼쓰는 아이, 어른이 야단이라도 치면 거칠 것 없이 화내고 때리는 아이, 친구와 놀다가 뜻대로 안 되면 밀거나 깨무는 아이 등은 대체로 자기조절력이 부족합니다.

아이가 어리고 느리다고 해서 매번 허용히고 들어주시면 안 됩니다. 되는 것과 안 되는 것의 기준을 세우시고 반복하여 교육해 주셔야 합니다. 순서대로 줄을 서서 기다릴 줄 알아야 하고 친구의 것을 마음대로 가져가거나 때리는 것은 안 되는 행위임을 알아야 합니다. 늘 허용해 주기보다 이러한 기준을 세워 주시는 것이 아이가 행동하는 데도 도움이 됩니다. 그 기준안에서 스스로 선택하고 편안하게 활동할 수 있기 때문이죠.

아이가 스스로 무엇을 해야 하는지 생각하며 행동할 수 있도록 알려 주세요. 내 마음대로 놀고 싶지만 친구가 싫어하는 것을 알고 타협하거나 화가 나지만 말로 표현할 수 있는 것, 하기 싫은 활동이나 학습도 참고 할 수 있도록 해야 합니다. 즉 아이가 원하는 것을 얻기 위해 스스로 감정을 가라 앉히고, 생각하고, 행동을 조절할 수 있어야 합니다.

 이렇게 도와 주세요

😊 말과 행동으로 표현하기

아이들이 울고 화를 내는 이유는 자기의 뜻이 전달되지 않기 때문입니다. 그래서 말과 행동으로 표현하여 소통할 수 있도록 해주셔야 합니다. 특히 아직 언어 표현이 서툰 아이라면 최소한의 행동이나 사인을 통해 자기가 원하는 것이 무엇인지 알려줄 필요가 있습니다. 이 소통 방법을 모를 때 답답하고 힘든 마음을 어떻게 표현해야 할지 몰라 화내고 소리 지르고 뒹굴게 됩니다. 이러한 상황을 말이나 행동으로 전달할 수 있다면 자신의 감정을 다스리게 되고 자기조절력도 키워 나가게 됩니다. 이 때의 행동은 자기 마음대로, 또는 함부로 하는 것이 아니라 고개를 가로저으며 '싫다.'는 의사를 표현하는 것처럼 상황에 맞는 바람직한 방법을 말합니다.

☺ 감정 다스리는법 배우기

아이들이 친구관계나 사회생활에서 감정을 잘 다스리는 것은 무엇보다 중요합니다. 순간을 참지 못해 불쑥 불쑥 폭발하는 감정, 그 감정을 스스로도 어떻게 해야할지 몰라 울기만 하는 아이들을 보면 감정조절이 잘 되지 않음을 알 수 있습니다.

감정을 조절하는 방법을 배우려면 일단 아이에게 감정을 충분히 느껴보는 경험이 필요하겠지요. 말로 설명하기 힘든 감정을 직접 느껴보지 않으면 어떻게 조절하는지도 당연히 알 수가 없을 테니까요. 그래서 아이들이 장난감 등을 사달라고 울때 "뚝해, 그만 울어!" 하면서 그치게 하기보다는 아이의 속상함을 공감해 주고 진정할 수 있도록 기다려 주는 것이 필요합니다.

부모의 모델링도 무척 도움이 됩니다. 예를 들면 화가 난 아빠가 물건을 던지거나 때리는 것을 본 아이는 화가났을 때 그렇게 하는 것이라고 자연스레 배우게 됩니다. 반대로 화가 난 아빠가 잠시 시간을 가진 뒤 엄마와 대화하며 푸는 것을 본 아이는 그렇게 하려고 노력할 거예요. 감정을 어떻게 처리하는지 부모님께서 아이에게 좋은 모델이 되어 주시면 좋습니다.

☺ 긍정적인 성취감 경험하기

집중력이 약하거나 조금만 활동해도 싫증내는 아이들, 하기 싫다고 거부하는 아이들을 잘 관찰해보면 무엇을 끝까지 완성해 본 경험이 적은 아이가 많습니다. 때문에 성취감을 경험해 보지 못하고, 그러다 보니 자신감도 떨어집니다. 나는 블록 하나 끼우기도 힘든데 옆의 친구는 열 개도 척척 해내는 것을 보면 괜시리 위축이 되어 블록을 다 망가뜨리고 혼자 놀겠다고 가버리기도 합니다.

이럴 때에는 아이의 수준에 맞춰 블록 한 개부터 잘 끼우는 것을 도와주시면 됩니다. 중요한 한 개의 블록을 아이가 끼워 완성되는 모습을 보며 성취감을 경험할 수 있게 해주세요. 칭찬과 격려도 듬뿍 해주시구요. 두 개, 세 개의 블록을 쌓아가며 할 수 있다는 자신감도 생깁니다. 자신감이 커질수록 블록이 무너지는 상황이 오더라도 유연하게 대처할 수 있을 거예요. 자기가 다시 끼울 수 있다는 것을 알기 때문이지요.

아이에게 모든 환경을 맞출 수 없습니다. 아이가 환경에 순응하고 받아들일 수 있는 것이 필요합니다. 아이 요구에 즉시 해결하기보다 엄마의 상황을 설명하고 조금 기다리게 해주세요. 기다리며 자기 조절력을 키우게 됩니다.

이때 기다리게 해서 미안하다고 말하기보다 잘 기다려줘서 고맙다고 해주세요. 미안하다는 말을 하면 아이는 부모가 자기에게 잘못했다고 생각할 수 있습니다.

10.
매일 20분! 뇌가 달라집니다

어렸을 때는 아이의 발달과 성장을 위해 열심히 노력하다가 학령기가 되면 늦었다고 포기하는 분들이 있습니다. 더 이상 해도 크게 달라지지 않을 거라는 마음인 것 같습니다. 물론 나이를 먹으면 발달 속도가 조금 더딜 수는 있습니다. 하지만 여전히 뇌는 발달하고 있습니다. 공부하는 뇌가 다 발달하는 데는 20년 이상이 걸립니다. 좀 더 해볼 수 있는 가능성이 있는데 미리 포기하는 것을 볼 때마다 마음이 무겁습니다.

유튜브에 나오는 자폐소녀 '칼리'는 11살이 되어서야 글을 통해 세상과 소통하게 되었습니다. 우리가 잘 아는 템플 그랜딘 박사는 3살에 자폐 진단을 받았으나 고등학생 때 자기를 이해하고 지원해 주는 과학

선생님을 통해 새롭게 성장하여 지금은 미국의 최고 동물학 박사가 되었습니다. 이 외에도 기적처럼 발달의 어려움을 극복한 사례는 많습니다. 이들의 공통점은 그의 부모들이 포기하지 않았다는 것입니다.

뇌는 근육과 같아서 꾸준히 훈련하면 발달한다고 뇌과학자들이 말합니다. 또한 적절한 자극이 주어졌을때 약한 쪽 뇌가 실제로 크기가 커지고 정보처리 속도도 빨라진다는 것을 발견 했습니다. 그래서 저는 매일 20분을 아이에게 집중해 달라고 말합니다. 부모가 아이의 눈을 보며 온전히 집중하는 20분의 시간을 통해 아이는 부모와 소통하고 행복해집니다. 짧은 20분의 시간이 모여 아이의 마음을 움직이고, 발달을 촉진시킵니다. 전문가가 기관에서 교육한다고 해도 부모로서 내 아이를 들여다보고 관심을 가지는 최소한의 시간은 필요합니다. 매일 20분! 아이와 함께하면 기적이 일어납니다.

처음에는 20분도 힘들 수 있습니다. 아이와 함께 놀아본 경험이 적으면 무엇을 해야 할지부터 고민입니다. 그래서 매월 가정에서 할 수 있는 것들을 상담이나 온라인 특강을 통해서 전해 드리려고 노력합니다. 아이를 교육하는 선생님께 자문을 구하면 대부분 알려주실 거라 생각합니다. 생각이 습관을 관장하는 뇌의 영역에 도달하는 최소한의 시간이 21일이라고 합니다. 21일 동안 의지를 가지고 시작해 보시기 바랍니다. 그 기간이 지나고 나면 습관처럼 즐겁게 아이와 놀게 될 것입니다.

영유아기 뇌 발달

영유아기에는 모든 영역들이 골고루 잘 성장하도록 도와 주어야 합니다. 때문에 한쪽으로 치우친 학습이나 활동보다는 다양한 감각활동이 좋습니다. 간혹 말도 못하는 아이에게 영어 조기교육을 목표로 매일 몇시간씩 영어 테이프를 틀어 주시는 분이나 밖에 나가서 놀기가 힘들다고 집에서 책만 읽어주는 아이도 만납니다.

이때는 더 많은 움직임이 필요한 시기입니다. 손을 꼼지락거리며 만들거나 이것 저것 만져보도록 해 주세요. 또 많이 뛰어 놀며 몸을 움직이고 울고 웃으며 다양한 경험을 하게 해 주세요. 집중력이 짧은 시기인 만큼 아이 수준에 맞고 흥미 있는 놀이가 좋겠지요. 책을 읽을 때도 혼자보다는 엄마가 재미있게 읽어 주는 것이 좋습니다. 지루하고 딱딱한 책보다 흥미있고 재미있는 책을 읽어줄 때 뇌가 더 활발하게 움직인다고 합니다.

영어교육은 모국어가 충분히 발달한 7세 이후에 하는 것이 좋습니다. 언어를 담당하는 뇌의 발달이 이 시기에 이루어지기 때문입니다. 아직 언어를 담당하는 뇌가 발달하기 전에 지나치게 암기 위주의 교육을 시키면 건강한 뇌 발달에 문제가 생기게 되고 모국어 발달도 늦어지게 됩니다.

🔔 학령기 뇌 발달

학령기가 되면 언어뿐 아니라 수학적 사고를 담당하는 뇌가 발달하게 됩니다. 언어교육에서도 좀 더 효과를 볼 수 있고 수 개념, 덧셈, 뺄셈, 곱셈, 나눗셈 등의 수리학습이 가능해집니다. 문제를 풀고 답만 찾는 방법보다는 여러 가지 방법을 찾고 해결해 보는 과정이 뇌 발달에 효과적입니다.

학교에서도 수학과 연관된 보드게임 활동을 많이 하는데 가정에서도 수 개념을 알려주는 게임이나 재밌는 보드게임 등을 통해 뇌 발달을 도모할 수 있습니다. 혼자서 하기보다는 가족들과 함께 번갈아가며 할 수 있는 놀이, 순서를 기다리는 놀이 등이 좋습니다. 더 놀이에 집중하게 되고 규칙을 이해하게 되며 이겼을 때와 졌을 때의 감정도 경험할 수 있습니다.

🔔 사춘기 뇌 발달

사춘기는 정서적·신체적으로 급격한 변화를 겪는데, 감정, 학습, 기억 등을 담당하는 뇌의 변연계에 중요한 시기입니다. 이 부분이 안정되어야 감정조절뿐 아니라 학습도 잘할 수 있습니다. 또한 이성적인 사고를 하는 전두엽이 아직 성숙하게 발달하지 못해서 쉽게 화를 내거나 짜증을 내는 경우가 많습니다. 학교의 규칙을 어기기도 하고 잘하던 학습들을 하기 싫어할 수도 있습니다.

때문에 부모의 기준으로 아이에게 같이 화를 내거나 감정적으로 대응하기보다는 아이의 마음을 먼저 공감해 주고, 어떤 상황인지 차근차근 설명해 주는 것이 좋습니다. 부모가 화를 내는 순간 아이는 자기의 감정을 꺼낼 수 없습니다. 아이의 감정을 들여다보기 위해서라도 부모는 감정을 잘 다스려야 되겠지요. 신뢰할 수 있는 부모님 곁에서 아이들은 안정감을 느낍니다.

또한 이 시기에는 게임이나 인터넷 중독에 빠지기도 합니다. 일상이 심심하고 지루하면 더욱 자극적인 게임에 빠질 수밖에 없습니다. 가급적 아이들과 자연에 나가 산책이나 달리기, 여행하기 등으로 즐겁고 행복한 경험을 많이 가질 수 있으면 좋겠습니다. 좋아하는 취미나 하고 싶었던 것들을 도전해보는 경험도 좋습니다. 이러한 즐거운 경험이 이후에도 긍정적인 뇌 발달에 도움이 됩니다.

뇌는 날마다 달라지고 발달합니다

사람의 뇌는 어떻게 사용하느냐에 따라서 날마다 달라지고 발달합니다. 부족한 부분이 있어도 계속 노력하면 좋아질 수밖에 없습니다. 이것이 뇌의 가소성입니다. 어떤 목표를 구체적으로 잡고 반복하여 실천하면 뇌는 그렇게 수행하도록 움직입니다. 이때 주입식 방법보다는 직접 손으로 만지고 탐구하는 활동, 입체적인 교구, 실제 상황을 직접 경험하게 하는 것이 더욱 효과적입니다.

따라서 좋은 기억, 좋은 습관, 좋은 경험을 해야 합니다. 뇌는 후천적으로 발달합니다. 그래서 부모의 역할이 더 중요합니다. 부모가 얼만큼 뇌를 활발하게 움직이도록 도와주는지에 따라 아이의 변화 양상은 달라질 수 있습니다. 그러니 우리 아이의 부족함만 들여다보거나, 나이가 많다고 포기하는 일이 없었으면 좋겠습니다. 최선을 다해 할 수 있는 전부를 했을 때 어떤 후회나 미련도 없을 테니까요.

나중에 '그때 좀 더 할 걸!' 하고 후회하기보다 지금 한 번 더 아이를 바라봐 주시면 좋겠습니다. 어쩌면 오랜 시간이 걸릴 수도 있고, 힘든 과정이 될 수도 있습니다. 하지만 우리는 할 수 있습니다. 우리 아이가 가장 사랑하고 믿는 부모니까요. 오늘도 힘내시기 바랍니다.

매일 20분! 뇌가 달라집니다.
영유아기에는 모든 영역들이 골고루 잘 성장하도록 도와 주어야 합니다. 영어교육은 모국어가 충분히 발달한 7세 이후가 좋습니다. 학령기가 되면 언어뿐아니라 수학적 사고를 담당하는 뇌가 발달하는 시기입니다. 사춘기는 정서적·신체적으로 급격한 변화를 겪는데, 감정, 학습, 기억 등을 담당하는 변연계가 중요한 시기입니다.
사람의 뇌는 어떻게 사용하느냐에 따라서 날마다 달라지고 발달합니다.

Part Ⅲ.

효과적인 가정 코칭법

1.
100점짜리 몸놀이 방법

아이가 교육을 시작하고 몇 달 안에 변화가 보이면 부모님들은 너무 기뻐하십니다. 그리고 아이가 좋아질 수 있다는 희망을 갖고 더 열심히 노력하는 것을 봅니다. 그런데 교육기간이 생각보다 길어지면 눈에 보이는 다른 방법들을 찾아 보려고 합니다. 약을 먹이거나 최신 치료 장비를 찾기도 하는데요. 아이의 약하고 부족한 기능들이 몇 달 만에 눈에 띄게 달라지는 것은 쉽지 않습니다. 본격적인 교육에 앞서 준비하는 과정도 필요하기 때문입니다.

예를 들면 말을 못하는 아이라고 해서 무조건 말을 가르치는 교육부터 하지는 않습니다. 아이에 따라 말을 할 수 있는 준비가 필요하기 때문입니다. 조음기관이나 구강상태, 입 주위의 근육발달, 숨을 들이마시고 내쉴 수 있는지 등 말을 하기 위해 필요한 기초준비를 마쳐야 말하기 훈련을 시작할 수 있습니다. 몇 달이면 말을 배울 것 같지만 기초적인 준비를 하는 데도 그 이상의 시간이 걸리기도 합니다. 대부분의 수업이 비슷한 과정을 거칩니다.

이러한 발달의 과정을 잘 이해하고 매일 집에서 도울 수 있는 것들을 해주는 게 중요합니다. 아이의 부족한 점을 정확히 파악하시고 그것을 채워나가면 시간이 좀 더 걸려도 분명 좋아질 수 있습니다. 아이에 따라 좀 더 빨리, 또는 좀 더 늦게 나타날 수 있는데 옆의 아이와 비교하지 않으시길 바랍니다.

그리고 무엇보다 중요한 것은 아이가 스스로 해낼 수 있도록 돕는 기본적인 교육입니다. 직접 체험하고 소통하며 배우고, 신체 활동을 통해 몸을 건강하게 하는 기본 교육이 아이를 일어서게 합니다.

장비나 시스템, 약 등에 의존하기보다는 아이 스스로 해낼 수 있는 건강한 목표를 세우고 매일 실천하는 것이 좋습니다. 일시적으로는 장비나 시스템, 약 등이 도움이 되는 경우도 있을 것입니다. 하지만 장기적으로는 아이가 스스로 뭐든지 직접 해낼 수 있는 건강한 목표를 세우셔야 합니다.

그렇다면 가정에서 실천할 수 있는 방법에는 어떤 것들이 있을까요? 저는 우선적으로 신체발달과 아이와의 상호작용을 위한 몸놀이를 강조하는데 많은 부모님께서 어떻게 놀아주면 좋을지 모르겠다고 하십니다. 몸놀이는 운동기능뿐 아니라 뇌를 활발하게 움직이게 하여 다른 영역의 발달도 돕습니다. 매일 20분, 가정에서 쉽게 할 수 있는 몸놀이 방법과 같은 시간을 놀아줘도 좀 더 효과적인 방법을 알려 드릴게요.

매일 10분 이상 몸놀이를 해주세요

저는 가급적 몸놀이는 아빠와 하도록 권하고 그 외의 활동이나 교육은 엄마와 하는 것이 좋다고 말합니다. 엄마에 비해 아빠가 체력적인 부분에서 낫기도 하지만 아이에게는 아빠와 함께하는 힘있는 몸놀이가 신체자각과 조절에 도움이 되기 때문입니다. 강하고 거친 힘을 느끼면서 자기 몸의 신체를 유연하게 잘 조절하게 됩니다. 이러한 신체조절은 충동적으로 던지거나 때리는 등의 행동을 조절하는 데도 도움을 줄 수 있습니다.

(팔)씨름하기, 간지럽히기, 뒹굴뒹굴 구르며 놀기, 어린아이라면 목마 태워주기나 비행기 놀이 등 아이에게 집중하는 순간 즐거운 놀이가 되는 것들이 많습니다. 목욕 후에 꾹꾹꾹 눌러주며 마사지해 주는 것도 좋습니다. 엄마, 아빠와 신체접촉을 하며 관심을 받는 이 시간이 아이에게는 건강한 발달, 행복한 경험이 될 것입니다.

이불 속에 숨기 놀이, 이불을 깔고 끌어주는 썰매놀이, 아빠 등에 올라타고 기어가기, 풍차놀이, 터널 통과하기 등도 간단하고 효과적인 놀이입니다.

학령기 아이라면 아빠 몸에서 탈출하기, 레슬링, 말타기, 업어주기, 스트레칭, 매달리기, 윗몸 일으키기, 떡 사세요, 짐볼 균형잡기, 손바닥 마주쳐 밀어내기 등의 놀이도 좋습니다.

말 그대로 몸놀이는 특별한 교구나 재료가 없어도 몸으로 놀아 줄 수 있으면 됩니다. 아이와 함께 즐겁게, 신나게 놀아 줄 마음의 준비만 하면 충분합니다. 아빠가 너무 피곤한 날에는 팔베개를 하고 누워서 도란도란 이야기를 들려주셔도 됩니다. 중요한 것은 아빠와 함께하는 시간이겠지요.

☻ 몸놀이 팁
- 최대한 많이 접촉하기 : 몸의 움직임, 힘의 강도, 감각 등에 도움이 됩니다.
- 서로 소통하며 놀기 : 좀 더 놀이가 즐거워지고 언어 향상에도 도움이 됩니다.
- 아빠의 힘을 경험하기 : 힘의 강약과 자신의 힘의 크기를 느끼며 신체 조절에 도움이 됩니다.
- 무조건 해주지 말고 번갈아가며 하기 : 상호작용에 도움이 됩니다.
- 마무리는 즐겁게 칭찬해 주기 : 잘했어, 멋졌어 등

집보다 자연에서 놀이하는 시간을 늘리세요.
효과는 2배 이상입니다

주말에는 놀이터나 공원 같은 자연을 찾아 30분 이상 놀아주세요. 매일 저녁 산책하며 놀아주셔도 좋습니다. 단조롭고 편안한 집에서의 놀이보다 걷고 뛰며 놀 수 있는 바깥놀이가 신체발달에 더 도움이 되는 것은 당연하겠지요.

☻ 밖으로 나간다

일단 밖으로 나가세요. 이런저런 이유로 집에서 지내고 싶은 욕구를 참고 아이와 손잡고 나가시기 바랍니다. 늘 익숙한 집안과 달리 새로운 환경, 낯선 사람들, 뜻밖의 상황들이 있는 밖에서의 놀이가 훨씬 아이에게 도움이 됩니다. 새로운 자극들이 들어갈수록 뇌는 더 발달하게 되니까요. 밖으로 나가면 걷든지, 뛰든지 몸을 움직일 수밖에 없습니다. 집에서보다 훨씬 많은 신체활동을 하게 되지요. 많이 걸어서 다리도 아파보고, 뛰면서 땀도 흘릴 수 있다면 건강한 몸을 만드는 지름길이 되지 않을까요? 몸을 많이 쓰고 유연해질수록 뇌도 활발하게 정보를 주고받습니다. 때로는 빠르게, 때로는 천천히 움직이고 활동하며 자기 몸을 잘 조절할 수 있도록 도와 주시기 바랍니다.

☻ 아이와 함께 경험하며 알려준다

밖으로 나오셨다면 아이와 함께 움직여 주셔야 합니다. 놀이터에 데리고 나와서 아이에게 맘껏 놀라고 하고 부모는 벤치에 앉아 휴대폰을 보고 있지는 않으신가요? 눈으로만 아이를 보는 것이 아니라 몸으로 함께 놀아 주셔야 합니다. 그리고 아이가 잘 못하거나 힘들어하는 부분이 있다면 시범을 보여주고 격려하며 해낼 수 있도록 도와주셔야 합니다.

· 놀이터 : 모든 놀이기구를 점령하라

놀이터에 있는 모든 기구를 즐겁게 이용할 수 있도록 도와주시면 됩니다. 놀이터의 기구들이 단순해 보여도 아이들의 발달에 도움이 되도록 만들어 놓은 것들입니다. 아이가 잘 하는 것, 힘들어 하는 것들이 있을 텐데요. 힘들어 하는 기구를 잘 사용할 수 있을 때까지 도와주셔야 합니다. 그 힘들어 하는 부분이 아이의 발달에서 약한 부분인 경우가 많기 때문입니다.

예를 들어, 아이가 그네를 무서워서 타지 못한다면

(1) 며칠 동안 그네 주변에서 놀며 구경시켜 주세요. 아이에게 익숙해지는 시간이 필요합니다. 처음부터 아이를 강제로 앉히거나 하지 마세요. 그네를 더 무서워할 수 있습니다.

(2) 아이를 안고 잠시 그네에 앉았다가 바로 내리세요. 그네가 무

섭거나 불안하지 않음을 알려주는 단계라고 생각하시면 됩니다. 조금씩 앉아있는 시간을 늘리시면 됩니다.

(3) 아이를 안고 흔들흔들 그네를 타기 시작합니다. 아이가 적응한 만큼 시간을 늘려 주세요.

(4) 혼자서 앉아보기, 혼자서 그네 타기를 시도하면 됩니다. 이때 아이가 싫다거나 그만 타겠다고 요청하면 바로 내려주셔야 합니다. 자기의 요구가 바로 수용되면 부모를 신뢰하게 되고 마음의 안정을 찾기가 쉽습니다.

위와 같은 방법으로 모든 놀이기구를 전부 이용할 수 있도록 도와 주시면 됩니다. 직접 부모가 시범을 보여 주는 것도 좋고, 설명하고 도와주면서 아이가 자신감을 가지고 모든 놀이기구를 잘 활용할 수 있도록 해주세요.

집에서 가까운 놀이터에서 충분히 잘 놀고 익숙해졌다면 다른 놀이터에도 가봅니다. 새로운 장소, 새로운 놀이기구 등을 자연스럽게 익히면서 아이의 수용폭은 넓어지고 몸의 감각뿐 아니라 뇌의 발달도 활발해집니다.

・산책 : 최대한 모든 감각을 자극하라

아이와 손잡고 기분좋게 산책하는 것만으로도 즐겁고 행복합니다. 그 기분을 아이도 느낄 수 있기에 정서적으로 긍정적인 영향을 주게 되지요. 더불어 자연 속에서 받는 많은 자극들은 우리 몸 구석구석을 누비며 새로운 경험을 안겨주게 됩니다. 때문에 산책을 할 때에는 그냥 걷기보다는 몸의 모든 감각을 자극하는 것이 훨씬 효과적입니다.

촉각 : 바람이 스치는 느낌, 돌멩이의 차가움, 울퉁불퉁한 나무껍질 등

청각 : 새 소리, 바람 소리, 풀벌레 소리 등

시각 : 길가의 꽃과 나비, 나무, 풍경 등

후각 : 들꽃 향기, 풀내음 등

미각 : 약수, 각종 열매 등

위의 예와 같이 모든 것이 아이에게 신선한 자극이 되고 뇌를 움직이게 합니다. 한번 더 나뭇잎을 만져보고, 꽃을 보거나 향기를 맡아보고, 돌멩이를 만져볼 수 있도록 해 주세요.

· 등산 : 숨이 차는 것을 경험하라

등산은 전신 운동으로 온몸을 활발하게 사용합니다. 그중에서도 호흡능력을 향상시킬 수 있도록 가급적 숨이 차서 헉헉거릴 때까지 움직이기를 추천드립니다. 잠깐 가다가 힘들다고 쉬고, 조금 걷다가 쉬면 이 현상을 경험할 수 없습니다. 아이와 일정시간 목표를 잡고 숨이 차서 큰 숨을 내몰아 쉴 때까지 걷고 이후에 쉬시는 것이 좋습니다. 이렇게 깊은 호흡을 하면 호흡근이 강해지고 좀 더 효율적으로 호흡할 수 있게 됩니다. 호흡을 잘하게 되면 말을 잘하는 데도 영향

을 주는데, 목소리의 크기가 커지고 음정 조절도 쉬워지며 말의 연결
도 부드러워집니다.

등산은 신체뿐 아니라 뇌도 발달시킵니다. 뇌는 기본적으로 다양
한 자극을 원하는데 등산을 하면서 만나는 새로운 길과 주변의 다양
한 풍경, 여러 가지 감각 자극들은 뇌를 움직이게 합니다. 울퉁불퉁
한 길은 균형을 잡기 위해 집중하고 노력하게 됩니다. 때문에 주위의
사물이나 환경에 더 관심을 갖고 집중할 수 있습니다. 쉴 새 없이 오
르락내리락 하면서 신체의 불균형을 바로잡아주는 환경을 제공하게
되고, 이것은 뇌의 균형을 향상시키는 데 도움이 됩니다.

☻ 감정도 읽어준다

아이와 놀이 하면서 한가지 더 보태고 싶은 것은 아이의 감정을 읽
어 주라는 것입니다.

즐겁게 놀이하며 감정을 느끼는 그 순간이야말로 감정을 이해하는
데 가장 효과적일 수 있습니다. 부모와 함께하는 즐거움과 행복감,
못하던 것을 해냈을 때의 성취감, 실수했을 때의 미안함 등 매 순간
느끼는 감정을 읽고 말로 표현해 주시기 바랍니다. 왠지 모를 이 느
낌의 이름들이 기쁨, 슬픔, 미안함, 뿌듯함, 행복이라는 감정임을 알
아갈 수 있습니다.

자연에서 효과적인 몸놀이에 대해 이해하기 쉽게 점수로 예를 들어 볼게요.

집에서 일단 밖으로 나가시면 50점, 아이와 함께 움직이고 알려주고 경험하게 해주시면 80점, 아이의 감정도 읽고 표현하게 해주시면 100점의 놀이시간을 가진 거예요.

오늘의 내 몸이 어떻게 움직였는지에 따라 아이의 내일이 달라집니다. 열심히 손을 움직이면 소근육이 발달하고, 걷고 뛰면 대근육이 발달합니다. 아이의 약한 부분을 집중적으로 움직이면 그 부분이 건강해져 신체의 균형을 이룰 수 있습니다.

매일 10분 몸놀이 팁

① 최대한 많이 접촉하기

② 서로 소통하며 놀기

③ 아빠의 힘을 경험하기

④ 무조건 해주지 말고 번갈아가며 하기

⑤ 마무리는 즐겁게 칭찬해 주기

자연에서 100점짜리 몸놀이 방법

① 일단 밖으로 나간다.

② 아이와 함께 움직인다.
　필요한 영역을 알려주고 도와줘라.
　놀이터 : 모든 놀이기구를 점령하라.
　산책 : 최대한 모든 감각을 자극하라.
　등산 : 숨이 차는 것을 경험하라.

③ 감정도 읽어준다.

2.
만지고 두드리며 건강해지는 감각놀이

감각놀이는 아이들의 뇌 발달에 큰 영향을 줍니다. 여러 가지 감각을 자극하여 뇌의 다양한 부분을 활성화합니다. 반복적인 감각을 경험하면 그 감각에 대해 더 잘 이해하고 처리하게 되지요. 아이들이 특정 감각을 거부하다가도 계속해서 경험하게 되면 익숙하고 편안하게 놀이하는 것과 같습니다.

몸으로 느끼는 모든 것들이 감각놀이가 되는데 대부분 알고 있는 오감(촉각, 시각, 청각, 미각, 후각) 활동을 생각하면 이해하기 쉬우실 거예요. 여기에 균형을 유지하는 데 중요한 전정감각, 그리고 몸의 위치와 움직임을 알 수 있는 고유수용성 감각도 포함됩니다.

감각놀이는 만지고 두드리며 자연스럽게 물체의 질감이나 온도, 크기 등을 인식하게 됩니다. 또한 손을 통한 탐색이 활발해지는데, 이는 글씨 쓰기나 그림 그리기, 물건을 잡고 조작하는 능력도 향상시킵니다. 또한 마음껏 주무르고 신나게 놀이하며 감정을 느끼고 조절하는 데도 도움이 됩니다. 때문에 감각놀이는 매일 할수록, 많이 할수록 더 건강해집니다. 아이에게는 값비싼 교구나 재료보다 한번 더 놀이 하는 것이 더 중요하기에 대부분 집에서 쉽게 실천할 수 있는 놀이 위주로 예를 들어 보았습니다. '저거 너무 쉬운데' 하며 아는 지식으로 멈추지 마시고 꼭 실천해 보시기 바랍니다.

매일 스킨십 하기

- 스킨십 : 뽀뽀나 껴안아주기와 같은 스킨십을 수시로 해주세요. 스킨십은 피부 접촉을 통해 감각을 자극하고 부모의 사랑을 느끼며 안정감을 갖게 합니다. 학령기 아이라면 뽀뽀 대신 하이파이브, 머리 쓰다듬기, 어깨를 토닥거려 주는 것도 좋습니다. 매일 아침, 저녁 아이와 만날 때마다 해주시기 바랍니다.
- 마사지 : 목욕 후에 가급적 로션을 바르며 전신을 마사지해주세요. 아이들이 자신의 몸을 더 잘 인식하게 되고 편안함을 느끼게 됩니다. 특별한 방법이 없어도 괜찮습니다. 옛날 어른들이 단지 아이의 키가 크길 바라는 마음으로 다리를 쭉쭉 잡아당기고 주

물러 주었던 것처럼, 머리부터 발끝까지 부드럽게 마사지해 주면 됩니다. 아이의 신체 감각을 향상시키고 주변 환경도 잘 인식하게 돕습니다.

 식재료 활용

집에서 사용하는 식재료만큼 다양하고 안전한 감각놀이도 없습니다. 여러 가지 종류의 식재료는 냄새와 질감, 색깔 등을 통해 감각발달을 촉진합니다. 직접 만지고 냄새를 맡고 색깔을 보면서 즐겁게 놀이할 수 있습니다. 쉽고 간단한 몇 가지 예를 들어 드리겠습니다.

☺ 두부놀이

· 두부 만지기 : 부드럽고 촉촉한 느낌의 두부를 만져봅니다. 한 조각씩 손으로 떼어서 꼭꼭 짜고, 뭉치고, 펼치는 등 재미있게 놀 수 있습니다.

· 두부 모양 만들기 : 두부를 얇게 자른 뒤에 모양틀을 이용해 동그라미, 네모, 하트, 꽃 등의 모양찍기를 하며 놀아 주세요. 두 손으로 덥석 만지기 부담스러운 아이에게 좀 더 편안하게 두부를 만질 수 있습니다.

· 색깔두부 만들기 : 두부를 주물럭거린 후 으깨어서 꼭 짠 뒤에 색소를 떨어뜨려 보세요. 빨강, 파랑, 초록색의 새롭고 예쁜 두부 뭉치를 만들어 볼 수 있습니다.

• 두부 물감놀이 : 두부를 갈아서 물감과 섞어 주세요. 질감이 다른 물감이 완성될 거예요. 두부 물감으로 그림을 그려 보세요. 여러 가지 색소를 넣으면 더 다양한 물감 놀이를 할 수 있습니다.

☻ 미역놀이

• 미역 만지기 : 미역은 마른 상태와 물에 불렸을 때 다른 질감을 가지고 있습니다. 마른 미역을 먼저 살펴보게 하시고, 그 다음 불린 미역을 만져보게 합니다. 만지다가 맛을 보고 냄새를 맡거나 피부에 붙여 보는 것도 괜찮습니다.

• 미역 그림놀이 : 미역을 붙여서 그림놀이를 할 수 있습니다. 잘게 잘라서 필요한 부분에 사용하셔도 되고, 불린 미역을 꼭 짜서 엄마 머리를 표현해도 좋겠지요.

• 미역 물놀이 : 불린 미역을 가지고 물 속에서 놀아 보세요. 점점 미역이 부드러워지는 것을 경험하고 미역을 만지며 즐겁게 물놀이를 할 수 있습니다.

☻ 국수놀이

• 국수 부러뜨리기 : 만져보고 관찰한 후에 국수를 잡고 '두두둑, 뚝뚝' 부러뜨려 보세요. 소근육이 약한 아이도 국수는 제법 부러뜨릴 수 있어서 재미있어 합니다. 각자의 그릇에 적당량을 나눠서 스스로 할 수 있게 지도하면 됩니다.

· 국수 반죽놀이 : 위에서 잘게 부러뜨린 국수에 물을 붓고 기다리면 국수가 불어서 으깨며 놀 수 있습니다. 또다른 감각을 느끼게 되고 반죽을 하느라 손을 많이 사용하게 되어 좋습니다.

· 비빔국수 만들기 : 국수를 삶아서 간장, 참기름 등의 양념을 섞어서 조물조물 비빔국수를 만들어 보세요. 부드러운 국수를 실컷 만질 수 있고, 손수 만든 국수를 먹는 즐거움도 느낄 수 있습니다.

☺ 쌀 놀이

· 쌀 만지고 씻기 : 쌀을 휘저어 보며 쌀의 질감과 딱딱함을 느끼고, 손가락 사이로 빠져나가는 느낌을 경험할 수 있습니다. 또한 물을 부어 쌀을 씻어보고 젖었을 때의 느낌도 느끼게 해주세요.

· 숨은 물건 찾기 놀이 : 쌀 속에 장난감이나 간식 등을 감춰 두고 보물찾기 놀이를 해보세요. 아이가 손을 쌀 속에 넣어 즐겁게 찾아내며 촉각과 집중력도 향상될 것입니다. 또는 쌀과 콩을 섞어서 콩만 골라내는 놀이도 좋습니다.

· 마라카스 만들기 : 플라스틱 컵 속에 쌀을 넣고 흔들면 쌀이 움직이며 소리를 내게 됩니다. 쌀이 움직이는 소리를 들어본 후에 콩이나 호두 등의 다른 재료도 추가하여 들려 주세요.

· 예쁜 쌀 만들기 : 식용색소를 넣어 쌀을 색칠한 후에 말리면 다양한 색깔의 쌀을 만들 수 있습니다. 미술작품을 만들거나 색깔별로 나누어 놀이하셔도 됩니다.

☺ 야채도장 놀이

· 야채 탐색하기 : 오이, 파프리카, 가지, 호박 등 여러가지 야채를 만져보고 탐색합니다. 각 야채의 색깔과 질감, 모양 등을 익히고 배울 수 있습니다. 안전한 야채칼로 직접 썰어 보는 것도 좋습니다.

· 야채 도장찍기 놀이 : 각 야채의 단면을 자르거나 꼬투리를 남겨주세요. 물감을 묻혀 도장찍기 놀이를 하면서 야채의 모양을 더 잘 구분하고 이해하게 됩니다. 가급적 야채의 특정 모양이 잘 나오도록 준비해 주면 좋습니다.

☺ 색깔얼음 놀이

· 얼음 만져보기 : 트레이에 얼린 얼음을 꺼내서 차가운 온도와 만질수록 녹는 것을 경험할 수 있습니다. 이때 핫팩을 같이 준비해서 차가운 얼음의 온도와 따뜻한 핫팩의 온도를 느끼고 비교할 수 있게 해 주셔도 좋습니다.

· 색깔얼음 그리기 : 트레이에 약간의 물감과 물을 섞어서 얼려 주세요. 색깔얼음을 꺼내어 자유롭게 그림을 그리며 색에 대한 이해도를 높이고 차가운 감각을 느끼게 합니다. 직접 얼음 만지는 것을 거부할 경우 트레이에 막대기를 꽂아 얼려주시면 막대기를 잡고 놀이할 수 있습니다.

☺ 감각놀이 팁

· 과일, 야채, 채소, 밀가루, 간식, 젤리 등 쉽게 접할 수 있는 모든 식재료를 활용하시면 됩니다. 만지고, 두드리고, 뭉치고, 깎고, 자르고, 조각을 내어 도장을 찍는 활동 등 다양한 방법으로 활용할 수 있습니다.

· 모든 놀이는 억지로 하거나 강압적으로 하면 안 됩니다. 특히 특정 감각에 예민하거나 거부가 심한 경우에는 아이가 익숙해질 때까지 기다려 주셔야 합니다. 며칠 동안 재료만 보여주거나 식탁 한 켠에 놓아둡니다. 또 그 재료를 이용한 맛있는 요리, 즐거운 놀이 등을 통해 간접적으로 체험시키는 방법도 좋습니다.

· 심하게 거부한다고 해서 제외시키면 안 됩니다. 더 천천히 조금씩 시도해 주세요.

 집에 있는 물건 탐색하기

· 주방도구 악기놀이 : 냄비, 국자, 후라이팬, 주걱, 젓가락 등의 주방 도구들을 두드리며 소리를 들어 봅니다. 좋아하는 도구를 하나씩 들고 박자 놀이를 해도 좋습니다. 또는 크고 작은 그릇들과 컵을 놓고 연주하듯 놀이하는 것도 좋습니다.

· 택배 포장지 놀이 : 택배 포장지는 색깔과 모양, 질감이 달라 감

각놀이에 좋습니다. 포장지를 터트리거나 접어보고, 자르고 붙여서 새로운 작품 만들기 등으로 활용해 보세요.

- 빨래 개기 놀이 : 아이와 함께 빨래 개기를 해보세요. 부드러운 스카프, 폭신한 털옷, 까슬까슬한 옷, 차가운 청바지 등 다양한 옷을 만져보며 감각을 느낄 수 있습니다.
- 가구 만져보기 : 집안의 가구를 만져보며 서로 다른 질감을 느껴보세요. 매끈한 냉장고 손잡이, 폭신한 소파, 차갑고 딱딱한 식탁을 만져보며 감각을 자극할 수 있습니다.

 계절과 자연을 이용한 특별한 경험 얻기

여름에는 바다에서 수영하고, 겨울에는 눈싸움을 하는 것처럼 계절에만 경험할 수 있는 놀이들이 있습니다. 그 계절에만 할 수 있는 자연놀이는 꼭 경험할 수 있도록 해주시기 바랍니다.

특별한 감각자극도 되고, 자연의 변화를 이해하는 데 도움이 될 수 있습니다.

☺ 봄 : 꽃놀이, 화분 만들기
봄에는 다양한 꽃의 색깔과 형태, 향기를 경험할 수 있습니다.
방울토마토, 상추, 오이 등 화분 만들기도 해보세요. 화분에 흙을 채우고 씨앗이나 모종을 심으며 다양한 감각을 발달시킬 수 있습니다. 직접 만든 화분에 물을 주고 풀도 뽑아주다가 열매가 열리면 그것을 따먹어보면서 감각뿐 아니라 씨앗에서 열매로 성장하는 과정도 이해하게 됩니다.

☺ 여름 : 물놀이

여름에는 물놀이를 맘껏 할 수 있는 계절인 만큼 물놀이를 통해 다양한 감각 자극과 신체활동이 많아지도록 해주세요. 가급적 워터파크나 인위적인 실내 물놀이를 하기보다 개울이나 얕은 계곡 등 자연 속에서 해주시기 바랍니다. 물속에서 걷고, 물장구를 치며 놀아 주시고 개울에 앉아 돌멩이, 모래, 흙놀이를 해 보세요. 아이 손을 잡고 물속을 걸어보는 것도 좋습니다. 발바닥에 닿은 모래와 흙들이 색다른 느낌을 전달해 줄 거예요. 적응이 된 후에 좀 더 물살이 센 곳을 거슬러 올라가며 아이의 다리 사이와 살에 맞닿는 물살의 느낌을 경험하게 해주세요. 부모님의 손을 놓고 아이 혼자 뒤뚱뒤뚱 걸어가며 균형감을 찾는 훈련을 하는 것도 좋습니다.

☺ 가을 : 단풍놀이, 과일열매

노란색, 붉은색 등의 단풍은 아이들에게 신기하고 새로운 경험입니다. 마른 단풍잎, 젖은 단풍잎 등을 만져보기도 하고, 바스락거리며 밟히는 소리, 나무에서 떨어지는 나뭇잎의 소리도 들을 수 있습니다. 나뭇잎을 움켜쥐고 뿌리며 즐겁게 놀고 난 뒤, 예쁜 단풍잎을 모아서 그림을 그리거나 단풍잎 찍어보기 등의 미술활동을 해보시기 바랍니다.

과일나무에서 풍성한 과일이 열리는 것도 좋은 경험이 됩니다. 사과 따기, 밤 줍기 등을 통하여 시간의 흐름과 결과물을 이해하게 됩니다. 가을이면 결실을 맺고 추수를 한다는 것을 자연스럽게 익히게 되지요.

☺ 겨울 : 눈놀이

1년 중에 눈이 오는 날이 며칠밖에 되지 않습니다. 눈오는 날에는 무조건 눈을 경험하게 해주세요. 그렇지 않으면 눈을 동화책 속에서만 볼 수 있게 됩니다.

차가운 눈, 손 안에서 녹는 눈, 만져보고 뭉쳐보고 굴리면서 놀다 보면 손이 꽁꽁 얼기도 하면서 다양한 눈의 상태를 경험할 수 있습니다. 뽀드득 밟을 때 나는 소리도 들어보고, 눈사람 만들기, 눈썰매 타기 등의 신체활동을 통해 아이들의 신체와 감각을 발달시킵니다.

가급적 집 안에서 놀기보다 자연 속에서 흙이나 모래, 물, 나무, 돌멩이 등을 가지고 놀게 해주세요. 훌륭한 감각놀이가 될 수 있습니다. 상황적으로 집 안에서 놀아야 한다면 잘 만들어져서 버튼만 누르면 되는 장난감보다는 위와 같이 직접 만지고 두드리며 놀 수 있는 감각놀이를 해주시기 바랍니다.

엄마가 저녁준비로 바쁘시다면 오이 한 개라도 주셔서 아이가 어린이용 칼로 썰어보고 만져보고 먹어볼 수 있는 정도도 괜찮습니다. 양상추 한 통을 벗겨달라고 건네주셔도 됩니다. 아이의 감각을 자극할 수 있는 놀이는 생각보다 간단하고 효과적인 것들이 많습니다. 무작정 TV나 스마트폰으로 편하게 놀기보다는 건강한 감각놀이로 채워주시기 바랍니다.

만지고 두드리며 건강해지는 감각놀이
① 매일 스킨십하기
② 식재료를 활용하기
　두부놀이, 국수놀이, 쌀놀이, 과일, 야채, 간식, 젤리 등
③ 집에 있는 물건 탐색하기
　주방도구 악기놀이, 택배 포장지 놀이, 빨래 개기 놀이
④ 계절과 자연을 이용한 특별한 경험 얻기
　봄 : 꽃놀이, 화분 만들기
　여름 : 물놀이(개울, 계곡 등)
　가을 : 단풍놀이, 과일 열매
　겨울 : 눈놀이

3.
빠르게 말 늘리는 5가지 실전 방법

 일단 멈추세요

아이가 필요한 것을 요구하기도 전에 계속해서 제공되면 아이는 말하고 표현할 기회를 놓치는 것이라고 앞에서도 말씀드렸습니다 (p. 80 과잉보호). 뇌가 급격히 발달하는 영유아기에 더 많이 가지를 치고 세포를 연결해야 하는데 아무것도 안하고 머물러 있는 것과 같습니다.

일단, 멈추세요. 아이가 먹을 것을 필요로 할 때도, 장난감으로 놀고 싶어할 때도, 밖에 나가자는 눈빛이 보여도 그냥 무조건 알아서 챙겨주지 마세요. 잠깐 기다려 보세요. 이때가 우리 아이가 뭔가를 표현하고 배울 수 있는 좋은 기회입니다. 특히 아이가 정말 좋아하는 것, 무척 필요로 하는 것이 있을 때는 집중도가 높아집니다. 그 순간 어떻게 해야 저것을 가질 수 있는지에 온통 관심이 있기 때문입니다.

3번 이상 말해 주세요

아이가 필요로 하는 것에 대해 3번 이상 말해 주세요. 예를 들어 아이가 물이 먹고 싶어서 정수기 앞으로 오거나, 물병을 보고 있다면, "물 먹고 싶니?", "물 줄까?", "시원한 물 여기 있네."와 같이 물을 3번 이상 말해 주세요.

행동에 대한 것도 마찬가지입니다. 아이가 간식통 앞에서 간식을 먹고 싶어 하는 모습이면, "간식 먹고 싶구나!"(두손을 모으고 달라는 행동을 보여주고) "주세요."라고 이야기합니다. 이때는 말과 행동이 동시에 전해지기도 하지요. 아이에게 더 좋습니다.

말이 빨리 나오지 않는 경우에는 행동모방이 더 쉽습니다. 말은 아직 안 나와도 두 손을 내밀 수도 있고, 입 모양만 보일 수도 있습니다.

어떤 것이든 크게 칭찬해 주셔야 합니다. 그래야 '이렇게 해야 하는 거구나!', '엄마가 좋아하는구나!' 등의 느낌이 쌓이게 되고, 계속해서 표현해 보려고 합니다. 그러면서 뭔가를 원할 때는 손을 내밀거나, 말을 해야 하는 소통의 방법을 익히게 됩니다.

왜 3번 이상 말하라고 하는 걸까요?

아이들이 어떤 말이나 단어를 익히기 위해서는 수천 번을 반복해서 들어야 합니다. 많이 듣고 빨리 들을수록 좀 더 말하는 속도가 빨라질 수 있습니다. 아이가 많이 느리다면 더 자주, 더 많이 해주시면 좋겠지요.

처음에 부모가 무조건 알려주는 단계를 저는 제공학습이라고 말합니다. 아무 말도 못하고 행동에 대한 이해도 안 되는 아이에게 설명하거나, 질문하거나 하는 것은 도움이 되지 않습니다. 간단하고 명료하게 핵심적인 말이나 행동만 알려주시면 됩니다.

예를 들어 "간식이 먹고 싶을 때는 엄마한테 와서 손을 모으고 간식을 달라고 해야 되는 거야, 알겠니?", 또는 "물이 먹고 싶으면 네가 말을 해야 돼, 엄마를 쳐다보고 '물!' 해야 하는 거야." 등의 긴 설명은 첫 단계에서는 무리일 뿐 아니라 아이는 이해하지 못합니다. 간단 명료하게 "물", 또는 "주세요." 하고 상황에 맞게 알려주시면 됩니다. 혼합된 여러 가지 말보다 한마디에 더 집중하고 빨리 익힐 수 있습니다. 어느 정도 알아듣게 되면 자신감이 생기고, 이제 들었던 것이나 배웠던 것을 표현하게 됩니다.

제공학습을 충분히 해주세요. 그냥 정답을 알려 주세요. 아이에게 성급히 대답을 들으려고 다그치거나 묻지 마시고 아이가 해야 할 말을 계속해서 충분하게 알려주세요.

'표현하기'를 끌어내 주세요

　제공학습을 통해 아이가 사물에 대해 인식하기 시작하면 이제는 스스로 말할 수 있도록 도와주셔야 합니다. 아주 사소한 것이라도 좋습니다. 어떤 것이든 아이가 표현하려고 조금이라도 움직인다면 물개박수를 쳐 주시고 칭찬과 격려를 해주셔야 합니다.

　예를 들어 "물" 하지 못하고 "무", 또는 "우"라고 할 수도 있고 입술만 움직일 수도 있어요. 아직 말하기가 자신 없으면 손가락으로 물을 가리킬 수도 있어요. 둘 다 잘했다고 칭찬해 주시면 됩니다. 점점 아이가 더 크게 말하기 시작할 거예요.

　처음 입술을 움직이거나 소리를 내 보려고 할 때 긴장되고 불안할 수 있습니다. 정확하게 들리지 않거나 틀린 것 같으면 스스로 자신감이 떨어질 수 있어요.

　이때 부모의 반응이 무척 중요합니다. 제대로 해보라고 다그치거나 분명하게 또박또박 말하라고 하면 왠지 아닌 것 같고, 혼날 것 같아서 그나마 시도했던 입을 다물어 버리게 됩니다. 아이가 다시 시도하기까지 좀 더 시간이 걸리겠죠.

　그래서 뭔가를 어설프게라도 시도할 때는 그것 자체를 칭찬해 주셔야 합니다. 그러면 점점 자신감이 생겨서 소리도 커지고 발음도 정확해지게 됩니다. 그동안 사용하지 않았던 입안의 근육과 조직들을 잘 활용하게 됩니다.

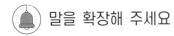 말을 확장해 주세요

조금씩 아이가 입을 움직이거나 1음절을 말하기 시작하면 좀더 확장해 주시면 됩니다. 위에서 말씀드린 것처럼 "주세요."를 연습시켰지만 처음에는 "주"만 말할 수도 있어요. 아이가 "주"만 말한다고 해서 엄마도 "주"로 소통을 하시면 안됩니다. 엄마는 계속 "주세요."를 알려 주시면서 아이가 따라오게 해야 돼요. 시간이 지나면 "주세요."를 말하기 시작합니다.

그럼, 이때 다시 "엄마, 주세요."를 연결시켜서 말하는 것을 확장해 주시면 됩니다. 이후에는 엄마 대신, 아빠, 할아버지, 할머니, 삼촌 등을 바꾸시면서 누군가를 부르는 대상과 '주세요.'라는 동사를 연결해 주시는 거예요. 처음엔 따라하지만 익숙해지면 아이가 대상을 구분하고 말하기 시작합니다.

다음에는 "엄마, 물 주세요."라는 문장을 연습하시면 됩니다. '엄마'와 '주세요.' 사이에 목적어를 넣어 주시는 거예요. 아이가 좋아하는 장난감, 과자, 물, 아이스크림을 다양하게 바꿔서 알려주시면 아이도 이제는 속도가 빨라질 거예요.

이렇게 최소한의 문장을 말하기 시작하면 이후의 언어 확장은 훨씬 수월해지고 상황에 맞는 다양한 말들을 익히는 것이 어렵지 않습니다.

처음부터 문장으로 말하지 마시고 아이의 현재 수준에 맞춰 쉬운 것부터 차근차근 하셔야 아이도 편안하게 연습할 수 있어요. 오히려 무리하게 요구하면 아이가 말을 하지 않으려고 한다든가 회피하는 등의 역효과가 날 수 있으니 주의하셔야 됩니다.

 ## 매일같이 조음기관을 훈련해 주세요

아이가 말을 하기 위해서는 말하기 위한 구조가 잘 발달되어 있어야 합니다. 조음기관은 말하기와 관련된 구조로서 혀나 입술, 턱, 입천장, 치아 등을 말하는데 이러한 구조가 건강하게 잘 발달되어 있어야 말하기가 쉽습니다.

가정에서 쉽게 할 수 있는 것으로는,

· 딱딱한 것 씹기 : 음식이나 간식 중 질기거나 딱딱한 것을 씹을 수 있도록 해 주세요.

· 볼 마사지 하기 : 매일 수시로 볼을 문질러 주세요.

· 입 주변 눌러주기 : 입 주위를 엄지손가락으로 꾹꾹 눌러주세요.

· 입술 당겨주기(오리입) : 윗입술과 아랫입술을 앞으로 쭉 내밀고 손가락으로 잡고 당겨 줍니다.

· 입술 풀기 : 가수들이 입술을 풀 듯이 "푸~~~"하며 소리를 내주세요.

- 손등 뽀뽀 : 엄마 손등 또는 아이 손등에 입술을 동그랗게 모아 서 "쪼옥" 소리가 나게 해주세요.
- 비눗방울 불기(촛불, 나팔, 풍선) : 조금만 "후~" 불어도 가능한 비눗방울에서부터, 촛불, 나팔, 풍선 등 점점 배에 힘이 들어가는 다양한 불기를 시도해 주세요.

이외에도 침을 많이 흘리는 아이라면 침 삼키는 연습, 혀의 움직임이 약하면 '메롱' 하는 것도 시켜 보세요. '메롱'을 잘하면 혀를 상하 좌우로 움직일 수 있도록 유도해 주세요.

입을 적게 벌리는 아이는 '양파링 입 벌리고 먹기' 등의 놀이로 크게 입벌리는 연습하기, 울음 소리가 약하고 힘이 없다면 울음소리가 커지도록 아이가 울 때 조금 기다려주시는 것도 괜찮습니다.

아이에 따라 조금씩 다르지만 우선 아주 쉬운 위의 것들을 매일 꾸준히 해보세요. 달라지는 것을 느끼실 거예요.

다시 말씀드리면 아이가 필요한 것을 말이나 행동으로 표현한 뒤에 주셔야 됩니다. 처음에 소통하는 방법을 찾기까지 시간이 걸리고 힘들 수 있지만 매일 일관성있게 알려주시면 말하고 소통하는 방법을 터득하게 됩니다.

첫 단어를 내뱉고 말하기에 성공하면 점점 빨라집니다. 상황에 맞는 말을 하게 되고 인지가 향상됩니다. 그러니, 조금 더디고 불편해도 이 과정을 잘 기다려 주세요. 아이가 스스로 소통하려고 시도하지 않으면 말하고 표현하는 것은 더 늦어지게 됩니다.

언어 확장 4단계

1. 제공학습
정답 알려주기
말, 행동, 방법을 계속
심어준다.

2. 반응 유도하기
표현하기
1음절, 입모양, 행동을
표현하게 한다.

4. 단계별 확장하기
확장하기
다음 단계로 확장한다.

3. 반복연습/성취
성공하기
반복연습을 통해
해내도록 한다.

아이는 가장 먼저 들었던 말, 가장 많이 들었던 말을 먼저 표현하게 됩니다. 한마디의 말을 하기 위해 수천 번의 말을 들어야 합니다. 하루에 10번 들려주실 건가요? 100번 들려주실 건가요? 아이가 말하는 목소리를 듣고 싶다면 오늘부터 좀 더 많이 들려 주세요.

4.
감정도 알려 주세요

느린 아이들을 보면 무표정한 아이들이 많습니다. 다른 사람의 기분이나 감정에는 전혀 관심이 없고 눈치채지도 못합니다. 때문에 부모가 화가 났는지, 친구 기분이 상했는지도 모르고 자기가 하고 싶은 놀이만 합니다. 언뜻보면 감정을 느끼지 못하는 것 같습니다. 감정도 반복적인 경험을 통해 표현하는 방법을 익히도록 도와 주어야 합니다. 사람 관계에서 가장 중요한 감정을 잘 다룰 줄 모른다면 사회성에 어려움이 생기고, 아이 스스로도 감정을 잘 조절하는 방법을 몰라 충동적이거나 공격적인 행동으로 표현하게 됩니다.

감정의 범위에는 꼭 긍정적이고 좋은 감정만 있는 것은 아닙니다. 억울하고, 속상하고, 화나는 감정들도 포함됩니다. 불편한 감정들도 경험해야 조절할 수 있는 힘이 생겨 내면이 안정되고 건강해집니다. 부모님께서 이러한 감정들을 알려주고, 그에 맞게 적절히 반응해 준다면 아이는 상황에 유연하게 대처하고 어울리며 성장하게 될 것입니다.

유아기부터 감정을 느끼고 표현할 수 있습니다. 혹시 감정영역이 미약하다면 지금부터라도 알려주시면 됩니다. 그러기 위해서는 먼저, 감정을 경험하는 것이 중요합니다. 기다리지 말고 감정도 알려주세요. 다양한 감정을 느끼고 표현할 수 있다면 다음 단계로의 성장도 빨라질 것입니다.

그렇다면 일상생활에서 어떻게 감정을 알려주면 좋을까요?

첫째, 감각적인 느낌에 대해 알려 주세요.

아이의 뇌는 감각을 인식하고 조절하면서 발달합니다. 또한 감각을 통하여 감정을 알게 되므로 감정을 잘 느끼지 못한다면 더 많은 감각을 경험하고 알 수 있게 해주셔야 합니다. 다양한 감각의 경험이 많을수록 주변 환경의 정보를 잘 이해할 수 있으며 감정에 대한 것도 잘 느낄 수 있습니다.

말을 하는 게 우선이었던 아이들은 엄마, 아빠, 자동차 등과 같이 보이는 단어 위주로 배웁니다. 그러다보니 감각과 관련된 말들은 배울 기회가 적습니다. 감각은 사람의 생각과 행동에 큰 영향을 주게 됩니다. 이러한 느낌을 많이 경험하고 적절한 말을 들려주면 말과 행동의 변화도 빠를 것입니다.

예를 들어, 사과를 먹으면서 "이건 사과야, 사과!"라고 하며 이름만 알려주는데, 이왕이면 사과를 만져보고 '매끄럽다', 사과를 들어보고

'가볍다', '사과에서 좋은 냄새가 나네.' 등 다양한 감각과 느낌에 대한 말들을 해주시면 됩니다. '식탁이 차가워', '소파가 편안해', '커피 잔이 뜨거워'처럼 매일 감각으로 경험하고, 말로 들으면서 아이는 그 느낌을 기억하게 됩니다. 비슷한 상황이 되면 그때의 기억을 떠올리게 되고 익숙한 말들이 입속을 맴돌게 됩니다.

단순한 일상 같지만 앞의 예처럼 사과를 그냥 먹는 것보다 여러 가지 감각과 느낌을 경험하게 하면 사과의 향이 기분 좋았던 느낌, 맛있었던 경험이 긍정적인 감정과 연결됩니다.

둘째, 감정에 대한 말을 알려 주세요.

간단한 말도 하지 못하고 발달이 늦어진 아이의 경우 감정을 저절로 습득하기에는 어려움이 있습니다. 때문에 감정에 따라 적절한 표정을 지으시며 말로 표현하는 방법을 알려 주셔야 합니다. 기쁠 때는 기쁜 표정을 크게 지으시고 "엄마, 너무 기쁘다!", 슬플 때는 슬픈 얼굴을 보여주시며 "엄마, 너무 슬퍼!"라고 알려 주세요. 상황에 맞게 '놀라다, 아프다, 속상하다, 기분좋다' 등의 감정 어휘를 알려 주시면 됩니다.

이때 엄마가 과장된 표정으로 알려주면 더 도움이 됩니다. 사람에 대한 관심이 적은 아이들은 얼굴 표정까지 살피는 것이 어렵습니다. 그래서 과장된 표정을 짓고 한 번 더 보고, 조금 더 오래 보고 기억할 수 있도록 도와주세요. 감정에 대한 경험과 학습이 어느 정도 준비되어야 또래 아이들과 어울려 놀 때 아이들의 표정을 볼 수 있습니다. 또한 사람에 대한 관심도 좀 더 생깁니다.

비슷한 감정을 아이가 느낄 때도 알려 주세요. "○○아, 속상하구나, 슬프구나, 기쁘구나!" 하며 아이가 자신의 감정과 그때 표현하는 말들을 알 수 있도록 도와주셔야 합니다. 아이 입장에서 뭔지 몰랐던 막연한 이 기분을 부모가 들려주는 말을 듣고 '아, 이게 속상한거구나' 하고 깨우쳐 갑니다. 아이의 기분을 감정과 연결하여 '감정의 단어'를 알려주시면 감정을 더 쉽게 이해하고 다룰 수 있습니다.

특히 아이가 웃을 때는 얼굴근육을 움직이면서 뇌신경조절 물질을 분비하여 뇌의 기능을 활성화합니다. 따라서 항상 밝게 웃는 아이가 무표정한 아이에 비해 변화의 속도가 빠릅니다. 웃는 아이는 감정을 표현하고 인식하며 뇌를 더 활발하게 움직이기 때문입니다.

셋째, 현재 상황에 대해 알려 주세요.

매일 벌어지는 실제 상황만큼 뭔가를 배우고 기억하기 좋은 게 없는 것 같습니다. 아이가 배가 고픈 것 같으면 "너, 지금 배고프니?", 화장실에 가고 싶은 표정이면 "화장실 가고 싶니?", 옆의 친구 장난감을 바라보면 "장난감 가지고 놀고 싶구나.", "너 이거 빌려주기 싫구나.", "친구랑 놀고 싶니?" 등 지금 현재 상황을 끊임없이 언어로 연결시키면 됩니다. 그리고 이후에 대처할 수 있는 행동도 가르쳐 주면 정말 좋겠지요. 배가 고프면 어떻게 해야 하는지, 화장실에 가고 싶을 때는 어떤 행동을 취해야 하는지 등 다음 행동을 통해 그 상황을 해결하는 방법도 알려주면 좋습니다. 현재 상황을 이해하게 되면 감정의 맥락을 파악할 수 있고 적절한 대처도 할 수 있게 됩니다.

교실에서는 대부분 책이나 교구를 통해 간접적인 상황을 연출하여 교육을 할 수밖에 없습니다. 하지만 매일 실제 상황에서 그에 맞는 말을 들려주고, 대처해야 할 행동까지 연결하여 알려주면 그 상황에 대한 인지도 좋아지게 됩니다. 즉 쉽게 상황을 파악하게 되고, 어떤 말을 해야 하는지, 어떻게 행동해야 하는지 알게 됩니다. 상황을 잘 이해하면 자신의 감정을 더 효과적으로 표현할 수 있습니다.

또한 기본적인 말을 이해하고 표현하는 것도 확장됩니다. 많이 듣게 되고 알게 되는 양이 늘어나면서 할 수 있는 것들이 많아지는 것은 당연한 결과가 아닐까요? 이것이 쌓이고 넘치면 아이의 발달 속도를 빠르게 하는 촉진제가 될 것입니다.

대부분 아이들은 감정을 먼저 느끼고 이후에 '기쁘다', '슬프다'와 같은 감정의 단어들을 배웁니다. 하지만 느린 아이들은 감정을 느끼는 것이 오래 걸립니다. 감정의 단어를 먼저 알려 주세요. 그리고 감정을 느끼며 알아가도 괜찮습니다. 순서가 바뀌면 어때요. 감정을 느낄 때까지 기다리는 시간도 아낄 수 있습니다.

5.
기억력을 높이는 쉬운 방법

 사람, 장소, 목적

일상에서 누구를 만나든지 늘 알려주세요. 그러면 자연스럽게 어디서 만났는지 장소도 말해 줄 수 있고, 무엇을 했는지 활동 이야기도 연결해서 할 수 있습니다. 나가기 전 미리 말해주고, 현장에서 한 번 더 알려주고, 집에 와서 잠자기 전에 반복하여 말해줍니다.

예를 들면 가족 외식을 하러 중국집에 갔을 때.
"철수야, 누구랑 밥 먹으로 왔지? 엄마, 아빠, 철수랑 밥 먹으러 왔어."(사람)

"여긴 어디지? 여긴 중국집이야." (장소)
"여기 뭐하러 왔지? 우리 짜장면 먹으러 왔어." (목적)

할아버지, 할머니 댁에 세배하러 갔을 때
"철수야, 이 분은 할아버지, 이 분은 할머니셔." (사람)
"여긴 어디지? 할아버지 댁이야." (장소)
"우리 여기 왜 왔지? 설날이라 세배하러 왔어." (목적)

이같은 물음과 대답을 아이와 함께 하시면 됩니다. 아이가 말하기 힘들면 부모가 1인 2역으로 묻고 답해주시면 됩니다. 자연스럽게 사람에 대한 인식, 장소, 목적에 대해 익히게 됩니다.

 숫자/문장 불러주고 기억하여 말하기

몇 개의 숫자를 불러주고 기억하여 그대로 말하는 방법입니다.
예를 들면 2, 4, 6, 7 → 2, 4, 6, 7을 말할 수 있으면 됩니다. 아이 수준에 맞춰서 다섯 자리, 여섯 자리, 일곱 자리 등 늘려서 할 수 있습니다. 그대로 따라하는 것을 잘 한다면 반대로 따라하는 것을 시도해 보시기 바랍니다. 예를 들면 2, 4, 6, 7 → 7, 6, 4, 2를 말할 수 있어야겠지요. 반대로 말하는 것의 기준으로는 6~7세는 네 자리,

8~10세는 다섯 자리, 11세 이상인 경우 여섯 자리까지 기억할 수 있습니다.

이런 방법으로 문장도 할 수 있습니다. 처음에는 한 문장을 외워서 따라하기 연습을 해보세요. 이때 문장의 뜻이나 의미를 알 수 있어야겠지요. 모르는 단어나 문장은 먼저 설명해주고 익힌 다음에 하는 것이 더 효과적입니다. 점점 문장을 늘려가면서 기억하기를 향상시킬 수 있습니다.

 식사 질문

매일 접하고 먹는 것이 다르기 때문에 식사 질문을 해주는 것이 도움이 됩니다. 아침을 먹을 때 콩밥, 미역국, 멸치볶음, 김치 등 하나씩 알려주세요. 직접 보고 먹기 때문에 단어카드나 시각자료를 이용하는 것보다 훨씬 효과적입니다. 이때 '고소하다', '싱겁다', '짭쪼름하다'와 같은 맛의 표현과 '튀기다', '굽다', '데치다' 등의 조리법에 대한 어휘도 함께 들려 주세요.

어린이집이나 학교를 다닌다면 "오늘 점심에 뭐 먹었어?" 하고 물어보고, 대답을 못하면 "이야, 오늘은 맛있는 돈가스가 나왔네!" 하고 알려주면 됩니다.

한 단어 정도의 말을 할 수 있는 아이의 경우에는 여러 번 들려주고 한 번은 아이에게 말할 수 있도록 유도합니다. 예를 들어 김치라고 알려주고 아이가 "김치"라고 말할 수 있도록 해주면 됩니다. 못하면 그냥 넘어가세요. 계속해서 묻거나 답을 강요하지 않는 게 좋습니다. 비슷한 입모양이나 말하려는 모습만 보여도 칭찬과 격려를 해주면 됩니다.

대부분 식단표가 나오기 때문에 간식이나 점심에 먹은 것을 알 수 있습니다. 하루 중에 편하신 시간을 정해서 한 번씩 아이가 부담을 느끼지 않을 정도로 해주세요. 시간이 지나면 그날 급식을 전부 외워 오게 됩니다.

사라진 물건 찾기, 물건 제자리 찾기

테이블 위에 장난감이나 물건 등을 올려 놓고 잘 살펴보게 합니다. 아이가 평소에 아끼거나 좋아하는 것이면 더 좋습니다. 3초 동안 눈 감기 또는 눈을 가리신 후 물건 1개를 테이블 아래나 뒤로 감춥니다. 눈을 뜨고 어떤 것이 사라졌는지 찾는 놀이를 하시면 됩니다.

예를 들면, 테이블 위에 사탕, 인형, 장난감 기차를 올려 놓고

"자, 이제 눈 감고 셋을 세는 거야."(아이가 눈을 감고 얼른 물건 한 개를 감춥니다.)

"하나, 둘, 셋!"

"이제 눈을 떠.", "테이블에 있던 게 한 개 사라졌어, 뭘까?"

처음에는 아이가 눈을 감지 않을 수도 있고, 놀이를 이해하지 못해서 장난감을 달라고 할 수도 있습니다. 규칙을 이해하기 전에는 2개, 3개로 빠르게 진행하며 놀이에 대해 이해할 수 있게 도와 줍니다. 아이의 수준에 따라 2개, 3개, 5개를 시도하시면 됩니다.

아이가 가지고 노는 장난감이나 책 등을 제자리에 정리하는 연습을 시키는 것도 좋습니다. 정리하는 연습도 되지만 자기 자리를 기억하게 됩니다. 처음에는 어머님이 아이 손을 잡고 "정리하자." 말해 주고 직접 가서 도와주면 됩니다. 여러 번 반복하다 보면 '정리하자'라는 말을 듣고 아이가 제자리에 정리할 수 있게 됩니다.

퍼즐, 블록놀이, 숨은그림찾기

· 퍼즐 : 눈으로 모양을 기억하여 찾고 손으로 맞추는 과정을 통해 시각적, 공간적 추론 능력이 향상되고 문제해결 능력도 향상됩니다. 일반퍼즐, 입체퍼즐, 구슬퍼즐을 이용하여 쉬운 것부터 단계별로 성공하는 경험을 만들어 주세요. 특히 입체퍼즐은 원리를 이해할 때까지 반복해서 해주셔야 도움이 되고, 구슬퍼즐은 유아동 수준에 따라 단계별로 시도할 수 있습니다.

· 블록놀이 : 블록을 관찰하고 작품을 만들면서 작업기억뿐 아니라

인지능력도 향상됩니다. 처음에는 직접 만든 샘플을 보여주고 관찰하며 똑같이 만들어 보게 해도 좋습니다. 이때 위, 아래, 옆의 위치도 알려 주면 좋겠지요. 아이가 직접 만들고 놀면서 창의력과 표현력까지 키울 수 있어 좋습니다.

- 숨은그림찾기 : 숨어 있는 사물을 미리 그림이나 실물을 통해 보여주고 설명해 주신 다음 찾게 해주세요. 훨씬 더 놀이에 흥미가 생깁니다. 처음에는 힌트를 주셔도 됩니다. 좀더 집중하여 놀이할 수 있도록 색깔펜을 이용하거나 배경그림 설명을 해주셔도 좋겠지요. 비슷한 것으로 틀린그림찾기도 있습니다. 아직 숨은그림찾기가 어렵다면 틀린그림찾기 먼저 해보세요.

받아쓰기, 소리내어 책 읽기

학령기 아이라면 받아쓰기와 소리내어 책 읽기가 좋습니다.

- 받아쓰기 : 불러주는 문장을 듣고 기억해서 손으로 써야 하는 받아쓰기는 기억력을 높이고 글씨 연습에도 도움이 됩니다. 처음에는 단어 먼저 시작해 보세요. 단어 수를 늘리면서 점차 문장이 가능하도록 연습하면 됩니다. 아이가 좋아하는 책의 내용이나 문장으로 시작하면 더 관심을 가질 수 있을 거예요. 한꺼번에 많이 하지 마시고 매일 조금씩 연습하셔서 부담을 느끼지 않을 정도로

하는 게 좋습니다. 문장을 쓰면서 글의 구조를 익히고 어휘도 늘어납니다. 추가로 받아쓴 내용을 보면서 그림을 그려 보는 것도 좋습니다. 그러면서 상상력도 생겨 나겠지요.

· 소리내어 책읽기 : 소리내어 책을 읽는 것은 시각과 청각이 함께 어우러져 더 오래 기억할 수 있게 됩니다. 집중력이 향상되고, 더 명료하게 발음하며 발성에도 도움이 됩니다. 또한 구연동화하듯이 생생하게 읽게 된다면 감정도 느낄 수 있겠지요. 빠르게 읽기보다 천천히 읽고, 끊어 읽으며 연습하세요. 문장의 내용을 잘 이해하는 데 도움이 됩니다. 한 실험에서 조용하게 책을 읽은 사람은 70%의 기억력을 가진 반면, 소리내서 읽은 사람은 87%의 기억력을 유지했다고 합니다. 큰 소리로 책 읽기 시작해 보세요.

기억력 향상을 위해 잘 자는 것, 적당한 휴식, 무엇보다 편안한 마음 상태가 도움이 됩니다. 특히 기억과 감정은 밀접한 관계가 있어 즐겁게 학습하고 활동하는 아이가 더 기억력이 높습니다. 열심히 하는 것도 중요하지만 아이의 마음상태가 어떤지 들여다보는 것은 더 중요합니다.

6.
어느 순간 발목잡는 사고력 익히기

1~2년 정도 치료를 하고 온 아이들을 보면 눈으로 보고 답하는 것들은 할 수 있는데 생각해서 말하는 것은 힘들어 하는 것을 볼 수 있습니다. 그동안의 교육이 아마도 시각적인 학습 위주가 아니었을까 추측해 봅니다.

물론 당장 눈에 보이는 말이나 행동의 변화가 우선될 수밖에 없습니다. 하지만 말을 하게 되고 시간이 지나면서 사고력 향상을 위한 교육을 꼭 해주어야 합니다. 단순 제공학습이나 단답형 위주의 교육을 받은 아이들을 만나보니 어떤 질문을 해도 "네."라는 대답만 하거나 뒷말을 따라하는 것이 습관처럼 되어서 스스로 생각하고 해결하는 것이 어렵습니다.

인지 수업을 해보면 멍하니 쳐다보기만 하거나, 여러 번 알려주고 질문을 유도해도 너무 어려운지 울어 버리곤 합니다. 그래서 생각하지 않는 단순한 행동이 습관처럼 되어 버리기 전에, 조금이라도 빨리 사고력 향상을 위한 훈련을 해주어야 합니다.

요일 가르쳐 주기

'월, 화, 수, 목, 금, 토, 일!' 요일을 알려주면 순서대로 외우는 것은 어렵지 않습니다. 말을 어느 정도 하고 글자라도 아는 아이는 더 쉽습니다. 그런데 "오늘은 무슨 요일이지? 내일은 무슨 요일이지? 모레는? 어제는?"이라는 질문을 하면 대답하지 못합니다. 내일, 모레, 어제라는 말도 잘 모르겠고 오늘이 월요일인데 내일, 그 다음은 뭐였는지도 생각해야 되기 때문입니다.

그래서 처음에는 아침마다 오늘은 월요일, 화요일 등 요일만 알려주세요. 요일이 어느 정도 익숙해지면 내일, 모레, 글피 등의 개념을 알려주고 연습하면 됩니다. 이때 달력을 활용하면 시각화되어 이해를 도울 수 있습니다.

요일을 말하게 한 뒤 "내일은 뒤에 있는 날을 말하는 거야.", "어제는 앞에 있는 날을 말하는 거야."라고 쉽게 알려주면서 수시로 연습하면 됩니다.

날씨 알려주고 묻기

아침에 창문을 열고, 또는 아이와 걷다가 하늘을 보며 "오늘 날씨는 어때?" 물어 보세요. "해가 떠서 따뜻하고 화창하다. 구름이 많아서 날씨가 흐려. 비가 오네. 눈이 온다. 바람이 많이 불어."와 같이 날씨에 대한 이야기를 부모가 답해주고 알려줍니다. 날씨와 관련된 그림이나 사진, 날씨 동요 등을 부르면서 날씨가 어떤 것인지 이해할 수 있게 도와 주셔도 좋습니다.

아이가 대략적으로 이해하면 실제 날씨에 대한 질문을 직접하면 됩니다. 처음에는 부모가 알려준 대로 외워서 말할 수도 있습니다. 하지만 시간이 지날수록 날씨에 따른 변화와 상황을 이해하게 되고, 정확하게 말할 수 있게 됩니다. 똑같은 날씨에도 "오늘 날씨가 맑아, 화창해, 상쾌해, 눈이 부셔."처럼 다양하게 알려주면 더 좋겠지요.

 ## 육하원칙

'누가, 언제, 어디서, 무엇을, 왜, 어떻게'라는 육하원칙에 대해 아이들이 매끄럽게 답하기가 무척 어렵습니다. 특히 '왜, 어떻게?'라는 물음에 답하는 것을 더 어려워 합니다.

더 큰 사고력이 요구되기 때문입니다. 처음부터 다 잘해야 된다는 마음을 버리고 '누가'부터 시작하면 됩니다. '누가'에 답하기 시작하면 '언제'를 추가하면 되고, 하나씩 개념을 익히며 훈련하면 됩니다. 육하원칙을 통해 이야기를 잘 정리할 수 있음을 알려주고 6가지 요소를 외우게 합니다. 그리고 실제 일어난 일이나 동화책에서 본 내용을 육하원칙에 따라 질문하고, 이야기할 수 있도록 연습해 봅니다. 또는 짧은 문장속에서 6가지 요소에 대한 질문을 하며 찾아보는 놀이도 좋습니다. 육하원칙을 익히는 데는 오랜 시간이 걸릴 수 있습니다. 매일 한 번씩 연습하는 마음으로 하고, 편안한 마음을 가지면 좋겠습니다.

 시계 보는법 알려주기

아이들이 학습단계가 되면 1에서 10까지 쓰고 외우기는 쉽게 할 수 있습니다. 하지만, 숫자에 익숙한 아이라도 시계보는 법을 알려주면 혼란스러워 합니다. 작은 바늘이 1을 가리키면 1시라는 것은 알지만 큰 바늘이 1을 가리키면 5분이라고 하니 헷갈리고 어렵습니다. 큰 바늘과 작은바늘을 구분하고 시간과 분을 알 수 있어야 하므로 사고력 향상에 좋습니다. 처음에는 1에서 12까지의 숫자를 익히고, 정각과 30분 단위로 먼저 익혀 보세요. 이후에 5분 단위로 읽는 것을 알려주면 됩니다.

아이에 따라 시각적인 자료를 만들거나 큰 시계를 직접 돌려보며 활용해 보세요. 일상생활에서 수시로 "지금 몇시니?" 물어보며 해야 할 일을 알려주는 것도 좋습니다.

 보드게임, 체스 놀이

보드게임을 통해 아이들은 규칙을 따르고 순서를 기다리는 것을 배우며 논리적인 사고력을 발달시키게 됩니다. 또한 상대방을 이기고 싶은 마음에 어떤 선택과 결정을 해야 할지, 상대방의 움직임을 보고 어떻게 대처해야 할지 계속 생각하게 됩니다. 사고력 향상에 도움되는 보드게임으로 유아는 '빨간머리 보드게임'(3세 이상), '도블 시리즈'(5세 이상), '러시아워'(5세~초등), 학령기 아이라면 '그래비티 메이즈', '부루마블' 등이 있습니다. 이외에도 사고력 보드게임은 많아서 아이 수준에 맞게 골라주시면 됩니다. 체스 놀이의 경우에도 다양한 기물들이 움직이는 규칙과 상황을 기억하며 이기기 위한 방법을 생각하게 됩니다. 처음보다 시간이 지날수록 아이의 실력이 향상되고 생각지 못했던 전략을 펼치는 것을 볼 수 있습니다.

매번 달라지는 상황을 해결하기 위해 창의적인 생각을 하게 되므로 창의적 사고력도 발달시킬 수 있습니다.

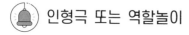

인형극 또는 역할놀이

각자의 역할을 정하여 놀이하는 것은 상상력을 키울뿐 아니라 사고력 향상에 도움이 됩니다. 주어진 역할을 어떻게 표현해야 할까, 좀 더 재미있는 상황, 또는 문제를 잘 해결할 수 있는 상황을 만들려면 어떻게 해야 할까 등을 고민하게 됩니다. 이런 과정에서 사건의 원인과 결과를 생각하며 사고능력이 향상되고 이야기의 흐름에 집중하며 기억력도 좋아집니다. 또한 상대방의 입장에서 생각하고 행동하며 공감 능력도 기를 수 있습니다.

과학실험 해보기

과학잡지, 서적을 참고하여 간단한 실험을 직접 해보면 그 원리에 대해 쉽게 이해할 수 있습니다. 요리를 하면서 물의 끓는점이나 재료 배합을 통한 결과들을 배우고 익히는 것도 좋습니다. 또한 시중의 놀잇감 중에 과학의 원리를 이해하는 데 도움이 될 수 있는 것들이 있습니다. 예로, '그래비트랙스'의 경우 아이가 스스로 위치와 동선을 파악하며 트랙을 만들 수 있고 중력, 가속도, 마찰력, 추진력 등의 다양한 물리 개념을 익힐 수 있습니다. 아이가 원하는 방향대로 확장하거나 수정, 보완할 수 있어서 사고력 향상에 좋습니다.

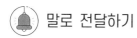 말로 전달하기

책을 읽고 엄마, 아빠에게 전달하는 것은 책의 내용을 한 번 더 떠올리며 요약하는 효과가 있습니다. 또한 잘 전달하기 위해 적절한 어휘를 사용하게 되고, 생각하는 힘도 커지게 됩니다. 이러한 과정을 반복하며 문장의 구성 방법과 논리적인 표현을 익히게 됩니다.

공부한 것을 설명하는 것도 좋습니다. 설명하는 과정에서 더 기억에 남고 중요한 것을 간추리게 됩니다. 일상에서 경험한 것을 말로 표현해 보는 것도 좋습니다. 무심코 지나쳤던 장면, 재미있거나 억울했던 일들을 표현하면서 상황에 대한 인지와 대처법 등 한번 더 생각하고 배울 수 있습니다.

 좋은 글 필사하기

문장이 잘 짜여진 글을 따라서 써 보세요. 아이가 생각하지 못하는 어휘와 다양한 표현법을 배우게 됩니다. 또한 문장의 구조를 자연스럽게 익히게 되어서 글을 이해하거나 쓸 때에 도움이 됩니다. 추천 도서나 동시집을 필사하는 것도 좋습니다. 아이 수준에 맞춰서 짧고 쉬운 책, 재미있는 책을 고르셔서 하루에 한 페이지씩 써 보시면 됩니다.

글쓰기 연습

자기의 생각을 글로 써보는 것만큼 사고력을 높일 수 있는 게 있을까요? 글을 쓴다는 것은 경험, 기억, 지식 등 모든 것을 총동원하는 일입니다. 자연스럽게 글로 표현하기 위해 생각하고 고치는 과정을 반복하며 사고력을 높일 수 있습니다. 간단한 세 줄 쓰기부터 시작해보시고 일기나 편지 쓰기도 꾸준히 해보시면 좋습니다. 결국 글을 쓰는 것은 자신의 경험을 쓰는 것입니다. 이 경험을 잘 쓰게 되면 논리력도 높아집니다.

학습을 할 때 사고력은 몸의 근육과 같습니다. 근육이 없으면 운동을 해도 큰 성과를 낼 수 없듯이 사고력이 없으면 열심히 공부해도 효과를 내기가 어렵습니다. 금방 정답을 말하지 못해도 계속해서 생각해 볼 수 있는 습관이 중요합니다.
아이가 고민해 보는 시간, 틀려도 좋으니 이것 저것 시도해 보는 시간을 기다려 주시기 바랍니다.

7.
소통과 타협을 배우는 사회성 놀이

"우리 아이는 활발한 편인데 친구관계를 힘들어 해요."
"우리 아이는 다른 건 괜찮은데 사회성이 부족해서 혼자 놀아요."

겉으로는 큰 문제가 없어 보여도 막상 친구들과의 놀이에서는 트러블이 생기고 다투게 됩니다. 자라는 과정에서 흔히 있는 자연스러운 모습이지만 이러한 일들이 자주 반복되면 친구들과 있는 것이 불편하고 힘들어집니다. 그래서 혼자 노는 시간이 많아지게 되지요. 다른 아이들은 다투더라도 금방 화해하고 다시 놀이를 재개하는데, 우리 아이만 점점 아이들 사이에서 멀어지는 것을 보면 부모 입장에서는 여간 속상한 게 아닙니다.

친구들과 잘 어울리고 사회성을 향상시키기 위해 가정에서 실천할 수 있는 방법에는 어떤 것이 있을까요?

또래(친구) 놀이

부모와 함께 또래 놀이를 하면 좋습니다. 이때 중요한 것은, 놀이 하는 시간을 정하시고 부모의 위치에서 배려하고 양보해 주는 것이 아니라 '또래(친구)'가 되어야 한다는 것입니다.

엄마, 아빠가 친구 이름을 설정해서 하셔도 좋겠지요. 이 시간만큼은 다양한 친구들의 역할을 해주시면 됩니다. 친구들과 부딪히는 상황을 만들어서 그때에 해야 하는 말과 행동을 알려주세요.

예를 들어, 아이가 어떤 놀이를 하자고 제안할 때 부모님의 입장에서 "그래, 좋아!" 하며 항상 의견을 따라주기보다 친구의 입장에서 "난 이거 재미없어, 내가 하고 싶은 ○○놀이 하자."

또는 "맨날 네가 좋아하는 게임만 하니? 지금부터는 네가 좋아하는 것 한 뒤에 내가 좋아하는 게임 하자." 등 아이들끼리 있을 때 나올 수 있는 다양한 상황을 연출하시고 이후에 어떻게 해결해야 하는지까지 알려주면 됩니다.

가위바위보를 해서 이기는 사람의 의견을 따를 수도 있고, 한 번 양보해 준 뒤에 다음에는 너도 양보해 달라고 제안하셔도 됩니다. 방법은 여러 가지입니다. 이러한 방법을 제안하면서 아이가 비슷한 상황에서 어떻게 대처하고 해결해야 하는지 자연스럽게 알려 주세요. 물론 한두 번 만에 바로 바뀌지 않을 거예요. 수없이 많은 반복과 연습을 통해 익히고 그것을 표현할 때까지 도와주셔야 합니다.

 ## 상호작용 놀이

순서를 기다려서 함께할 수 있는 놀이가 좋습니다. 상대방의 행동을 관찰하게 되고 자기 차례가 되었을 때 게임을 하기 때문에 서로 주거니 받거니 하며 상호작용하게 됩니다. 무엇보다 상대방에게 관심을 가질 수 있고 그에 대한 반응을 할 수 있게 됩니다.

몇가지 예를 들어 보면,

· 할리갈리 게임 : 순서도 지켜야 하고, 같은 과일이 5개가 되면 종을 쳐야 합니다. 때문에 상대방이 카드를 뒤집을 때 집중해서 볼 수밖에 없겠지요. 유아라면 색깔카드를 섞어놓고 자신이 정한 카드 색깔(예 : 파란색, 빨간색)이 나올 때 종을 치도록 응용해도 됩니다.

· 나처럼 해봐요 : 부모가 율동이나 춤을 추면서 아이가 동작을 따라하는 놀이입니다. '나처럼 해봐요 요렇게~'동요를 부르면서 아이가 동작을 모방할 수 있도록 도와주는 놀이로서 사람에게 좀더 관심을 가질 수 있습니다.

- 등 마주대고 팔짱끼고 달리기 : 두 명이 등을 맞대고 팔짱을 끼고 옆으로 달리고 걷고 움직여서 반환점을 돌아오는 놀이입니다. 서로의 신체접촉을 통해 좀 더 친밀감이 형성되고 삐걱삐걱거리며 상대방의 움직임을 더 이해하게 됩니다.
- 귓속말 맞추기 : 2~3명이 앉아서 처음 사람이 귓속말로 이야기(또는 단어)를 전달합니다. 맨 마지막 사람이 전달내용을 크게 말합니다. 틀린 답이 나올수록 더 집중해서 이야기를 잘 전달하기 위해 노력하게 됩니다.

이 외에도 상호작용을 하며 놀 수 있는 게임이나 일상의 놀이는 많습니다. 간식을 먹을 때도 혼자 먹기보다 엄마와 한 개씩 나눠 먹으면 상대방을 인식하고 배려할 수 있게 됩니다. 블록놀이나 젠가 게임을 할 때도 아빠 한 번, 나 한 번 놀이를 하면 관심을 갖고 소통하는 데 더 효과적입니다.

중요한 것은 상호작용하며 놀이하는 것으로, 순서를 지키며 상대방의 반응도 볼 수 있다면 어떤 놀이나 활동이라도 좋습니다

 규칙과 질서를 지키는 놀이

사회성이 좋다는 것이 친구, 또래와 잘 노는 것만을 말하지 않습

니다. 공공장소에서 지켜야 할 규칙과 질서를 잘 지킬 수 있어야 합니다. 시끄럽게 뛰어 다니거나 다른 사람의 물건을 함부로 만지면 안 된다는 것을 가르쳐야 되겠지요.

가정에서, 또래와의 놀이 상황에서도 마찬가지입니다. 동생이나 친구의 장난감을 함부로 뺏거나 차례 기다리기 등의 기본적인 규칙조차 지킬 수 없다면 갈등 상황은 계속 생겨날 수밖에 없습니다. 그러므로 놀이 상황에서 이러한 규칙과 질서를 익히고 배울 수 있게 해주셔야 합니다.

아이들이 좋아하는 '부루마블'이나 '루미큐브', 똑같은 그림을 찾는 '도블 게임' 등 다양한 종류의 보드게임은 규칙을 배우고 이해하는 데 도움을 줍니다. 또한 오목이나 체스같은 게임도 좋습니다. 규칙을 지켜야 하고, 자기 차례가 되어야 할 수 있기 때문에 기다리는 것도 배울 수 있습니다.

이 외에도 무궁화 꽃이 피었습니다, 젠가 쌓기와 빼기, 도미노 게임, 볼링 게임 등 규칙을 익히고 즐겁게 놀이할 수 있는 것이라면 어떤 것이든 좋습니다.

가급적 새로운 놀이를 할때는 충분한 설명과 어떻게 하는지 보여주신 후 규칙을 정하고 그것을 실천할 수 있도록 해주세요. 충분한 설명과 모델링이 없다면 아직 준비되지 않은 아이는 놀이의 즐거움을 알기 전에 짜증부터 날 수 있습니다.

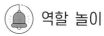 ## 역할 놀이

유아때 하는 소꿉놀이, 병원놀이 등은 누구나 한 번쯤 해보고 좋아하는 놀이인 것 같습니다. 혼자가 아니라 함께하는 놀이로 사회성 발달에 매우 좋은 놀이라고 할 수 있지요. 다양한 역할놀이는 풍부한 언어 자극을 통해 표현력을 높일 뿐 아니라 상대방의 감정도 느낄 수 있습니다. 또한 역할에 맞는 동작이나 자세 등을 모방하고 사회적인 기술도 익히게 됩니다.

무엇보다 또래와 놀면서 내 맘대로 되지 않아 토라지고 화해하는 경험을 충분히 하면서 상대방의 기분을 헤아리는 것, 잘 지내기 위해서 타협하고 해결하는 방법을 배우게 됩니다. 소꿉놀이, 병원놀이처럼 주어진 상황뿐 아니라 일상에서 갈등이 생기는 상황도 역할놀이를 통해 훈련할 수 있습니다.

또래뿐 아니라 다른 사람들과의 관계에서 계속되는 갈등이나 문제 상황이 발생한다면 그 상황을 자연스럽게 연출하여 역할놀이를 해 보시기 바랍니다. 다른 사람의 입장을 이해할 수 있고 그 상황에 대한 이해, 그리고 어떻게 대처하면 좋은지에 대한 것을 배울 수 있습니다. 집에서 충분히 익히고 표현할 수 있을 때 밖에서도 적절하게 표현하고 행동할 수 있게 됩니다.

예를 들어 친구 물건을 그냥 가져가서 매번 다툼이 되고 문제가 된다면, 역할 놀이를 통하여 "빌려줘."라는 말을 하도록 알려주고 그렇게 했을 때 싸우지 않고 물건을 사용하는 방법을 깨닫게 됩니다. 어느 순간 아이는 물건을 가져가기 전에 빌려 달라는 말을 하게 되겠지요.

약자와 강자가 등장하는 역할놀이도 좋습니다. 예를 들어 호랑이와 토끼가 등장하는 역할놀이라면 힘이 세서 마음대로 하는 호랑이와 힘이 약해서 호랑이 말을 들어야 하는 토끼의 역할을 통해 강자와 약자의 입장을 이해할 수 있게 됩니다.

 ## 그룹 놀이

비슷한 또래들과 어울릴 수 있는 그룹놀이는 사회적 기술을 배우고 또래관계를 개선하는데 큰 도움이 됩니다. 가까운 친척이나 지인들을 만나 아이들이 놀 수 있게 해주셔도 좋고, 집 가까운 놀이터에서 아이들과 어울려도 좋습니다. 친구들을 집으로 초대해도 좋습니다. 가능하면 아이들이 좋아하는 캐릭터나 장난감, 방 분위기, 인기있는 간식 등을 준비해서 친구와 즐거운 경험을 갖는 기회가 되도록 도와주시면 더 좋겠지요.

집에서 부모와는 잘 하는데 또래관계에서는 아직 표현 방법이 서툴거나 어색할 수 있습니다. 긴장하기도 하고 이전에 쓰던 잘못된 습관이 남아있어 갑자기 툭 튀어나오기도 합니다. 잘 하는 것 같았는데 간간이 보여지는 이전의 습관이나 행동들을 발견하셨다면 눈여겨 보앉다가 다시 훈련하면 됩니다. 어느 곳에서 어떤 사람들과 있을지라도 충분히 자신있게 표현할 수 있게 되면 점점 대그룹에서의 놀이나 생활도 잘 해낼 수 있게 됩니다.

　간단하고 도움되는 그룹놀이 몇가지를 소개해 드릴게요.

- 판 뒤집기 : 색깔이 다른 2개의 작은 판(조금 두꺼운 종이에 색종이를 붙이거나 시중의 교구를 구입)을 준비합니다. 두 팀으로 나누고 각각 자기팀의 색깔을 정합니다. 호루라기를 불어 시작하면 자기팀의 색깔이 나오도록 판을 뒤집습니다. 제한시간이 끝나면 호루라기로 종료합니다. 보여지는 색깔이 더 많은 팀이 이기게 됩니다.

- 2인 3각 놀이 : 팀을 나눠서 2명씩 짝을 만듭니다. 두 사람의 발목을 밴드로 묶고 어깨동무를 합니다. 둘이서 호흡을 맞춰 반환점을 먼저 돌아오는 팀이 승리입니다. 상대방의 움직임을 느끼고 서로 협동하고 배려해야 이길 수 있다는 것을 배우게 됩니다. 상황에 따라 장애물을 두어도 되고, 옆으로 걸으며 진행해도 됩니다.

- 눈감은 검객 놀이 : 가위바위보로 술래를 정합니다. 술래가 눈을 가리고 손에 든 펀 스틱(또는 긴풍선)을 이용하여 숨어있는 아동들을 터치합니다. 1~2분 동안 진행하며 잡힌 아동은 술래가 됩니다. 안 잡힌 아동에게는 점수를 줍니다. 5~10회 정도 놀이한 결과 점수가 가장 높은 아동이 승리입니다.

- 낙하산 놀이 : 먼저 낙하산(커다란 천) 속에 들어가 함께 어울리며

친밀감을 형성합니다. 낙하산을 펴고 아동들이 모서리를 잡게 합니다. 그 위에 공을 올려놓고 공이 떨어지지 않게 아동들이 자유롭게 움직이게 합니다. 시간을 정하고 그 시간까지 공이 떨어지지 않으면 보상을 줍니다. 두 팀으로 나누어서 더 오래 공을 떨어뜨리지 않는 팀에게 점수를 주셔도 됩니다.

· 꼬리밟기 놀이 : 신문지를 길게 자릅니다. 술래 아동의 엉덩이에 붙여 도망가게 하고 다른 아동들은 신문지 꼬리를 밟게 합니다. 제한된 시간 내에 꼬리를 밟는 아동, 또는 꼬리를 밟히지 않는 아동에게 점수를 줍니다. 가장 점수가 높은 아동이 승리입니다. 신문지 꼬리 대신 발목에 풍선을 불어서 묶고 먼저 터트리기 하셔도 됩니다.

핵심
Point

사회성은 친구와 잘 어울리는 것만이 아닙니다. 사회적으로 통용되는 규칙이나 기술도 포함되지요. 특정 상황에 어려움을 겪는 아이라면 문제를 해결해 주기보다 직접 부딪히거나 비슷한 상황을 만들어서 할 수 있을 때까지 연습하는 것이 필요합니다. 스스로 해결할 수 있는 든든한 아이가 될 거예요.

8.
불안감을 해소하는 일관성의 법칙

"아이가 원하는 것을 가급적 해줘요. 아이를 무척 사랑하는데 불안할 리가 없어요."

불안감이 높은 아이(6세, 남)를 데리고 상담 오셨던 어머님이 하신 말씀이었습니다. 자신이 얼마나 아이를 사랑하는지, 그리고 얼만큼 아이를 위해 헌신하는지 한참을 설명하셨습니다.

물론 제가 듣기에도 어머님이 아이를 무척 사랑하는 것이 느껴졌습니다. 그런데 왜 아이는 이렇게 불안이 높은 걸까요? 이야기를 듣다 보니 어머님의 양육방법이 기분과 감정에 따라 바뀌는 것을 알 수 있었습니다.

맞벌이를 하다 보니 아이에게 미안한 마음이 늘 있어서 가급적 아이가 원하는 장난감, 간식, 그리고 하고 싶은 것들은 들어주려고 노력하셨고, 먹고 입는 것에도 정성을 쏟으셨습니다. 상담 시에도 아이가 칭얼거리거나 요구하는 것은 다 들어주었고, 신발 신기나 겉옷 입기 등 아이가 할 수 있는 것도 어머님이 다 해주셨습니다.

그렇지만 어머님의 기준에 어긋나는 행동을 할 경우에는 지나치게 엄격하고 차가워 보였습니다. 말씀 중에 아이가 놀이터에서 다른 아이에게 모래를 뿌리고 괴롭히는 것을 옆에 있던 분이 알려주셨다고 해요. 어머님은 아이를 크게 혼냈지만 아이가 반성할 기미를 보이지 않아 언성을 높이다가 결국 매까지 들게 되셨습니다. 매를 맞고 아이가 방에 들어가서 1시간이 지나도 나오지 않자 어머님은 다시 아이에게 가서 기분을 풀어주고 달래 주었다고 합니다.

아이의 입장에서 생각해 보면 한없이 자상하고 따뜻하고 뭐든지 들어주는 엄마가 놀이터에서 모래를 뿌렸더니 무서운 엄마가 되어서 당황스러울 수 있습니다. 아이는 지금껏 경험했던 엄마라면 이런 행동을 해도 이해해 줄 거라 생각할 수도 있거든요.

물론 친구에게 모래를 뿌리고 괴롭히는 것은 잘못된 행동이라고 가르치는 것이 맞습니다. 하지만 잘못된 행동이라고 야단치기 전에 아이가 왜 그런 행동을 했는지 들어보고, 모래를 뿌리는 행동은 좋지 않은 행동임을 잘 알려주면 됩니다. 예를 들어 아이가 재밌게 놀고싶어서 그랬다면 모래를 뿌리는 행동은 위험하고 기분이 나쁠 수도 있으니 다른 방법으로 감정을 표현하도록 알려주시면 되겠지요.

이러한 중간과정이 없거나, 옳고 그름의 기준을 배우지 못했는데 갑자기 혼나면 아이는 이해하기 어렵습니다. 또한 엄마가 괜찮다고 하다가 언제 화를 낼까 두려워 눈치를 보게 되지요. 엄마의 행동, 말한마디에 긴장하거나 불안감을 느끼게 됩니다. 이처럼 아이의 불안감은 부모의 양육과 매우 밀접한 관계에 있습니다.

그러면 어떻게 해야 아이의 불안감을 해소할 수 있을까요?

첫째, 일관된 양육방법이 필요합니다.

아이는 세상에 태어나 전적으로 부모를 의지하고 부모가 가르치고 보여준 대로 따라하게 됩니다. 또한 부모는 가장 좋아하고 영향력 있는 대상이기도 합니다. 그래서 부모가 기뻐하는 일을 하고 싶고, 부모의 기분이 안 좋은 것 같으면 애교를 피우거나 눈치를 보기도 합니다. 이처럼 영향력이 큰 부모가 아이가 어떤 행동을 했을 때 매번 반응이 다르다면 어떻게 될까요? 아이는 무척 힘들고 불안해질 것입니다.

예를 들어 평소에 건강한 발달을 위해서 휴대폰 사용은 안 된다고 말했는데 어린이집이나 학교에서 칭찬을 받았더니 "오늘은 특별히 보여줄게." 하면서 허락합니다. 또는 집에 손님이 오셔서 아이가 귀찮게 굴었더니 휴대폰을 켜주고 조용히 보라고 합니다. 그래서 다음날도 휴대폰을 보여달라고 귀찮게 굴었더니 그 날은 "너 왜 말을 안듣니?" 하면서 혼을 냅니다.

아이 입장에서는 이해할 수가 없습니다. 어제는 괜찮았는데 오늘은 왜 안 되고 혼이 나는지 모르기 때문입니다. 그때그때 부모의 상황이나 감정에 따라 행동의 기준이 바뀐다면 부모의 눈치를 볼 수밖에 없겠지요. 갑자기 부모의 목소리가 커지거나 화가 나는 상황이면 자기의 어떤 행동 때문인지 몰라 더 불안할 수밖에 없습니다.

둘째, 부모에 대한 의존도를 낮추어야 합니다.

부모는 아이에게 어려움이나 문제 상황이 생겼을 때 해결해 주려고 합니다. 아이가 힘든 것을 보면 안타깝고 부모인 내가 도와줘야 된다는 생각이 크기 때문입니다. 부모라면 당연한 마음입니다.

그런데 안타까운 것은 도와주려는 마음이 크다보니 그 상황에서 어떻게 하면 되는지 방법을 알려주기보다 상황만 모면하려고 합니다. 때문에 아이는 부모를 통한 해결방법에 의존하게 됩니다.

한두 번도 아니고 매번 비슷한 상황에서 이런 식으로 해결한다면 아이는 부모만 의지하게 됩니다. 어떻게 해야할지 방법을 모르니까요. 때문에 부모가 옆에 있지 않으면 불안해질 수밖에 없습니다. 어떤 것도 스스로 해결하거나 대처할 자신이 없기 때문입니다.

특히 부모가 지나치게 통제하거나 간섭하는 경우에는 더 그렇습니다. 이것저것 만져보려고 해도 "안 돼, 더러워!" 스스로 뭔가 해보려고 해도 "안 돼, 엄마가 해줄게." 한다면 아이는 엄마 뒤로 숨어 버리게 됩니다.

뭘해도 "안 돼, 엄마가~"라는 경험이 많을수록 뭔가를 해보려는 시도는 줄어들고 엄마가 허용하는 범위 안에서만 행동하려고 합니다. 야단이라도 맞게 되면 더욱 움츠러 들겠지요. 그렇게 되면 엄마가 허락하지 않는 행동, 엄마가 없는 상황은 불안할 수밖에 없습니다.

아이가 스스로 행동하고 움직일 수 있도록 도와주셔야 합니다. 가급적 허용하고 격려하면서 부모의 도움 없이 해내는 경험들이 많아질수록 아이는 불안감보다 자신감이 올라오게 됩니다.

셋째, 행동의 기준과 규칙을 알려 주셔야 합니다.

아이들은 자기 행동에 대한 기준이나 규칙이 없을 때 불안할 수 있습니다.

예를 들어 물감놀이 후 온 집안이 어질러져 있는 것을 보면 화가나서 "누가 그랬어?", "이게 뭐야?" 하고 아이를 야단치게 됩니다. 평소에는 장난감 가지고 여기저기서 놀아도 괜찮았는데, 오늘은 왜 엄마가 화를 내는지 모릅니다. 장난감을 맘껏 가지고 놀 수 있는 장소를 구분해서 만들어 주시고, 물감놀이는 놀이매트나 놀이책상 위에서 하면 된다고 알려주면 됩니다. 이러한 과정없이 불쑥 화를 내면 아이는 눈치만 보게 되겠지요. 불안감이 커질 수밖에 없습니다.

한창 모든 것을 배우고 익히는 아이에게 어떤 것이 옳고 그른지, 상황에 따라 행동할 수 있는 기준과 규칙을 알려 주셔야 합니다. 기준을 하나, 둘씩 익히면 오히려 아이는 편안하고 자유로워집니다. 부모가 제시하고 알려준 기준과 규칙 안에서 지낼 수 있기 때문입니다.

아이가 자신의 행동에 따른 결과를 예측하고 실천하는 경험이 반복될수록 불안할 이유가 없습니다.

때문에 아이의 행동에 대해 칭찬과 격려, 훈육을 할 때에도 이럴 때 어떻게 하면 되는지 구체적인 방법까지 꼭 알려주셔야 합니다. 방법을 알게 되면 해결할 수 있게 되고, 어떤 상황이 펼쳐지더라도 불안은 감소하게 됩니다.

넷째, 끝까지 믿어주어야 합니다.

아이에게 부모는 그 누구보다 밀착되어 있고 안전한 존재입니다. 무조건적인 사랑과 지지를 해주는 가장 든든한 존재입니다. 그래서 아이는 부모를 믿고 부모의 사랑 안에서 건강하게 성장합니다. 부모와 신뢰관계가 잘 형성된 아이는 불안해하지 않습니다.

아이가 어떤 실수나 행동을 하더라도 "언제나 너를 사랑해, 너를 믿어, 너는 할 수 있어."라는 메시지를 계속해서 준다면 아이는 부모로부터 든든한 안정감을 가지게 됩니다.

물론 때에 따라 훈육이나 교육도 할 수 있습니다. 하지만 감정을 섞은 공격이나 비난이 아니라 제대로 된 방법을 알려주고 '그래도 괜찮아', '그럴수 있어'라는 정서적 지원과 격려를 아끼지 않아야 합니다. 아이는 자기가 어떤 모습이어도 부모가 한결같이 자기를 믿어주고 사랑한다는 것을 느끼게 되면 불안할 이유가 없습니다.

아이의 불안이 걱정이신가요? 먼저 부모의 내면에 불안이 없는지 점검해 보세요. 때론 부모의 성향이나 기질, 조급함 등으로 불안이 높은 경우가 있습니다. 아이는 부모의 불안을 느끼게 됩니다. 혹시나 불안한 마음이 있더라도 아이 앞에서는 의연한 모습을 보여 주세요. 아이도 편안해질 거예요.

9.
우리 아이 눈높이 공부 방법

느린 아이는 혼자서 공부하고 문제를 해결하는 데 무척 어려움을 느낍니다. 누군가 도와주면 할 수 있는 것도 혼자서 하라고 하면 자기가 좋아하는 놀이만 하거나 못하는 경우가 많습니다. 집중력이 짧고 사고능력이 일반 아이에 비해 낮아서 배우는 속도가 느리기 때문인데, 이런 점을 잘 이해하고 아이의 속도에 맞춰야 합니다.

유의할 것은 아직 공부나 학습을 하기에 무리거나 느린 정도가 심하다면 우선 치료에 집중해야 합니다. 발달의 균형을 이루지 못한 상태에서는 공부하는 것뿐만 아니라 모든 부분에 어려움이 생기기 때문입니다. 그러면 느린 아이들에게 효과적인 공부 방법에는 어떤 것들이 있을까요?

기본지식을 보충한다

느린 아이는 또래보다 1~2년 정도 뒤쳐진 경우가 많습니다. 때문에 시기별로 익히고 배워야 하는 지식들을 습득하지 못하기도 하는데, 이것은 또다른 발달의 차이를 만들게 됩니다. 가족관계와 호칭, 계절, 명절 등과 같이 일상생활과 경험에서 얻을 수 있는 사회문화 지식, 수 개념, 한글 읽기 등 학습을 위한 기초 지식, 그리고 집안일, 예의 등 생활상식은 빠르게 알려주는 것이 좋습니다. 현재 또래 아이 수준의 기본지식이 충분해야 상대방과의 대화나 상황 인식, 행동 이해에 도움이 되고 다음 단계로 나아가는 것이 수월해집니다.

 ## 아이의 학습 수준에 맞춰 시작한다

모든 아이는 배우고 이해하는 능력이 다릅니다. 느린아이라면 더욱 그 수준에 맞는 학습방법을 통하여 스트레스와 부담을 줄이고 자신감을 갖도록 해야 합니다. 그런데 대다수의 부모님은 급한 마음에 또래 아이 수준에 맞춰 공부를 시키려고 합니다. 느린아이에게 너무 어렵고 단계만 올리는 학습은 오히려 흥미를 떨어뜨리게 됩니다. 또한 학습부담으로 인한 스트레스와 반복적인 실패 경험으로 좌절감을 느낄 수 있습니다. 더욱 염려되는 것은 기대에 미치지 못하는 아이를 야단치다가 아이와 부모와의 관계마저 악화되는 것입니다. 그렇기 때문에 아이의 현재 수준에서 시작하셔야 합니다. 아이의 속도에 맞춰 학습 효율성을 높이고, 성취감을 통해 자신감을 얻을 수 있습니다. 자신감이 생기면 좀더 시간과 분량을 늘리며 조절하면 됩니다.

 ## 천천히 설명하고 반복하여 알려준다

느린 아이에게 빠르고 길게 설명하는 것은 도움이 되지 않습니다. 말에 대한 이해와 그것을 처리하는 속도가 낮기도 하고, 간혹 큰 소리에 불안해하는 경우도 많습니다. 가급적 천천히 간결하게 반복해서 설명해 주는 것이 좋습니다.

그러면 전하고자 하는 내용을 더 잘 이해하고 기억할 수 있습니다. 일반 아이들이 2~3번 들어서 이해할 수 있다면, 느린 아이는 20~30번, 200~300번, 어쩌면 그 이상일 수도 있습니다. 아이가 위축되거나 불안하지 않도록 늘 처음처럼 친절하게 알려주어야 합니다. 새로운 활동이라면 시범을 보이거나 모델링을 통해 알려주는 것이 효과적입니다. 예를 들어 축구나 농구 경기를 지도한다면 골을 넣는 시범을 먼저 보여주고 따라하게 하면 됩니다.

당근과 채찍을 활용한다

아이가 잘하는 것과 싫어하는 것이 있습니다. 잘하는 것은 집중도가 높지만 힘들고 싫어하는 것은 회피하려고 합니다. 때문에 아이가 좋아하고 잘하는 것과 싫어하고 잘 하지 못하는 것을 유연하게 비중을 두고 가르쳐야 합니다. 대부분 5 대 5, 6 대 4 정도의 비중을 생각하시는데 거부가 심한 경우 좋아하는 것과 싫어하는 것을 9 대 1의 비율로 시작하셔도 됩니다. 좋아하는 것이 더 많기 때문에 잠깐의 싫어하는 활동은 견뎌내게 됩니다. 경험하고 시도하는 시간이 많아질수록 못하던 것들을 해내는 순간이 오게 되고 이때부터 자연스럽게 비중을 늘리시면 됩니다. 결국 힘들고 싫어하는 것도 해낼 수 있도록 도와주셔야 합니다.

 ## 수업 집중위해 예습한다

수업시간에 집중하는 것은 효과적인 학습의 기본입니다. 하지만 선생님이 멀리 있고 목소리마저 빠르다면, 또 알 수 없는 단어들이 마구 쏟아진다면 아이는 집중하기가 힘듭니다. 때문에 수업시간이 지루하고 가만히 앉아있기가 힘들겠지요. 그래서 뒤돌아보거나, 일어서고, 옆 친구 물건에 관심을 갖거나 자기가 좋아하는 책을 읽기도 합니다.

그마저도 힘들면 책상에 엎드려 있게 됩니다. 한 시간 내내 멍한 상태로 있는 것은 아이에게 너무 힘들 수 있습니다.

선생님의 말씀 속에 아이가 아는 단어와 이야기가 나온다면 아이는 좀 더 집중하게 됩니다. 자기가 알고 있는 이야기에 관심이 갈테니까요. 그래서 예습을 시켜 주셔야 합니다. 거창하게 학습을 시키는 예습이라기보다 아이가 익숙한 말들을 수업시간에 듣고 좀 더 집중하기 위해, 좀 더 흥미를 가지기 위한 작업이라고 생각하면 됩니다. 교과서를 위주로 단원의 제목과 목차를 들려주거나 소리내어 읽는 정도만이라도 시작해 보시기 바랍니다. 배경이 되는 사건이나 줄거리를 재미있게 이야기처럼 들려주셔도 좋습니다.

거부감을 없애기 위해 복습한다

새로운 놀이나 활동, 학습을 할 때 지난 시간에 배운 것을 먼저 복습하는 게 좋습니다. 새로운 것을 접할 때면 아이들은 낯설고 힘들다는 생각 때문에 회피하려는 경향이 있습니다. 이때 지난 시간에 해본 것을 복습하면 활동과 학습에 대한 거부감이 감소하고 할 수 있다는 생각에 좀 더 적극적으로 참여하게 됩니다.

선생님 놀이를 하는 것도 좋습니다. 배운 것을 발표하거나 읽은 책의 내용, 경험했던 것을 표현하고 전달하는 놀이를 통해 학습 향상도 기대할 수 있습니다. 아직 발표할 정도가 안 된다면 질문을 해서 그에 맞는 답을 해보도록 유도하는 것도 괜찮습니다.

 상황에 맞는 어휘력을 늘려준다

말은 할 수 있는데 특정 상황에서 꿀먹은 아이처럼 가만히 있는 아이들, 상황에 맞지 않는 엉뚱한 소리를 하는 아이들이 있습니다. 왜 그럴까요? 여러 가지 다양한 요인이 있지만 어휘력이 부족한 경우에도 그렇습니다. 알고있는 단어는 몇 개 안 되는데, 새롭게 펼쳐지는 상황에 적절한 말이 떠오르지 않으니 표현하지 못하거나 엉뚱한 말을 하게 됩니다. 일상의 여러 상황에서 적절하게 사용할 수 있는 말을 알려주고, 다양한 어휘를 들려 주셔야 합니다. 그래야 새로운 상황에서의 인지도 좋아집니다. 특히 그룹생활에서 필요한 말을 하지 못해 과격한 행동을 보이는 문제상황이 발생한다면 그 상황에 맞는 언어를 우선 가르쳐 주세요.

 운동을 곁들인다

아이의 학습 능률을 올리고 싶다면 운동을 함께 하시기 바랍니다.

운동은 뇌의 다른 영역들을 연결시키고 강화하여 효율적으로 일할 수 있게 도와줍니다. 때문에 학습 능력도 올라가게 됩니다. 운동은 뇌로 가는 산소와 영양소의 공급을 원활하게 하여 기억력, 집중력, 문제해결 능력 등을 향상시킵니다. 미국의 과학자들이 120명의 집단을 대상으로 실험한 결과 심박수가 오르지 않는 느슨한 운동을 한 집단은 1년 후 해마(기억과 학습을 담당하는 장기기억 관장부위 중 하나)의 크기가 줄어들었고, 지구력운동을 꾸준히 한 집단은 해마의 크기가 커졌다고 보고하였습니다.

걷기, 달리기, 수영, 자전거 타기, 축구, 농구 등의 운동도 좋고 팔굽혀펴기, 윗몸 일으키기, 스쿼트처럼 근육을 만드는 데 도움이 되는 운동도 좋습니다.

 ## 학습분량은 적게 시작한다

아이가 느리다면 학습분량이 많아서는 안 됩니다. 부모의 기대에 따라 학습량이나 목표를 세우는 경우가 많은데 오히려 공부에 부담을 느끼는 요인이 되기도 합니다. 아이가 어느 정도 할 수 있는지 잘 관찰하시고 그보다 조금 적은 분량으로 시작해 주세요. 학습에 대한 부담도 적고 끝까지 해냈다는 성취감이 쌓여 긍정적인 마음을 갖게 됩니다. 하나의 방법으로 체크리스트를 만들어 보세요. 아이가 스스로 체크하거나 스티커를 붙이면서 확인하는 것도 좋습니다. 우선은 학습량보다 아이가 학습에 재미를 붙이고 올바른 자세와 방법을 배우는 것이 더 중요합니다. 가능하면 부모가 일방적으로 학습량을 정하기보다는 아이와 협의하여 적절한 분량을 정하는 것이 좋습니다.

좀 더 쉬운 학습방법을 시도한다

느린 아이는 전반적인 학습에 어려움이 있는 경우가 많습니다. 말에 대한 이해가 부족할 수 있고, 학습의 내용이나 전달과정에서 기능이 약하거나 걸림이 되는 부분들도 있을 수 있습니다. 때문에 똑같이 공부하고 수업해도 올바르게 전달되거나 기억되는 양은 적습니다.

아이에게 좀 더 도움이 되는 방법을 시도해 보시기 바랍니다. 듣고 이해하는 것이 힘든 아이에게는 시각적인 자료를 활용하여 학습하는 것도 도움이 됩니다. 예를 들어 수학에서 뺄셈을 어려워한다면 뺄셈이 이루어지는 과정과 순서대로 시각자료를 만들고 알려 주세요. 말로 설명하는 것보다 더 빠르게 이해할 수 있습니다. 도표나 그래프, 사진 등을 이용해도 좋습니다. 눈으로 읽기보다 소리내어 읽거나 부모가 말로 설명해 주는 것이 더 편한 아이도 있습니다. 아이에게 맞는 쉬운 학습방법을 다양하게 시도해 보시기 바랍니다.

정해진 시간에 끝내는 연습을 한다

어떤 활동을 하다가 다른 활동으로 전환하기 어려운 아이들이 있습니다. 수업시간에도 마찬가지입니다. 이번 수업을 마치고 다음 수업으로 전환해야 하는데 현재에 하던 것을 멈추지 못해서 수업에 지장을 주게 됩니다. 때문에 학습이나 활동을 할 때 시간을 정해두고 끝내는 연습을 하는 게 좋습니다. 만약 다 하지 못하더라도 다음 활동이나 학습을 위해 미루고 전환하는 연습이 필요합니다. 이때 다음 시간에 뭘 할 건지 미리 알려주서서 아이가 예측할 수 있게 해주시고, 5분 정도 남았을 때 한 번 더 알려주면 도움이 됩니다. 또한 미뤘던 것은 못하는 것이 아니라 시간적 여유가 생길 때 완성할 수 있도록 하는 경험도 중요합니다.

 ## 편한 방법을 버리고 직접 하게 한다

최근에는 편하게 공부할 수 있는 태블릿과 어플들이 무척 많아졌습니다. 종이나 연필이 없어도, 엄마가 알려주지 않아도 영상을 보며 태블릿에 따라 적으면 됩니다. 영상을 보며 따라하거나 다양한 감각과 소근육 사용 대신 매끈한 태블릿을 따라 쓰는 것이 편한 건 사실인데, 아이에게는 우려되는 부분이 많습니다. 가급적 엄마가 설명해

주고 아이를 관찰하고 소통하며 공부하는 것이 좋습니다. 사람의 목소리에 반응하는 것이 빨라집니다. 또한 태블릿 대신 노트를 펴고 연필로 쓰도록 해주세요. 손으로 할 수 있는 것들이 많아질수록 뇌는 더 활발해집니다.

 ### 글쓰기를 한다

글을 쓴다는 것은 자신의 경험과 생각을 쓰는 것입니다. 이 과정에서 어떻게 표현하면 좋을지 고민하게 되어 표현능력이 강화되고 논리력도 생기게 됩니다. 또한 글을 쓰는 과정에서 어휘나 받침, 문장구조, 문법 등을 익히게 되어 말하고 표현하는 것이 한결 쉬워집니다. 아이 연령에 따라 쉽게 할 수 있는 한줄쓰기, 세줄쓰기, 일기나 편지 등으로 지도해 주시면 됩니다. 처음 시작할 때는 샘플을 보여주시고 따라 쓰게 해주셔도 좋습니다. 차츰 글을 쓰는 방법과 구조를 익히게 됩니다. 더불어 글을 쓰면서 자신의 감정을 표현하고 공감 받게 되면 아이가 감정을 조절하는 것에도 도움이 됩니다.

 ### 퀴즈타임을 가진다

책과 노트없이 즐거운 게임을 통해서 아이의 학습능력을 높여줄 수 있습니다. 매일 아이와 20분 정도 퀴즈타임을 가져 보세요. 형제, 자매가 있다면 함께하며 경쟁을 시켜도 좋습니다.

아이 수준에 따라 날짜, 요일 맞추기, 구구단게임 등을 할 수 있고 1주일, 한 달, 1년 등의 개념을 알려줄 수 있습니다.

예를 들면 "오늘은 3월 5일인데 1주일 뒤는 몇 월 며칠일까? 1년 후는?"과 같이 퀴즈를 내고 맞히는 아이에게 점수를 줍니다. "10일 후는 무슨 요일일까?"처럼 날짜와 요일 개념이 들어간 문제를 낼 수도 있습니다. 1문제당 10점일 때 먼저 100점을 얻는 사람이 승자가 될 수 있습니다.

'시장에 가면'놀이를 통해 기억력을 높이기도 하고, '문구점에 가서'놀이를 통해 계산능력을 기를 수도 있습니다. 예를 들어 "문구점에 가서 연필 1자루 100원, 노트 200원짜리 3권, 지우개 1개 50원어치 샀다면 얼마가 들었을까요?", "5,000원을 내면 얼마를 거슬러 받을까요?"와 같이 질문하고 답하는데, 퀴즈 분야와 내용은 아이 수준에 맞게 찾을 수 있습니다. 또한 어휘력이 부족한 아이라면 단어를 넣어서 문장을 만드는 것도 해볼 수 있습니다.

중요한 것은 아이와 즐겁게, 지속적으로 하면서 그에 따른 보상도 주셔서 어려운 학습시간이 아니라 놀이시간처럼 만들어 주는 것입니다. 간단한 퀴즈타임 시간을 통해 기억력과 사고력을 높이고 배운 것에 대한 복습의 효과도 얻을 수 있습니다.

🔔 마트 심부름을 보낸다

아이가 화폐 단위를 익혔다면 마트에 심부름을 보내 보세요. 현금을 아이 손에 쥐어주고 필요한 물건이나 간식을 사도록 한 뒤 거스름돈을 받아오는 심부름을 통해 화폐단위를 더 정확하게 익힐 수 있습니다. 또한 아이가 자기가 먹고 싶은 간식 등을 직접 고르게 되면 스스로 해낼 수 있는 영역이 더 확장됩니다. 뿐만 아니라 돈을 주고 물건을 사는 일, 계산대에서 계산하는 일, 마트 내의 물건의 위치를 기억하고 가격을 비교하는 일도 경험할 수 있습니다. 좀 더 확장하면 엄마와 장보러 갔을 때 장보기 목록을 보고 아이가 물건을 찾아오는 활동을 해도 좋습니다. 좀 더 싼 것, 1+1 세일품목 등을 이해하게 되고 유통기간이나 물건의 성분도 찾아보며 스스로 학습의 폭을 넓혀갈 수 있습니다.

아이가 좋아하고 관심 있어 하는 것부터 시작해 보세요. 자신감과 성취감이 오르면 어려운 것도 해내려는 의욕이 생깁니다. 이러한 과정에서 칭찬과 격려가 최고의 보상이 될 수 있습니다. 어떻게든 칭찬거리를 찾아보세요.

10.
약이 되고 독이 되는 훈육 방법

어떤 부모님께서는 훈육을 혼내고 야단치는 것이라 생각합니다. 그래서 사람들이 있는 곳에서 아이 기죽이지 않으려고 참고 넘어가는 경우도 생깁니다. 훈육은 혼내고 처벌하는 것이 아니라 바람직한 행동을 가르치는 것을 말합니다. 되는 것과 안되는 것을 잘 구분해서 알려주면 됩니다. 아이가 부모의 말에 반응한다면 어렵지 않습니다.

특히 부모의 지시를 따르는 것이 가능하고 자율성이 발달하는 3세 이후에는 구체적으로 알려주고 실천할 수 있도록 도와주셔야 합니다. 이때 감정적으로 화를 내고 소리를 지르는 것은 훈육의 효과를 얻기보다 눈치보는 아이, 공격성 있는 아이로 키울 수 있으니 주의하셔야 됩니다.

아이가 기죽을까 걱정되어 아이가 원하는 장난감은 한 번도 거절하지 않고 사주었다는 부모의 이야기를 들은 적이 있습니다. 만약 불가피한 상황이라 장난감을 사 주지 못하는 일이 생기면 아이는 어떻게 생각할까요?

아이에게는 원칙과 기준이 필요합니다. 예를 들어 한 달에 한 번 장난감을 사주겠다는 약속을 하고 그렇게 실천한다면 아이는 기죽거나 하지 않습니다. 오히려 부모의 기분에 따라 사주기도 하고, 안 사주기도 하는 것이 아이들이 떼를 쓰고 조르는 원인이 됩니다. 원하는 것을 얻을 수 있는 원칙과 기준을 세우면 아이들도 한결 편안합니다. 방법을 알고 기다릴 수 있게 됩니다.

훈육은 문제행동이 생겼을 때만 하는 걸까요? 마음을 단단히 먹어도 막상 문제상황이 생기면 적절하게 대처하기가 여간 어렵지 않습니다. 때문에 아이가 문제행동을 일으키기 전에 바람직한 방법을 알려주는 것도 필요합니다. 꼭 문제상황이 생겼을 때 훈육하려고 하면 부모도 아이도 지치고 힘들 거예요. 예상되는 상황에 따른 기준이나 규칙, 대처방법을 미리 알려준다면 한결 수월하게 아이를 지도할 수 있습니다. 그렇다면 평소에 어떤 부분을 미리 알려주면 좋은지, 실제 훈육 상황에서는 어떻게 하면 좋은지 알아보겠습니다.

평소에 준비되면 좋은 방법

☻ 규칙 정하기

가정에서 아이와 자주 실갱이를 하는 상황, 또는 지켜야 하는 규칙이 있다면 미리 정하고 알려줍니다. 예를 들면 장난감을 가지고 놀고 난 뒤에 정리는 직접 하기, 밥먹기 직전에 간식이나 아이스크림 먹지 않기와 같은 규칙을 정하고 이해하기 쉽게 설명해 줍니다.

장난감을 가지고 놀기만 하고 치우지 않으면 매번 엄마가 치우느라 짜증이 날 수도 있고, 아이에게 스스로 할 수 있는 기회와 습관을 길러주지 못하게 되겠지요. 혹시 장난감 정리를 하지 않았다면 다음 날은 장난감 놀이를 할 수 없다고 정하는 것도 규칙이 될 수 있습니다. 밥먹기 전에 간식이나 아이스크림을 먹겠다고 하는 것도 엄마와 자주 실갱이하는 것 중 하나입니다. 밥먹기 전에 간식이나 아이스크림을 먹으면 밥을 잘 먹지 않게 되어 건강이 나빠질 수 있다고 설명해 줍니다. 만약 규칙을 어기고 먹었다면 다음날 간식은 없다고 말해 줍니다.

이렇게 규칙을 정하고 어떻게 행동해야 하는지 알려주면 아이들은 그렇게 따르려고 노력합니다. 잘못된 행동, 규칙을 어겼을 때 어떤 결과가 주어지는지도 알게 됩니다. 때문에 설령 아이가 다음날 간식을 못 먹게 되어도 심하게 떼쓰기보다는 자기의 행동을 인정하고 빨리 진정하게 됩니다. 그동안 규칙을 지켜왔고, 어겼을 때 어떻게 되는지 알기 때문이지요.

아이의 연령과 유형에 따라 의견을 듣고 절충해서 정하는 것도 좋습니다. 다만 지나치게 아이의 의견을 위주로 하거나 부모의 지침만 내세우는 것은 좋지 않습니다.

☻ 새로운 것은 미리 알려주기

아이의 생활에 변화가 생기거나 새로운 경험을 하게 된다면 미리 알려 주시는 게 좋습니다. 갑작스런 상황은 아이를 당황스럽게 하거나 불안을 느끼게 할 수 있습니다. 그래서 큰 소리로 울거나 집에 가자고 떼를 쓰기도 하고 심한 경우 소변 실수도 하게 됩니다. 부모도 매우 난처하게 되고, 아이의 상황을 이해하기 때문에 무조건 엄하게 훈육하기도 어렵습니다. 처음 만나는 사람, 장소, 행사나 체험내용 등을 미리 알려주면 아이의 불안감도 감소하고 뜻밖의 돌발행동도 예방할 수 있습니다.

특히 어린이집이나 학교에 처음 입학하게 되면 아이들이 무척 긴장하고 불안해 합니다. 여러 번 반복해서 그곳의 상황과 일정 등을 알려주시고 기회가 되면 직접 현장을 방문해 보는 것도 좋습니다.

☻ 당연한 행동 칭찬하기

평소에 잘하고 있는 행동을 칭찬해 주셔서 긍정적인 태도를 강화시켜 줍니다. 대부분의 부모님께서는 아이가 잘하는 행동은 당연하게 여기고 지나치게 됩니다. 스스로 책을 읽거나 장난감 정리를 하거나 손님이 왔을 때 얌전히 잘 기다려 줬다면 칭찬해 주세요. 칭찬을 통해 아이는 부모의 인정과 관심도 받고 그것이 올바른 행동임을 알게 됩니다.

많은 부모님께서 아이가 문제행동을 일으켰을 때에만 반응합니다. "위험하잖아, 왜그랬니? 뭐가 문제야?" 하면서 아이의 말에 귀를 기울이거나 달래주고 도와줍니다. 아이는 잘못된 행동을 할 때 엄마가 관심을 듬뿍 주는 것을 경험하게 됩니다. 엄마가 바빠서 자기에게 관심이 없거나 심심하다고 느낄 때 아이는 부모의 관심을 받고 싶어서 문제행동을 선택할 수 있습니다. 그러니 아이가 잘하고 있을 때 칭찬해주시고 관심을 보여주시기 바랍니다.

☺ 선택권을 주고 결과 책임지기

아이들에게는 "이거 할래? 저거 할래? 또는 이거 먹을래? 저거 먹을래?" 하는 사소한 결정의 순간들이 많습니다. 이때 뭔가 마음에 안 들거나 뜻대로 되지 않았을 때 부모탓을 하며 짜증내는 경우가 많습니다. 부모가 앞장서서 권유했다면 아이 비위를 맞추거나 변명하거나 설득을 하게 됩니다. 아이가 울면서 "엄마 때문에 이렇게 됐잖아!"라고 해도 뭐라 할 말이 없게 되지요.

아이에게 일상의 사소한 결정을 할 수 있는 선택권을 주시기 바랍니다. 그리고 그 선택에 대한 책임도 질 수 있도록 가르쳐 주세요. 예를 들어 "딸기 먹을래? 사과 먹을래?" 했을 때 아이가 딸기를 선택했는데 생각보다 딸기가 맛이 없을 수 있습니다. 아이가 딸기가 맛이 없다며 칭얼거릴 때 "딸기가 생각보다 맛이 없어서 안타깝구나. 하지만 너가 딸기 먹고 싶다고 해서 샀으니 좀 참고 먹어보자. 먹기 싫으면 안 먹어도 좋아."라고 말해주면 됩니다.

또는 제한된 시간에 "집에서 놀래? 놀이터 가서 놀래?" 했을 때 아이가 놀이터에 가고 싶다고 하면 놀이터에 가고 오는 시간이 있어서 집에서보다 많이 놀 수 없음을 알려주세요. 아이가 이해했다면 놀이터에서 더 놀고 싶은 마음을 참고 제 시간에 들어올 수 있게 지도하시면 됩니다. 이러한 과정이 반복되면 아이는 자기가 선택한 것에 책임을 질 수 있게 됩니다.

☺ 모델링 보여주기

아이는 부모의 말과 행동을 보면서 자랍니다. 때문에 특정 상황에서 부모가 어떻게 대처하고 해결하는지 자연스럽게 보고 배우게 됩니다. 아이에게 알려주고 싶은 대처법이 있다면 부모가 먼저 행동하고 보여 주시는 것이 좋습니다. 여러 마디의 말보다 훨씬 효과적일 수 있습니다.

한 동안 아이와 체스게임을 한 적이 있습니다. 점점 실력이 늘었는데 어느 순간 게임에서 지면 속상해 하고 다시 하자고 화를 내는 것이었습니다. 자기가 이겨야만 기분이 좋았습니다. 그렇다고 늘 져

줄 수는 없었습니다. 게임은 이길 수도 있고, 질 수도 있음을 반복해서 설명해 주었습니다. 그리고 체스게임에서 제가 졌을 때는 아이에게 "축하해, 좋은 게임이었어."라고 말하며 악수를 나눴습니다. 이겼을 때는 "와~엄마가 이겼네." 하고 기뻐하면서도 아이에게 "너도 정말 멋졌어!"라고 말하며 악수해 주었습니다. 그것이 반복되자 게임에서 졌을 때 화내지 않고 "좋은 게임이었어요."라고 말하며 악수하게 되었습니다.

☺ 독립적인 환경 제공

평소에 아이에게 지나치게 많은 것을 허용하거나 심하게 통제하지는 않으신지요? 지나치게 허용한다면 마음대로 하던 생활습관이 있어서 규칙을 지키지 않는 경우가 많습니다. 배려해주는 부모가 아닌 다른 사람과는 마찰이 생기게 됩니다. 또한 심하게 통제하는 경우 아이가 스스로 해볼 수 있는 기회가 적기 때문에 부모에게 의존하려고 하는 경향이 많습니다. 둘 다 새로운 환경이나 그룹 생활에서 어떻게 행동해야 할지 몰라 당황하거나 어려움이 생기게 됩니다. 자칫 주위에서는 말 안 듣는 아이로 보여질 수 있습니다. 적절한 허용을 통해 스스로 결정하고 자신의 행동에 대한 결과를 경험하도록 하는 것이 좋습니다. 아이는 자율성과 책임감을 배우게 되고 어떤 행동이 더 바람직한지 알게 됩니다. 이러한 과정이 반복되면 훈육의 효과도 높일 수 있습니다.

☺ 아이의 감정 존중해주기

부모의 눈에는 사소해 보이는 것도 아이에게는 무척 중요한 것들이 있습니다. "그 스티커는 집에도 많은데 왜 또 사는거야? 안 사도 돼!", "그거 대단한 일도 아닌데 그만 뚝 그쳐!" 하면서 아이의 감정을 쉽게 해결하려는 경우가 있습니다. 먼저 아이가 자신의 감정을 존중받는다고 느껴야 의사표현을 잘 할 수 있습니다. 정서적 안정감을 느끼게 되고 감정을 조절하는 힘도 생깁니다. 바쁜 일정을 멈추고 잠시 아이의 눈을 바라봐 주세요. 아이의 감정을 공감해주고 아이의 말을 들어주세요. 아이의 생각을 알아차려 주세요. 감정은 자연스러운 것입니다. 틀렸다고 야단치기보다 그럴수도 있음을 이해해 주시고 진정되도록 기다려 주세요.

아이의 감정을 존중해 주면 훈육의 효과를 높이고 긍정적인 행동을 배우는 데 큰 도움이 됩니다.

 ## 실제 상황에서의 훈육방법

☺ 즉시 개입해야 하는 경우

위험하거나 다른 사람에게 피해를 준다면 즉시 개입해야 합니다. 안전하게 보호하는 것이 우선이며 부모의 입장에서 괜찮아 보이는 행동일지라도 상대방이 불편해 한다면 하지 않도록 알려주어야 합니다.

이때 상대방에게 피해를 주거나 불편하게 한 것은 사과하게 하고, 아이의 특성상 지나치게 산만하거나 부주의한 경우라면 주변에 양해를 구하는 것도 좋습니다.

☺ 차분한 말투로 간결하게 지시하기

아이가 바람직하지 않은 행동을 했을 때 평상시와 똑같은 톤이나 억양으로 훈육하는 것은 효과적이지 않습니다. 평상시에는 밝은 톤의 말투를 많이 사용한다면 훈육 시에는 차분하고 낮은 말투가 더 좋습니다.

유난히 짓궂은 아이가 있었는데 엄마가 훈육을 해도 전혀 개의치 않는 것이었습니다. 잘 관찰해 보니 평소 엄마의 목소리가 밝은 하이 톤이었는데 아이가 잘못하여 훈육을 할 때도 밝은 목소리 그대로였습니다. 아이는 엄마가 웃으며 이야기하는 것을 보고 엄마가 즐거워한다고 생각하는 것 같았습니다. 그 행동을 바꿔야겠다거나 잘못된 행동이라고 인식하지 못하니 개선이 어려워 보였습니다.

이처럼 훈육 시에는 평소와 다른 차분한 말투가 더 효과적입니다. 아이가 말을 못해도 엄마의 목소리 톤과 분위기만으로도 하던 행동을 멈추게 됩니다. 또한 훈육할 내용을 간결하게 지시하는 것이 좋습니다. 아이가 어리고 말의 내용을 이해하기 힘들수록 잔소리하듯 길게 말하는 것은 별로 도움이 되지 않습니다. 간결하고 단호한 어조로 지금 행동해야 할 것을 지시하시면 됩니다. 이때 질문이 가능한 아이라면 상황에 대해 좀 더 자세히 설명해 주셔도 됩니다. 단, 아이에게 사정하거나 설득하느라 훈육 시간이 길어지는 것은 효과적이지 않습니다.

☺ 부모의 감정 내려놓기

몇 번을 말해도 듣지 않고 아이가 계속 고집을 피우고 떼를 쓰면 부모 역시 슬슬 감정이 피어오르게 됩니다. 화도 나고 힘으로 꾹 누르고 싶은 생각도 듭니다. 하지만 훈육을 할 때 감정이 개입되는 것은 좋지 않습니다. 긍정적인 성과를 낼 수도 없고 아이와 부모 모두에게 상처만 남기 때문입니다.

아이의 문제행동이 길어진다면 재빨리 마음을 전환하시기 바랍니다. 감정을 쭉 내려놓으시고 '아~, 우리 아이가 아직 이 부분이 잘 안되는구나, 이 시간에 이것을 알려주는 기회가 되도록 해야겠구나.'라고 생각하셔야 됩니다. 그리고 부모의 위치가 아니라 교육하는 선생님의 위치에 서야 합니다. 교육자의 위치에서라면 감정적으로 대응하기보다 좀 더 이성적으로 말할 수 있기 때문입니다. 이렇게 생각만 바꾸셔도 아이의 긴 칭얼거림과 떼쓰는 것을 잘 참아내고 교육할 수 있게 됩니다. 단호하더라도 교육적인 훈육은 아이가 수용하게 됩니다. 하지만 감정적으로 쏟아내는 훈육은 아이에게 상처만 남기게 됩니다.

☺ 주의력 전환시키기

영유아기 아이들은 아직 이해할 수 없는 게 많습니다. 계속해서 배우고 성장하는 중입니다. 그래서 내가 갖고 싶은 장난감을 왜 안 주는지 속상할 따름입니다. "위험하다."거나 "다른 아이 거라 줄 수 없다." 해도 무작정 달라고 울기도 합니다. 이런 경우에는 어느 정도 달래주시고 주의를 전환시켜 주시는 것이 좋습니다. 맛있는 간식을 먹으러 가거나 옆방(또는 옆교실)에 있는 새로운 장난감으로 관심을 유도하셔도 되겠지요. 아직 말의 뜻을 이해하는 것이 어려운 아이에게 그칠 때까지 훈육하기보다 대상이나 장소 등 주위 환경을 바꿔 주는 것이 더 도움이 됩니다.

☺ 바람직한 행동 알려주기

반복되는 문제상황을 해결하기 위해서는 훈육의 마무리 시점에 바람직한 행동을 알려 주는 것이 필요합니다. 예를 들어 친구를 만나면 머리를 잡아당겨서 매번 다툼이 되는 아이가 있었습니다. 왜 그런 행동을 하냐고 물으니 그냥 좋아서라고 합니다. 위에 언급한 대로 공감과 설명을 해줬다면 이후에 어떻게 하면 좋은지 알려 주면 됩니다.

"다음부터는 친구가 좋을 때 '네가 좋아.'라고 말로 하자. 머리를 당기면 아프거든."

반복해서 충분히 연습시키세요. 아이의 행동과 말이 바뀌게 됩니다. 연습이 덜 되어서 말이 아닌 손이 나가려고 하는 순간에 "잠깐! 친구가 좋을 때는 어떻게 하기로 했지?"하며 연습한 것이 기억나게 도와 주면 됩니다.

☻ 무관심하기와 긍정반응

아이의 요구에 부모가 안 된다고 했을 때 화가 풀리지 않아 계속 울거나 물건을 던질 수 있습니다. 위험한 상황이 아니라면 무관심을 표하는 것이 좋습니다. 아이가 어떻게 하면 자기의 말을 들어줄까 하는 마음으로 화난 상황에 부모가 관심 가져 주기를 기대하는 경우도 많습니다. 야단을 치고 혼내는 것, 계속해서 설명하고 달래는 것도 관심으로 여기고 이런 행동을 거듭하게 됩니다. 그렇다고 해서 아이가 혼자 지치고 포기할 때까지 그냥 두라는 뜻은 아닙니다. 중간에 행동해야 할 메시지를 전달하면서 아이가 마음을 진정시키고 부모에게 올 때 즉시 반응해 주셔야 합니다. 어려운 순간을 잘 이기고 마음을 진정한 것, 부모의 지시에 따라 움직여준 것에 대해 칭찬과 격려 등의 긍정반응을 해주기 바랍니다.

☻ 독이 되는 훈육
· 일관되지 않은 말과 행동을 하는 것
· 아이에게 무조건 끌려가는 것
· 매번 보상으로 타협하는 것
· 무분별한 체벌, 큰소리를 내는 것

☻ 1330 훈육방법
1가지 행동을 교정할때 최소 3번, 30분 이상을 기다려서 아이의 올바른 행동을 성공적으로 이끌어 내는 것을 의미합니다. 이후에는 보다 빠르게 올바른 행동을 선택하게 됩니다.

① 무관심하기 : 위험하고 남에게 피해를 주는 상황이 아니라면 거리를 두고 무관심합니다. 부정적인 관심(혼내기, 설득하기 등)도 강화됩니다.

② 껴안기 : 아이가 위험하거나, 감정조절이 잘 되지 않을 땐 안정될 때까지 꼭 껴안아 주세요.

③ 반복적 메시지 전달 : 지금은 안 되는 것과 어떻게 행동해야 하는지 중간중간 알려 주세요.

④ 기다리기 : 아이가 알려준 행동이나 말을 할 때까지 기다려 주세요.

⑤ 반응해주기 : 아이가 올바른 행동과 말을 할 때 즉시 반응해 주세요.

훈육은 야단치고 혼내는 것이 아니라 바람직한 것을 잘 가르쳐 주는 것입니다. 사전에는 '품성이나 도덕 따위를 가르쳐 기름'이라고 되어 있습니다. 무섭고 큰 목소리, 따끔한 체벌 대신 잘할 수 있도록 도와주고 기다려 주세요.

1330 훈육방법

① 무관심하기   ② 껴안기   ③ 반복적 메시지 전달
④ 기다리기   ⑤ 반응해주기

Part IV.

다양한 상황에서의 해결책

1.
불러도 쳐다보지 않아요. 왜 그럴까요?

느린 아이의 주요 증상 중 하나는 불러도 쳐다보지 않는 것입니다. 호명반응이 약하다고도 말하는데요. 여러 번 이름을 부르고 손뼉을 쳐도 안 들리는 아이처럼 반응이 없습니다. 부모의 입장에서는 불안하고 걱정이 됩니다. '정말 안 들리는 건지.', '어디에 이상이 있는 건 아닌지.' 고민하게 됩니다. 어쩌다가 아이가 고개를 돌리면 그렇게 반가울 수가 없습니다.

부모님께서는 집중을 너무 해서 그런 거라고 합니다. 집에서는 잘 쳐다본다고 말하기도 합니다.

하지만 일반적으로 아이가 집중을 해서 못 듣는 경우는 1~2번 정도일 것입니다. 10번을 불러도 쳐다보지 않는 것은 아이에게 어려움이 있다고 생각해야 합니다.

왜 불러도 쳐다보지 않는 걸까요?

간혹 청력에 이상이 있는지 검사하는 분들도 있는데 병원에 가서 검사하면 대부분 청력에는 이상이 없다는 결과가 나옵니다. 청력에 이상이 있다면 부모가 부르는 소리뿐 아니라 다른 소리도 듣지 못할 것입니다.

하지만 저를 찾아온 대부분의 아이들은 사람이 부르는 소리에는 쳐다보지 않아도 뽀로로나 핸드폰 동요 등을 들려주면 그 방향으로 고개를 돌리는 경우가 많았습니다.

미디어 노출이 많은 아이는 사람 목소리에 반응하기 어렵습니다. 아이가 이와 비슷한 증상이라면, 먼저 미디어 노출이 많은 건 아닌지 점검해 보셔야 합니다. 미디어 노출이 많은 아이들은 사람의 소리보다 컴퓨터, 핸드폰, TV 등의 기계음(미디어와 같이 기계를 통해 나오는 모든 소리를 의미)에 먼저 반응하게 됩니다. 사람의 목소리에 비해 기계음의 가청주파수(사람의 귀가 소리로 느낄 수 있는 음파의 주파수로 사람은 보통 20Hz~20,000Hz의 영역), 데시벨(dB)의 크기는 몇배 이상 높은데 미디어 노출이 많은 아이들은 기계음의 소리에 더 집중하기 때문입니다. 다시 말해 기계음에 우선적으로 집중하게 되어서 사람의 목소리는 배경음처럼 잘 들리지 않게 됩니다. 그래서 아이를 불렀을 때 잘 쳐다보지 않는 현상이 나타나게 됩니다.

사람의 목소리를 잘 듣지 못하면 많은 정보를 듣고 분별할 수 있는 청지각 기능이 떨어지게 됩니다. 청지각이란 귀로 듣는 소리 정보의 뜻을 뇌에서 잘 분별하고 알아내는 능력을 말합니다. 발달과정에 있는 아이일수록 어떤 사물이나 사람, 상황에 대해서 많이 듣고 그러한 소리를 잘 이해할 수 있는 능력이 매우 중요합니다.

청지각에 어려움이 있다면 특정한 소리에 예민하거나 둔감한 모습을 보이기도 하고, 사람들이 이야기하는 것에 집중하기도 어렵습니다. 때문에 정확하게 듣는 것이 어렵거나 같은 말을 여러 번 반복해야 알아 듣는 모습이 보여집니다. 그러면 어떻게 해야 좋아질까요?

첫째, 아이의 이름을 많이 불러주세요.

아이의 얼굴을 들여다 보고 눈을 맞추며 이름을 불러주는 게 좋습니다. 아이는 불러주는 이름을 듣고 자기를 부르는 소리, 자기 이름을 인식하게 됩니다. 아이가 멀리 있거나 장난감 놀이 등에 몰두해 있어서 아무리 불러도 돌아보지 않는 경우도 있습니다. 이럴 때는 부르는 것에 그치지 마시고 행동으로 알려주시면 좋습니다.

예를 들어 "○○야!"하고 엄마가 아이에게 다가가서 손을 잡고 데리고 오면 됩니다. 데리고 와서 밥을 먹이고, 손님에게 인사도 시키는 등 의도한 행동을 하면 됩니다. 그리고 자기가 놀던 곳으로 가게 해줍니다. 20~30분쯤 후에 다시 불러서 위와 같이 해주면 됩니다.

이름을 불렀을 때 해야 하는 행동이나 사인을 만드셔도 좋습니다.

예를 들면 엄마 뽀뽀, 박수 3번 치기 등 간단한 행동을 알려주면 아이가 어느 순간 놀다가 자기 이름을 불렀을 때 얼른 와서 엄마 뽀뽀를 해주고 놀던 자리로 돌아가게 됩니다. 많이 불러주면 좀 더 빨리 반응하게 될 것입니다.

둘째, 눈 맞추는 연습을 해주세요.

눈맞춤이 안되서 눈을 계속 피하는 아이도 있습니다. 눈맞춤을 집중하기 위해 두 손을 눈 옆에 대고 주변 환경을 가려도 좋아요. 가급적 아이와 가까이 앉아서 짧게라도 눈을 맞추시고 점차 늘려가면 됩니다. 숫자를 5까지, 10까지 셀 때까지 또는 간단한 동요 끝날 때까지 등으로 눈맞추는 연습을 해주면 좋습니다. 엄마, 아빠가 표정을 바꿔가며 놀아주는 거울놀이와 숨바꼭질 놀이도 좋고, 좋아하는 간식이나 장난감을 높이 들어 아이가 바라본 후 주는 것도 도움이 됩니다.

셋째, 사람의 목소리를 많이 들려주셔야 합니다.

기존의 우선 순위였던 기계음의 비중을 차단하거나 대폭 축소하고 사람의 목소리를 훨씬 더 많이 들려주면 점차적으로 사람의 목소리에 집중하게 됩니다. 오디오로 들었던 자장가, 동요, 책읽기도 부모님의 목소리로 바꿔 주세요. 기계음의 비중보다 사람의 목소리로 듣는 비중이 훨씬 커야 합니다. 시간이 지나 뇌의 우선 순위가 기계음이 아니라 사람의 소리로 바뀌게 되면 부모님께서 부르는 소리에 집중하게 되고, 친구들의 이야기도 듣게 됩니다.

아이의 얼굴을 보며 방긋 웃어 주세요. 눈을 마주칠 때마다 좋은 기분
이 들고 좋은 일이 생긴다면 아이는 더 자주 눈을 마주칠 거예요. 비행
기놀이처럼 엄마, 아빠의 눈을 바라볼 수밖에 없는 몸놀이도 좋습니다.

2.
물감이나 모래가 묻으면 질색하는 아이,
그만 시켜야 할까요?

유난히 촉감 거부가 심한 아이들이 있습니다. 물감이나 모래, 밀가루 등 손에 묻는 것, 달라붙는 것, 끈적한 것들은 회피하려고 합니다. 조금이라도 묻으면 큰 일 나는 듯 바로 털어내고 닦아내면서 울기도 합니다. 발달 과정에서 가장 먼저 발달해야 하는 감각발달이 잘 이루어지지 않았기 때문입니다.

촉감 거부가 심하다면 더 많이 경험하게 해주세요. 기어다니면서 입에 집어 넣고 탐색하는 행동, 만져보고 느껴보고 경험해 보는 모든 것들이 감각의 발달을 이루게 합니다. 다양한 감각에 대해 경험하고 익숙해지지 않으면 새로운 것에 대한 거부와 불안 등의 모습으로 나타날 수 있습니다.

그렇다면 아이가 물감이나 모래가 묻으면 질색하는 경우 어떻게 하면 좋을까요?

 1단계 : 관찰, 간접경험

처음부터 참여하기를 바라기보다 재료를 구경시켜 주고, 다른 아이가 재밌게 활동하는 것을 보게 합니다. 가정에서라면 어머님께서 활동하면서 아이가 슬쩍슬쩍 지나가다가 한 번이라도 볼 수 있게 환경을 조성합니다. 재촉하거나 강요하지 않으셔도 돼요. 자연스럽게 아이가 관심있게 보거나 다가오는 정도면 성공입니다. 물감만 보면 소리지르고 치우라고 하던 아이가 물감을 꺼내 놓아도 괜찮아진 정도면 충분합니다. 아이가 물감놀이 또는 모래놀이를 하는 것을 보고도 불편해하지 않을 정도까지 반복해서 보여 주세요.

 2단계 : 도구 이용하기

물감재료나 활동을 보는 것이 익숙해진 상태에서 도구를 이용하여 놀이해 봅니다. 아직은 불편감이 해소되지 않은 상태여서 직접 만지게 하기보다는 도구를 이용하여 관심을 갖게 해 줍니다.

예를 들면 물감붓을 이용하여 그림을 그린다거나 모래놀이 도구를 이용하여 모래를 쏟거나 부어보면서 관심을 가지고 참여하도록 유도해 봅니다. 이때는 불편하지만 잠깐 견딜 수 있는 최소 활동이 좋습니다. 손이 닿는 것은 어렵지만 도구를 사용하는 것은 저항이 적습니다. 면봉으로 물감 찍기 놀이를 하는 것도 좋습니다.

 ### 3단계 : 소극적 참여 유도

반복하여 놀이하고 도구를 거부감 없이 이용하는 정도에 이르면 조금씩 참여하도록 유도해 봅니다. 손가락 하나만 가지고 손끝에 물감을 묻혀서 톡톡톡 찍어 본다든지, 모래 한 번 만지고 털어본다든지 소극적이지만 직접 만질 수 있도록 유도합니다.

점진적으로 부모(교사)가 직접 손바닥으로 물감을 찍으며 즐겁게 놀이하는 것을 보게 하고, 자연스럽게 부모(교사)가 아동의 손을 잡고 재빠르게 손바닥에 물감을 찍어보며 즐거운 리액션을 해줍니다. 설명하고 기다리기보다 재빠른 한 번의 경험들이 쌓여 물감에 대한 거부감이 줄고 빨리 익숙해지게 도와줍니다.

4단계 : 직접 해보기

스스로 물감놀이, 모래놀이를 할 수 있도록 합니다. 지나치게 물감이나 모래를 의식하기보다 즐거운 놀이에 자연스럽게 활용해 주시는 게 좋습니다. 이때부터는 아이가 좀 더 물감이나 모래에 대한 감각을 느끼며 거부하지 않게 됩니다. 조심스럽게 손을 넣어 보기도 하고 만져보면서 충분히 탐색하고 즐겨보도록 해주세요. 그동안 해보고 싶었던 것을 적극적으로 참여하게 해주셔도 좋습니다.

 ### 5단계 : 응용하기

물감놀이나 모래놀이를 할 수 있게 되면 여기에서 그치지 마시고 지금과 같은 방법으로 응용하고 확장해 주면 좋습니다. 촉감놀이의 모든 것들이 가능합니다. 밀가루 반죽놀이나 찰흙놀이, 슬라임놀이, 비빔국수 또는 주먹밥 만들기 등 응용할 수 있는 것들이 많습니다.

아이에 따라 바로 참여하는 놀이가 있는 반면, 특정한 촉감은 거부하는 경우도 있습니다. 다방면으로 확인하면서 천천히 단계를 높여가면 됩니다.

아이가 뭔가를 거부한다는 것은 매우 불편하기 때문입니다. 1단계부터 천천히 2단계, 3단계로 적응하며 활동하게 도와주세요. 1단계도 힘들면 더 활동을 쪼개고 나누어서 해주세요. 부모의 바람과 기대로 1단계에서 5단계를 껑충 뛰어 요구하는 것은 아이에게 더 큰 거부감을 갖게 할 수 있습니다.

3.

불안감이 높고 예민한 아이,
어떻게 도와줘야 할까요?

대부분 아이들은 약간의 불안감을 느낍니다. 생후 6개월이 되면 낯을 가리고 엄마와 분리되는 것에 대한 불안이 있는 것처럼 아이들이 성장하는 과정에서 어쩌면 자연스러운 증상일 수 있습니다. 하지만 이러한 불안감이 너무 크면 사소한 것도 예민하게 반응하다 보니 더 불안감이 커지는 악순환이 되기도 합니다. 때문에 불안이 높아 일상생활이 불편하고, 친구관계나 학습의 어려움, 성장에 방해를 받는다면 잘 극복할 수 있도록 도와주어야 합니다.

지금부터 어떤 경우에 불안감이 높고 예민한지, 어떻게 해결하면 좋은지 알아보겠습니다.

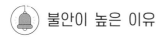 불안이 높은 이유

☺ 신체·감각 발달 지연

신체발달이 늦어서 걷기나 오르기 등이 힘들다면 신체활동에 무척 소극적이게 됩니다. 높은 곳에 올라가는 것이 무섭고 두렵습니다. 감각이 예민한 경우에는 다양한 재질의 물건이나 사람과의 접촉이 불편하고 새로운 것에 대한 불안감이 있습니다. 느린 아이들은 감각이 지나치게 예민하거나 둔감한 경우들이 많습니다. 또한 시지각(눈으로 본 것을 의미있게 해석하는 능력)이나 청지각(귀로 들은 것을 의미있게 해석하는 능력)의 이상으로 사물을 보고 듣는 것에 대한 지각이 왜곡되어 불안정한 경우도 많습니다. 때문에 신체와 감각발달이 지연되고 부족한 부분이 있다면 이 부분을 먼저 채워주셔야 합니다.

☺ 과잉보호

불안하고 예민한 아이를 살펴보면 환경이나 양육자의 영향을 받는 경우가 많습니다. 특히 아이와 대부분의 시간을 보내며 양육하는 엄마가 불안감이 높거나 예민한 경우에는 과잉보호로 연결되기 쉬운데요. 얼굴에 지저분한 것이 묻으면 바로 닦아주고, 아이가 만지고 놀고 넘어지는 것들이 걱정되어 사전 차단하거나 엄마가 일일이 해결해주게 됩니다.

예를 들어 아이가 호기심이 생겨 흙이나 모래를 만져보고 병에 담아 보려고 할 때, "안돼, 더러워 엄마가 해줄게."하며 엄마가 병에 담아 줍니다. 또는 초콜릿을 하나 까먹으려고 할 때도 "초콜릿 손에 묻으니까 엄마가 해줄게."하게 됩니다. 물론 아이가 어리면 한두 번 해줄 수도 있습니다. 그런데 대부분의 모든 생활에 엄마가 직접 개입하고, 엄마가 허락한 경우에만 아이가 뭔가를 할 수 있다면 어떻게 될까요? 아이는 엄마가 없는 세상, 엄마가 허락하지 않는 활동은 불안하고 예민해지게 됩니다. 아이가 스스로 뭔가를 하려고 했을 때 "안돼, 엄마가~"를 계속 들었기 때문이죠. 왠지 엄마가 안 된다고 한 행동을 하는 것이 두려울 수 있습니다.

아이는 세상을 탐색하고 매일같이 경험을 쌓으면서 건강하게 자라납니다. 제한적인 공간과 활동, 대상이 있을 때만 아이가 편안해진다면 그 외의 것들은 모두 불안한 요소가 됩니다. 놀이하면서 얼굴과 옷에 묻히기도 하고, 직접 손으로 흙과 모래를 만져보기도 하고, 걷고 넘어지면서 아이는 좀 더 넓은 세상을 경험하고 알아가게 됩니다. 지나치게 아이를 보호하고 걱정하기보다 "그래, 괜찮아."하면서 아이의 세상을 넓혀 주면 좋겠습니다.

☺ 상황인지 부족, 대처방법 모를 때

아이가 상황에 대한 인지가 부족하거나 어떻게 해야 하는지 대처방법을 모를 때 불안할 수 있습니다. 예를 들어 친구 장난감이 멋져서 가져와 놀고 있는데 친구가 "야, 내 거야."하면서 버럭 화를 낼 때 왜 친구가 화를 내는지 이해할 수 없다면 당황스러울 거예요. 또는 친구들이 몰려와 "네 것도 아니면서 왜 가져가냐?"고 말하거나 선생님이 친구 것을 그냥 가져가면 안 된다고 말해줘도 이 순간 어떻게 해야 하는지 모르면 긴장하고 불안해 질 수밖에 없습니다.

친구 장난감을 가져올 때 "이것 좀 빌려줄래?"라고 말해야 한다는 사실을 알아야 자신이 실수한 것을 깨닫게 됩니다. 친구나 선생님들이 그냥 가져가면 안 된다고 할 때 "미안해."라는 말을 할 수 있어야 상황을 해결할 수 있습니다. 이처럼 어떤 상황에 대한 파악, 인지가 부족하여 문제가 생길 때 그리고 그 상황에서 어떻게 해야 하는지 방법을 모르면 비슷한 상황이 생길 때마다 불안하고 두려워지게 됩니다. 방법을 모르니 울거나 회피할 수밖에 없습니다.

☻ 예상치 못한 상황

사람마다 살아가는 환경은 다릅니다. 이러한 과정에서 뜻밖에 겪게 되는 경험들로 인해 불안을 야기하는 경우도 있습니다. 예를 들면 가까운 사람들의 사고, 이별, 죽음 등과 같은 것이죠. 또한 부부 싸움이 심해 무서웠던 경우, 잘못할 때마다 "엄마는 너랑 못 살겠다."와 같은 부정적인 말을 들은 경우처럼 아이마다 불안을 갖게 하는 경험들은 매우 다양합니다. 가급적 예상 가능한 일은 미리 알려주고 긍정적인 말과 편안한 환경조성을 통해 불안을 줄일 수 있습니다.

아이가 생각하는 결과가 다를 때도 그럴 수 있습니다. 유난히 기린 캐릭터를 좋아하는 아이가 있었습니다. 가방, 신발, 옷 등 모든 곳에 기린 캐릭터가 있었고 기린 책, 기린 그림을 그렸지요. 어느날 동물원에 가서 실제 기린을 보게 되었는데, 아이는 너무 놀라서 한 걸음도 움직이지 않고 1시간을 울었다고 했습니다. 아이가 생각한 귀여운 기린이 아니라 너무 크고, 혀를 날름거리는 무서운 기린이었기 때문입니다.

☺ 기질과 성향

기질적으로 불안이 높고 예민한 아이도 있습니다. 사소한 것 하나에도 유난히 예민하게 반응합니다. 보통 내성적이거나 주변상황에 영향을 많이 받는 아이, 완벽주의거나 의존적인 아이가 좀 더 불안감을 느끼는 경향이 있습니다. 평소 부모의 생활방식과 행동들을 보면서 '앗, 저건 좀 위험한 것 같아.'라는 생각을 가질 수 있습니다. 부모가 불안하고 예민하게 반응했던 것들을 기억하고 비슷하게 반응하기 때문입니다.

아이가 넘어져서 코피를 흘릴 때 "어머? 어떡해? 이것 좀 봐요. 세상에 피가 나고 있어!" 하며 큰소리로 흥분하는 엄마를 보면 아이는 괜찮은 것 같다가도 "앙~!" 하고 울어 버립니다. 엄마의 얼굴 표정과 목소리를 들으니 자기에게 분명 큰 일이 일어난 것 같거든요. 불안할 수밖에 없습니다. 속으로는 크게 놀랐지만 아이 앞에서는 대범하게 "아유~, 넘어져서 아프겠구나. 코피난 거 닦고 약으로 소독하면 좋아질거야."라고 말하면 아이도 '조금 아프지만 괜찮아질거야.'라고 생각하고 안심하게 되겠지요.

 불안한 상황 해결방법

☺ 즉시 개입 및 상황 설명

아이가 지금 불안한 상황이라면 먼저 안정부터 시킵니다. 그 이후에 상황에 대한 설명을 통해 안심할 수 있도록 도와주셔야 합니다.

예를 들어 주차장에만 가면 주차장 특유의 소음이 싫어서 귀를 막고 우는 아이가 있습니다. 우선 아이의 불편함을 즉시 해결해 주셔야겠지요. 귀를 막아준다든지, 안아주면서 안정시키고 이동하면 됩니다. 그 장소를 벗어나 안정되었을 때 주차장에 대한 상황 설명을 해주세요. 주차장이 어떤 곳인지, 좋은 점, 편리한 점 등을 알려주세요. 비나 눈이 올 때 주차장에 주차하면 비나 눈을 맞지 않고 편안하게 이용할 수 있다는 것, 주차할 때 차에서 끼익 소리가 나기도 하고 밖으로 나가는 차들과 사고 나지 않게 경보음을 울려서 도와주는 것 등을 설명해 주세요. 반복적인 설명과 경험을 통해 그 소리에 대한 불안이 줄어들게 됩니다.

☺ 대안 설명

주차장에 대한 기본 설명을 해주어도 불안함이 가라앉지 않을 수 있어요. 주차장을 가기 전부터 여러 가지 문제를 걱정하면서 우는 아이가 있다고 가정해 볼게요. 예를 들어 "주차장이 무너질 거야. 주차장 소리가 너무 무서워요."등의 경우가 있습니다.

이때 부모님께서 억지로 아이에게 이해를 강요하기보다 대안을 설명해 주세요.

"주차장이 무너지면 엄마(아빠)가 너를 안고 무사히 구출할 거야."

"주차장 소리는 ○○때문에 나는 소리인데 무서우면 엄마(아빠)가 너를 안고 귀를 꼭 막아줄게."처럼 아이가 염려하는 상황의 대안이 있다면 좀 더 안심할 수 있을 거예요.

☻ 긍정 경험(사실, 결과 확인)

불안했던 환경을 별일 없이 잘 지나갔고 괜찮았던 경험을 확인시켜 주면 됩니다. 위의 예에서 말씀드린 주차장이 너무 불안하고 무서웠는데 엄마와 함께 잘 지나간 경험이 있다면, "주차장 왔는데 무너지지 않았지? 괜찮았지? 별일 없었지?", "소리가 나긴 했지만 위험한 건 아니었지?"하면서 경험한 일에 대한 사실과 결과 확인을 해주면 좋습니다.

한 번쯤 기억하고 인지할 수 있도록 긍정 경험을 만들고 이야기해 주시면 이러한 것들이 쌓이게 되고 좀 더 빠르게 불안함을 떨쳐 버릴 수 있습니다.

☻ 극복하기 연습

오늘 주차장을 잘 지나왔다고 해서 그것으로 끝내면 안 됩니다. 어느 정도 기간을 잡고 이것을 극복하기 위한 훈련을 하면 좋습니다.

처음에는 아주 작은 범위를 잡고 훈련해야겠지요. 예를 들면 평상시에 잘 가는 쇼핑몰 주차장을 타깃으로 잡고 지나가는 길에 주차장 입구를 들렀다 가는 것부터 시작하면 됩니다. 그냥 입구에서 지나칠 수 있는 정도라 크게 힘들지 않을 거예요. 주차장 입구를 지나쳐서 좋아하는 장난감 가게, 문구점에 가는 것을 보상으로 하셔도 좋습니다. 입구에 들러 지나가면 크게 격려해 주시고 주차장이 대수롭지 않게 여겨 질때까지 하면 됩니다.

☻ 범위 확장(시간/재료/경험)

위의 1단계를 통과했다면 점점 범위를 확장하여 연습하면 됩니다. 주차장 들어가는 거리를 10걸음씩 늘리든지, 머물러 있는 시간을 늘려도 좋습니다. 만약 촉감놀이에 대한 불안이나 예민함이 큰 아이라면 이 단계에서 재료의 양을 조금씩 늘리면 됩니다. 점점 범위를 확장해서 아이가 주차장을 들러 위쪽에 있는 쇼핑몰을 올라가는 것을 목표로 해보세요. 쇼핑몰 위쪽에 아이가 좋아하는 간식 가게 등은 보상으로 이용해도 좋습니다.

주의하실 것은 1단계를 잘 건너왔다고 해서 바로 2단계, 3단계로 올라가기보다, 충분히 1단계에서 연습하고 머물러서 편안하게 해주세요. 급하게 다음 단계로 가다가 불안함이 생기기보다 천천히 편안하게 하는 것이 좋습니다.

☺ 부모의 믿음직한 태도

연습을 하다가 아이가 갑자기 울고 떼쓰면 당황하실 거예요. 이때 부모의 자세가 매우 중요합니다.

아이가 이 상황이 불안하고 긴장돼서 울 때 누구를 보게 될까요? 부모를 보게 됩니다. 믿고 의지할 누군가가 부모이기 때문입니다. 그런데 부모가 같이 안절부절하고 당황하면 아이는 그 상황이 더 불안할 수밖에 없습니다. '엄마가 저러는 것을 보니 이 상황은 분명 위험한게 맞아.'라는 느낌을 가지게 됩니다.

그러면 어떻게 될까요? 아이의 불안함과 예민함이 증폭될 수밖에 없습니다. 아이와 훈련을 하려면 먼저 마음의 준비를 하고 나가셔야 됩니다. 어떤 상황에서도 믿음직스럽고 의연하게 대처해 주는 부모의 모습이 아이를 안심시켜 줍니다. '괜찮아, 문제없어, 엄마가 해결할 수 있어.'라는 메시지를 아이가 가질 수 있도록 담대해지세요. 무엇보다 아이에게 값진 선물이 될 것이며, 안정감을 느낄 수 있을 거예요. 반복해서 훈련하면 이뤄낼 수 있습니다. 잊지 마세요. "어떡해?"하기보다 "괜찮아!"라고 해야 된다는 것을요.

예상하지 못했던 상황, 어떻게 해야 할지 모를 때 아이는 불안하게 됩니다. 새로운 곳에 가기 전에 먼저 알려주세요. 어떻게 행동하면 되는지도 알려 주세요.

그런데도 불안이 심하면 아이의 요구(밖에 나가고 싶어, 집에 가고 싶어 등)를 들어 주겠다고 약속하고 들어주세요. 부모를 신뢰한다면 점점 이겨낼 수 있게 됩니다.

4.
혼자 수업 vs 함께 수업, 어느 것이 더 효과적일까요?

아이들을 수업하다 보면 선생님과 1대1로 수업을 하기도 하고 1대 2로 수업을 하기도 합니다. 아이가 혼자 하는 경우와 또래와 둘이 수업하는 경우를 말합니다.

저는 처음 적응이 힘들거나 아이가 정상적인 수업을 할 준비가 안 된 경우에는 혼자서 수업을 하도록 합니다. 너무 많이 울거나 위험한 행동을 해서 다른 친구에게 피해를 많이 준다면 그때도 혼자서 수업을 합니다.

이런 경우를 제외하고는 거의 함께하는 수업을 합니다. 혼자 있을 때보다 친구와 같이 할 때 얻을 수 있는 것들이 더 많기 때문입니다. 옆의 친구가 하는 행동을 보고 모방을 하기도 하고, 경쟁심이 생겨서 더 열심히 하기도 합니다. 무엇보다 중요한 것은 옆에 친구가 하는 것을 힐끔 쳐다보기도 하면서 사람에게 관심을 가지는 것입니다. 가끔 어떤 부모님께서는 "함께하는 수업보다 혼자 하는게 좋지 않을까요?"하고 말씀하십니다. 왜 그러냐고 물어보면 "아무래도 혼자 해야 선생님이 아이에게 집중해 주지 않겠어요? 둘이 하면 반 정도 밖에 프로그램을 못 할 것 같아요. 아직 말도 잘 못하는데 어떻게 함께하는 수업이 되겠어요?"라고 하십니다.

결론부터 말씀드리면 전문가 선생님이 2명의 아이들을 함께 교육하는 것은 충분히 가능합니다. 둘이 함께 수업을 해도 프로그램을 진행하는 과정이나 양은 똑같습니다. 조금 더 도움이 필요한 아이가 있어도 적절한 개입을 통해 둘 다 충분히 수업의 목표를 이룹니다. 특히 놀이활동이나 신체운동 등의 수업은 함께 활동하는 것이 더 좋습니다. 사회성 수업의 경우 소그룹으로 활동하는데 대부분의 영역에서 혼자 배울 때보다 훨씬 시너지 효과를 냅니다.

함께하는 수업은 또래에 대한 관심을 가지게 합니다. 느린 아이는 또래와 함께 한 경험이 적어서 친구와 뭘 해야 하는지 모르는 경우가 많습니다. 사람과 많이 접촉하고 경험하며 소통하고 감정을 느껴본 경험이 적습니다. 이후 사회성을 필요로 할 때 이 부분은 매우 중요합니다.

일방적으로 쏟아내는 스마트폰, 반응없는 장난감을 가지고 놀기보다 사람 자극이 필요합니다. 따라서 혼자 활동을 하고 관심이 없을지라도 옆에 있는 친구를 의식하는 것 자체가 도움이 됩니다. 옆에 있는 친구가 내 물건을 자꾸 집어가서 싫은 감정도 느끼고, 갖고 싶은 것을 갖다주니 좋은 감정도 느끼며 사람에 대한 관심을 가질 수 있습니다. 더 나아가 함께하고 싶고 경쟁심을 느끼기도 하며 시너지 효과를 낼 수 있습니다. 간혹 옆의 친구가 우리 아이를 밀치기도 하고, 양보하지 않으면 부모 입장에서는 속이 상하기도 하겠지요. 그래서 "저 아이 말고 다른 아이와 수업하게 해주세요!"라고 말하기도 합니다. 내 아이가 도움을 받을 수 있는 아이, 좀 더 말을 잘하거나 행동이 올바른 아이와 수업하게 해달라고 합니다.

결과적으로 보면 좋은 경험, 나쁜 경험 모두 배움의 기회가 됩니다. 그래서 저는 이것도 배우고 대처할 수 있는 기회로 생각하라고 말씀드립니다. 어린이집만 가더라도 내 아이를 전부 좋아하거나 배려해 줄 수 없습니다. 좋은 관계의 친구도 있고, 싫어하는 친구도 있을 테니까요. 우리 아이가 경험하고 살아가야 하는 사회집단에서 늘 반복되는 일이라고 생각됩니다.

그렇다면 언제까지 보호만 할 수는 없습니다. 언제나 우리 아이와 좋은 관계를 유지하는 친구만 있지 않을 테니까요. 그러면 어떻게 해야 할까요? 그런 상황에 처했을 때 어떻게 대처해야 하는지 알려 주는 것이 더 좋습니다. 그래서 어떤 상황, 어떤 친구를 만나도 자신있게 행동하는 건강한 아이가 되는 훈련을 하는 게 좋지 않을까요?

혼자있는 시간이 많았고, 혼자 놀이한 경험이 많아서 다른 친구와 어떻게 놀고 소통하는지 잘 모르는 아이가 불편한 감정과 좋은 감정 등을 느낄 수 있는 좋은 기회가 또래와 함께 하는 수업입니다. 말을 하지 못해도 잠깐씩 친구가 하는 행동을 보게 되고 느끼는 것들이 생겨납니다. 또래 친구의 말을 듣고, 다양한 행동과 반응을 보며 대처하는 방법을 배우는 것도 좋은 경험이라고 말씀드리고 싶습니다.

전문 선생님이 같이 있는 안전한 공간에서 이러한 것들을 익힐 수 있다면 너무 안심이 될 것 같습니다. 아무런 준비 없이 사회그룹에 나가게 된다면 얼마나 불안하고 긴장이 될까요?

옆의 친구를 인식하는 것부터 시작하고 그 관계를 발전시켜 나가는 것이 좋습니다. 좋은 친구도, 불편한 친구도 우리 아이에게는 경험하고 배워야 할 부분임을 잊지 마시기 바랍니다.

당장 아이가 친구에게 안 맞도록 도와주기보다 그 친구에게 적절하게 대처할 수 있는 방법과 힘을 키워 주세요. 부모님이 없어도 자기를 지켜내는 아이가 될 거예요.

5.
걷지 않고 계속 안아 달라는 아이,
어떻게 할까요?

    걸음마도 천천히, 걷기도 늦게 시작한 아이들이 많습니다. 그러다 보니 근육의 발달이 늦어져 균형을 잡지 못하거나 제대로 걷지 못하기도 합니다. 또한 걷는 힘이 약해서 오래 걷지도 못하고 힘들다고 주저 앉거나 칭얼거리기도 합니다. 안타깝고 안쓰럽습니다. 걸을 때마다 힘들다고 주저앉아 도움을 요청하는 아이. 여러분이라면 어떻게 하겠습니까?

    얼마 전 상담 왔던 아이 중에 늦게 걸어서 다리 근육이 약한 아이가 있었습니다. 부모와 할머님의 사랑을 많이 받아서 아이의 표정은 밝아 보였습니다. 그런데 상담을 하는 중 어머니 말씀이, 아이와 주말에 산책을 하거나 등산을 가게 되면 아이가 너무 힘들어해서 계속 업어주고 안아준다고 했습니다. 그래서인지 5살이 된 지금도 조금 걷다가 힘들면 그 자리에서 움직이지 않아 안고 걸어가야 한다고 합니다. 한참 뛰어놀아야 할 나이에 운동장 한 바퀴 걷기도 힘들다는 말이 마음 아팠습니다.

아이가 힘들어하는 것보다 자신이 업어주고 희생하는 것이 아이를 위한 부모님의 선택이었을 것입니다. 하지만 안쓰럽다고 계속 안아준다면 아이가 건강하게 성장할 수 있을까요? 지금도 이미 또래 아이에 비해 다리 힘이 약한데, 시간이 지나면 좋아질 수 있을까요? 그렇지 않습니다. 걷지 않고 움직이지 않는데 저절로 근육이 생기고 신체가 발달하지는 않습니다. 건강한 사람들도 수술을 받고 병원에 오래 누워 있으면 근육이 줄어들게 됩니다.

생각을 바꾸셔야 합니다. 이미 걷기가 늦었고 또래들에 비해 체력에 차이가 생겼다면 빨리 건강한 속도를 맞추려고 노력해야 됩니다. 신체 발달이 늦어져서 약한 부분이 있다면, 위 아이처럼 다리 힘이 약해서 걷는 게 힘들다면 어떻게 해야 할까요?

 ## 2배로 걷고 움직여야 됩니다

생각해 보세요. 또래 아이들이 걷고 뛰어다니며 튼튼한 다리가 될 때까지 얼마나 많이 걷고 움직였을까요? 그 시간들이 모여서 지금의 건강한 신체를 만들 수 있었습니다. 그런데 걷기 힘들다고 안아주신다면 스스로 성장시켜야 하는 시간들을 어떻게 채울 수 있을까요? 부모만 의존하게 되고 여전히 잘 걷지 못하는 결과를 가져옵니다. 근육이 생기고 씩씩하게 걷기를 원한다면 또래보다 2배로 걷게 하시기 바랍니다. 걷기 힘들어 하는 것이 안쓰러워 업어주기보다 한 번 더 격려하고 이끌어 주셔서 근육이 생길 수 있도록 해주셔야 합니다.

 ### 다섯 걸음부터 실천하시면 됩니다

아이가 몇 걸음 걷고 힘들다고 보채기 시작하면 "여기까지만 오면 안아줄게." 하고 다섯 걸음 앞에 서 계시면 됩니다. 두 팔 벌려 아이를 부르고 기다려 주세요. 어쩌면 그 자리에서 칭얼거리며 고집을 피울 수 있습니다. 지금까지 경험으로는 이쯤에서 부모가 안아주셨으니 당연할 수 있습니다. 부모가 금방 달려오지 않으면 평소와 다른 상황에 당황스런 아이는 더 크게 울 수도 있습니다. 침착하게 아이를 응원하며 기다려 주세요.

기존의 습관이나 방법을 바꿀 때 첫 시도는 시간이 오래 걸릴 수 있습니다. 아이도 바뀐 것을 수용하고 이해하는 시간이 필요하니까요. 결국 아이가 걸어오면 크게 칭찬해 주시고 안아주세요. 안고 걷다가 어느 시점에서 다시 내려놓으시고 또 걷게 하시면 됩니다. 이제는 무조건 안아주는 것이 아니라 얼마만큼은 아이가 걸어야 한다는 것을 이해하고 그에 따라 반응하게 됩니다. 여기까지 가능하면 단계별로 걷는 양을 더 늘리시고 안아주는 시간은 줄이시면 됩니다. 머지않아 혼자 걷게 될 것입니다.

아이의 마음도 헤아려 주세요

약한 다리로 걷기를 많이 하면 당연히 힘들 거예요. 그래서 아이들이 울거나 짜증내고 고집을 피우게 됩니다. 아이들이 금방 그치지 않고 계속 보채기 시작하면 부모님도 인내심이 떨어지고 감정적으로 대할 수 있습니다.

이때 아이를 위한다고 해서 화내거나 큰소리로 야단을 치면 안 됩니다. 걷기 운동을 하느라 부모와의 관계에 불편함이 생기는 것은 정서적으로 좋지 않습니다. 아이는 그저 힘들다는 것을 표현한 것입니다. 그동안 안아줬던 경험이 있기에 그렇게 해달라고 한 것뿐입니다. 왜 갑자기 힘들게 하는지 이해하지 못합니다. 아이의 힘든 마음을 수용해주고 품어 주어야 합니다. 부모는 그 힘든 과정을 지나야 건강해지는 것을 알기에 격려하고 도와주는 역할을 해야 합니다. 이 과정을 잘 지나 걷기 시작하면 쉽게 해결될 문제입니다. 그때까지 아이를 탓하기보다 인내심을 가지고 지도해 주시기 바랍니다.

나이 더 먹으면 좋아지겠지?

당장 급한 문제가 아니라고 생각하는 부모님께서는 "애가 크면서 좋아지지 않을까요?"라는 말을 종종 합니다. 시간이 지나면 해결될 것 같은 막연한 기대감을 가지고 있는 것 같습니다. 다행히 그렇다면 좋겠지만 그게 아니라 도움이 필요했던 아이라면 어떻게 될까요?

이미 아이가 불편함을 표현하고 약한 부분을 보이는 것은 스스로 따라가기 어려우니 도와달라는 신호로 보셔야 합니다. 안일하게 지나가는 그 시간들이 우리 아이의 발달을 더 늦추는 시간이 될 수 있습니다. 아이의 약함이 보인다면 훈련할 수 있는 좋은 시기를 그냥 보내지 마세요. 지금이라도 아이에게 꼭 필요한 것을 채워주는 시간되시기 바랍니다. 작은 관심이 놀라운 변화를 가져올 것입니다.

아이를 잘 키우려고 하지만 잘 안 될 때도 많습니다. 가끔은 울고 있는 아이를 안아주는 것이 훨씬 편합니다. 하지만 부모인지라 아이의 미래를 생각해야 합니다. 지금은 우는 아이 손잡고 걷는 것이 힘들고 마음 아프지만 불과 몇 개월만 지나도 씩씩하게 혼자 걷는 아이를 보며 뿌듯하실 거예요.

6.
잘못된 행동, 고집! 꺾어야 할까요?

아이들이 한창 성장할 시기에 떼를 쓰고 고집을 피우는 것은 당연한 행동일 수 있습니다. 원하는 것을 얻기 위한 소통 수단일 때도 있고, 감정의 표현일 때도 있겠지요. 가끔은 달래주기도 하고 야단도 치면서 아이의 기분을 존중해 주거나 안 되는 것은 훈육도 하면서 상호간의 소통을 지속해야 합니다.

그런데 어떤 특정 행동, 잘못된 행동을 계속하면서 고집을 피우는 경우가 있습니다. 부모님께서 훈육도 해보고 이런저런 방법을 써 봐도 안 된다고 하소연하시며 왜 그런지 모르겠다고 하십니다. 그럴 때 저는 그 아이와 부모님께서 소통하는 방법을 지켜보고 상담도 하면서 왜 그렇게 행동하는지 원인을 찾아봅니다.

아이는 경험한 대로 행동합니다

잘못된 행동이나 습관에는 쌓여진 경험이 있게 마련입니다. 아이마다 다양한 원인이 있겠지만 처음 아이가 그런 행동을 했을 때 부모의 반응이 매우 중요합니다. 잘못된 행동임에도 너그럽게 넘어가 주거나 주위 상황 때문에 빨리 해결하려는 경우, 아이는 그 상황이 이해가 되지 않아 다음에도 같은 행동을 반복하게 됩니다. 오히려 선물이나 좋은 보상을 얻게 된다면 더욱 그 행동을 하려고 하겠지요.

교육을 할 때는 아이의 손을 잡고 눈을 응시하며 명확하게 말씀해 주세요. 아이가 잘못된 행동으로는 자기가 원하는 것을 얻을 수 없음을 깨달아야 합니다. 느린 아이라면 이러한 상황을 이해하기까지 수도 없이 반복해야 합니다.

5살 진수는 자기가 하기 싫은 것을 시키거나 원하는 것을 들어주지 않으면 징징거리며 우는 아이였습니다. "안 해, 싫어!" 하며 자리에 누워 버렸고, 갖고 싶은 것을 주지 않으면 울다가 바닥에 엎드려서 뒹굴기도 했습니다. 그 곳이 교실 안이건, 밖이건 상관이 없었습니다. 좀 더 심해지면 물건을 던지거나 침을 뱉기도 했습니다.

우연히 집에 가는 길에 아이가 바닥에 엎드려 떼를 쓰는 것을 보았는데, 부모님께서는 훈육을 하기보다 "알았어, 가면서 사줄게." 하며 아이를 업고 달래는 것이었습니다.

아이가 징징거리는 것이 싫어서인지 대부분 들어주셨고, 어쩌다가 아이가 너무 힘들게 하는 날은 무섭게 화를 내셨습니다. 그래서인지 엄마가 뭔가 강한 멘트를 하면 아이는 "죄송해요, 잘못했어요."를 반복해서 말하기도 했습니다. 그 외에는 대부분의 대화가 징징거림이었습니다.

말을 어느 정도 하고 인지가 되는 아이였기에 조금은 단호한 말로 교육을 했습니다. "더러운 바닥에 눕지 않아, 일어서!"라고 하며 아이를 일으켜 세웠고 "지금은 ○○놀이 하는 시간이야, 너가 갖고 싶은 ○○은 이 놀이 끝나고 할 수 있어."라고 말한 뒤 아이가 어느 정도 저항하거나 떼쓰는 시간을 기다려 주며 간단히 언급만 해주었습니다. 이때 아이와 약속한 것은 짧은 시간이라도 꼭 지켜 주었습니다. 지나친 행동을 하거나 다칠 염려가 있을 때는 두 손을 잡고 기다려 주었습니다. 시간이 지날수록 싫어하던 활동에도 참여하게 되었고, 원하는 것이 있을 때는 예쁘게 말하는 모습을 보여 주었습니다. 처음 수업을 시작할 때는 잠시도 앉아 있지 않아 교실이 엉망이 되곤 했는데 점점 착석도 잘하고 집중도 하며 수업에 어려움이 없게 되었습니다.

아이는 경험하고 학습한 대로 행동하게 됩니다. 울고 드러누워서 자기가 원하는 목적을 이뤘다면 이 아이에게는 그 방법이 심어지게 됩니다. 안 된다고 했다가도 아이가 너무 길게 떼를 쓰면 들어줄 때가 있습니다. 그러면 아이는 그 다음부터 더 많은 시간 떼를 써야 원하는 것을 얻을 수 있다고 생각합니다. 결국 부모님께서 울고 떼쓰는 아이가 안쓰럽거나 힘들어서 요구사항을 들어 주셨다면, 아이가 울고 떼쓰는 행동을 계속하도록 도운 것입니다.

제가 부모님들께 자주 하는 말이 있습니다. 아이가 올바르고 예쁜 행동을 할 때는 박수치고 웃으며 크게 칭찬해 주시고, 울거나 떼쓰는 등 고쳤으면 좋겠다고 여기는 행동을 할 때에는 무관심해 주시라고요.

아이는 통했던 방법을 선택합니다

아이는 늘 두 가지 중에 성취했던 방법을 선택합니다. 어떤 행동을 했을 때 자기에게 만족과 이익이 되었는지 기억합니다. 울고 떼썼을 때에 자기가 원하는 것을 얻었다면 그렇게 행동할 것이고, 부모님께서 가르쳐주신 예쁜 말, 좋은 행동을 했을 때 원하는 것을 얻었다면 그렇게 하려고 노력할 것입니다.

이때 주의하실 것은 일관된 모습입니다. 예를 들어 일주일에 한 번, 주말에 장난감을 한 개 사주기로 약속하셨다면 주말에 사주시면 됩니다. 평일에 마트에 갔다가 아이가 장난감을 사달라고 울었더니 사주시면 부모의 말씀은 권위를 잃고 신뢰가 생기지 않습니다. 오히려 앞으로는 더 많은 투정을 부릴 가능성이 높습니다.

부모님 상황과 기분에 따라 "오늘 한 번만이야, 오늘은 특별히 허락하는 거야." 등의 말은 크게 와닿지 않습니다. 아이 입장에서는 울고 떼를 썼더니 사주더라는 경험만 쌓일 뿐입니다. 특히 부모님께서 난처한 경우에 일관되지 못한 모습을 보이곤 합니다. 예를 들면 휴대폰 안 보기로 했는데 공공장소에서 또는 집에 손님이 오셔서, 너무 피곤하니 아이를 조용히 시키기 위해서 잠깐씩 허용해 주신다면 어디서든 보여 달라고 할 것입니다. 더구나 사람들이 많은 공공장소에서 난처하다 보니 결국 아이 손에 휴대폰을 들려주기도 하는데 이런 상황이 몇 번 반복되면 아이는 공공장소에서 부모님을 난처하게 하는 행동을 하게 됩니다. 그래야 휴대폰을 받을 수 있었던 경험이 있으니까요.

어떤 원칙과 기준을 세우고 교육을 하기로 약속하셨다면, 이제는 일관되게 실천해 주셔야 합니다. 그래야 아이도 혼란스럽지 않고, 약속한 범위 내에서 행동하게 됩니다. 처음엔 좀 어려울 수 있지만 이러한 관계가 형성되면 부모도, 아이도 너무 편안해집니다.

아이의 특정 행동에 부모의 반응이 중요합니다. 아이는 좋은 방법, 나쁜 방법보다 원하는 것을 얻었던 방법을 사용합니다. 일관된 방법을 알려 주세요. 조금씩 달라질 거예요. 부모의 뜻대로 움직이지 않을 때마다 이 순간이 아이의 성장에 필요한 결정적 순간이라고 생각하시며 기다려 주세요.

7.
혼자만 노는 아이,
어떻게 하면 친구랑 놀 수 있을까요?

우리 아이가 유치원이나 학교에서 친구들과 함께 놀면 좋을 텐데 혼자 놀거나 가만히 있는 모습을 보면 참 속상합니다. 일시적인 환경 변화나 심리적인 원인으로 혼자 놀 수도 있지만 계속되는 경우에는 다른 문제가 없는지 관찰해 보셔야 합니다. 느린 아이에게 가장 힘든 부분이 어울림이 아닐까 싶습니다. 어울림이 잘 된다는 것은 대부분의 발달이 잘 이뤄졌다고도 할 수 있습니다. 신체발달뿐 아니라 말을 하고 감정을 느끼고, 기초적인 인지나 상황파악 등 전반적인 기능이 필요하기 때문입니다.

어울림이 힘든 경우 다음과 같은 원인 때문은 아닌지 살펴보시기 바랍니다.

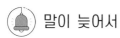 말이 늦어서

아이가 말이 늦어져 친구들과의 대화가 순조롭지 않으면 스스로 다름을 느끼기도 하고 위축되기도 합니다. 말 잘하는 친구들 앞에서 자신의 모습을 보여주고 싶지 않기도 하고, 잘 알아듣기도 힘들어서 친구들을 피하게 됩니다. 대답을 해야 하는 상황은 더욱 불안하고 긴장될 것입니다. 아이 수준에 맞는 짧고 쉬운 문장을 사용하여 최소한의 의사소통이 가능하도록 도와주셔야 합니다.

 소통하는 방법을 몰라서

아이들은 함께 놀면서 토라지고 싸우기도 하면서 사과하고 양보하는 법을 배웁니다. 성장하는 과정에서 자연스레 소통하는 방법을 터득하게 됩니다. 이러한 소통의 경험이 적으면 어떤 상황이 발생했을 때 무슨 말을 해야 할지, 어떻게 대처해야 할지 잘 모르는 경우가 많습니다.

그래서 자기가 쉽게 할 수 있는 울기, 소리 지르기, 던지기, 회피하기 등의 방법을 선택하게 됩니다. 이러한 방법은 친구와의 관계를 힘들게 하겠지요. 친구와 잘 지내기 위해서 어떻게 말하고 행동해야 하는지 쉬운 것부터 알려주셔야 합니다. 그리고 연습해야 합니다. 부모님께서 먼저 사람들과의 관계에서 즐겁게 소통하고 밖에서 어울리는 모습을 보여 주세요. 그리고 또래들과 어울리는 기회를 만들어 재미있는 게임이나 놀이를 통해 소통하는 방법을 알려 주세요.

상대방의 감정을 느끼지 못해서

느린 아이는 감정을 제대로 느끼고 표현하는 것이 어렵습니다. 친구가 화가 났는지, 속상한지, 슬픈지, 기쁜지 등의 감정을 잘 모르기 때문에 적절하게 대처하는 것이 어렵고, 오히려 친구의 기분을 더 망가뜨리기도 합니다.

아이에게는 자기의 감정을 먼저 느껴보는 시간이 필요하고, 이후에는 부모나 친구의 감정에 대해서도 이해하는 시간이 필요합니다. 기쁨, 슬픔, 행복함 등 감정을 느낄 때 표현하는 연습을 해 보세요. 또한 상대방의 표정, 몸짓, 목소리 등을 살펴보며 감정을 파악하는 연습도 해주세요. 상대방의 감정을 느낀다면 기쁠 때 "정말 잘 됐다.", 슬플 때 "힘내.", 화날 때 조용히 기다려주기처럼 상황에 따라 할 수 있는 말과 행동을 알려 주세요. 이렇게 감정의 언어와 표정을 배우고 경험할수록 상대방의 감정을 더 잘 이해하게 됩니다.

일부 신체발달이 늦어서

소근육이 매우 약한 5세 남자아이가 있었습니다. 이 아이는 블록이나 레고 쌓는 것을 무척 힘들어 했습니다. 숟가락질을 하거나 혼자 신발 신는 것도 못했습니다. 때문에 손으로 하는 활동에 어려움이 많았고, 어린이집에서 그룹활동을 할 때마다 친구들보다 잘하지 못해 짜증내며 던져버리곤 했습니다. 블록을 몇 개 쌓다가도 무너져 버리면 두 번 다시 그 활동을 하지 않으려고 했고, 점점 아이들을 피하고 혼자서 놀기 시작했습니다. 이처럼 신체발달이 늦거나 약해서 활동에 어려움이 생기면 친구들과의 놀이에 자신감이 떨어질 수 있습니다. 약한 곳이 있다면 훈련을 통해 자신감을 가지도록 도와주어야 합니다.

 충분히 습득하지 못해서

말이 늘고 소통 방법을 알게 되어도 충분한 경험과 훈련이 되지 않으면 쉽게 그것을 표현하기가 힘듭니다. 잘 하는 것 같다가도 어느새 자기만의 습관으로 돌아오거나 잊어버리곤 합니다. 중요한 것은 배우는 것에서 그치지 말고 말이나 행동을 아이가 직접 해보는 것이 중요합니다. 아이가 자연스럽게 툭툭 표현할 수 있을 때까지 반복해서 교육해 주셔야 합니다. 그렇게 말하고 행동했을 때 친구들과의 관계에서 긍정적인 경험이 쌓이면 아이는 자신감이 생기게 됩니다. 그리고 더 잘 소통하는 방법을 알게 됩니다.

주의하실 것은 자신감이 부족한 아이에게 처음부터 너무 큰 장소나 대그룹에 들어가서 어울리도록 강요하지 마세요. 오히려 더 위축될 수 있습니다.

어울리기 힘든 아이에게 한꺼번에 많은 친구들과 어울리기를 바라기보다 어떤 부분이 힘든지 살펴보세요. 그 부분을 먼저 잘 다지고 채워야 됩니다. 그리고 우선 한 명의 친구와 좋은 관계를 맺는 기회를 제공해 주세요. 방법을 터득하면 여러 명의 친구와도 어울릴 수 있습니다.

8.

느린 아이
치료하는 데 기간이 얼마나 걸릴까요?

느린 아이 치료를 시작하면서 부모님께서 가장 궁금해 하는 것이 치료에 걸리는 기간입니다. "우리 아이가 언제쯤 좋아질 수 있을까요?" "말하려면 어느 정도 시간이 필요할까요?"처럼 아이의 치료와 교육이 끝나는 날을 기대하며 물어봅니다. 하루빨리 지금의 불안함을 버리고 희망을 갖고 싶은 간절함이 아닐까 싶습니다.

저에게 찾아오는 아이의 대부분은 정상적인 출산으로 태어났으나 양육환경이나 특별한 사건 등을 계기로 느린 아이가 된 경우가 많습니다. 연구 결과 발달지연 집단 100명의 아동 중 74명은 양육환경에 위험요인이 있었던 것으로 밝혀지기도 했습니다. 때문에 원인 파악을 먼저 하고 문제가 되었던 환경이나 요소들을 개선하는 것이 좋습니다.

그리고 발달이 느려진 부분을 집중적으로 교육하여 속도를 내야 합니다. 그런데 이 시간들이 쉽지만은 않습니다. 금방 눈에 띄는 효과를 보기보다 늦어진 부분들을 채우는 데 많은 시간이 걸리기 때문입니다.

🔔 아이마다 치료 기간은 다릅니다

치료를 할 때에는 아이가 언제 영향을 입었는지, 얼마나 오랜 시간이 지났는지도 중요합니다. 일찍 발견하고 빨리 시작할수록 변화의 폭도 커질 수 있습니다. 예를 들어 매일 2시간씩 스마트폰을 보는 아이라도 12개월 이전에 보기 시작했는지, 24개월 이후에 보기 시작했는지에 따라 치료 기간은 달라질 수 있습니다. 아이의 발달 시기가 다르고 영향을 입는 정도가 다르기 때문입니다.

대부분 아이 상담을 위해 기관을 방문하시는 경우 30개월 전후가 가장 많습니다. 조금 일찍 '이상한 것 같다, 느린 것 같다.' 생각하면서도 '조금 더 지켜보자.' 하는 마음으로 기다려 보다가 또래와 점점 차이가 나는 것을 느끼고 나서야 전문가를 찾게 되지요. 이때부터 집중적으로 치료를 시작해도 대략 1년 6개월~2년 정도의 기간이 걸리고, 아이의 성향이나 상태에 따라 3년 이상 걸리는 경우도 많습니다.

그래서 늘 강조하는 것이 아이의 발달이 느린 것을 발견하셨다면 하루라도 빨리 개입해 주셔야 한다는 것입니다. 그만큼 치료 기간을 단축할 수 있고, 그래야 변화의 속도도 빠르게 나타나기 때문입니다.

간혹 "3개월이나 6개월이면 가능하지 않을까요?"라며 질문하는 부모님도 있습니다. 아이가 어떤 환경이나 요인에 따라 느린 아이의 모습이나 행동, 증상으로 나타나는 시간이 1년 6개월~2년, 3년일 수 있습니다. 그렇다면 올바른 방향으로 돌아가는 데도 그만큼의 시간이 필요하지 않을까요? 그리고 그 사이에 발달의 중요한 시기가 지났다면 치료 시기는 더 늦춰질 수밖에 없습니다.

늦어진 차이의 2배 이상의 시간이 필요합니다

만약 현재 또래보다 1년 정도의 발달지연을 보이는 상태라면 최소 2년 이상의 치료기간을 잡아야 한다고 말씀드립니다. 이미 늦어진 1년의 시간을 열심히 달려가야 하겠지요. 그런데 막상 달려가 보면 또래 아이들은 벌써 저만큼 앞서 나가고 있습니다. 1년이라는 시간 동안 또래 아이들도 열심히 성장하고 있으니까요. 그래서 또래보다 2배 이상의 집중적인 교육이 필요합니다. 2배 이상 집중적인 교육을 2년 이상 해야 앞서간 아이들의 근처에 다다를 수 있습니다.

물론 모든 아이가 그렇지는 않습니다. 더 빠른 아이가 있는가 하면 더 느린 아이가 있습니다. 최소한 2배 이상의 시간과 노력이 필요하다고 생각하셔야 합니다.

비슷한 시기의 또래 아이들을 교육하다 보면 변화의 차이를 느낄 수 있습니다. 한 아이는 매일 2~3시간의 수업을 하고, 가정에서 할 수 있는 미션을 부모님께서 틈틈이 해주십니다. 또 다른 아이는 주 2~3시간의 수업을 하고, 가정에서의 미션을 거의 하지 못합니다. 어떤 아이가 더 빠른 변화를 보일까요? 여러분이 볼 때도 전자의 아이일 것입니다. 그런데 "1년 했는데~, 2년 했는데~." 하고 기간만 말씀하면서 아이가 별로 달라지지 않는다고 하십니다. 중요한 것은 그 기간 중에 하루하루를 어떻게 채웠느냐입니다. 이것은 기관에서 수업한 시간만을 이야기하는 것이 아닙니다.

저 역시 경제적인 부담으로 아이 치료를 중단했던 경험이 있습니다. 가정에서 더 많은 교육과 관심으로 도와줄 수 있는 여지가 많습니다. 모르고 놓쳤던 시간들을 채우려면 지금부터는 아이와 함께 하는 모든 순간이 달라져야 합니다. 부모가 움직이지 않으면 그 누구도 부모만큼 움직이지 않습니다.

그렇다고 너무 실망하지 마십시오. 지금부터 집중적으로 교육하면 됩니다. 경험하게 해주고 도와주면 됩니다. 매일매일 꾸준히 가다 보면 어느 순간 가속도가 붙는 것을 느끼실 수 있습니다. 우리의 뇌는 신기하게도 쓰면 쓸수록 더 발달하고 빨라집니다. 그러니 걱정하는 그 시간대신 아이와 함께해 주세요. 아이는 달라질 것입니다.

아이가 언제쯤 좋아질까 조급해하기보다 오늘 하루에 충실해 보세요. 매일 씨앗을 심고 물을 주는 마음으로 오늘 해야 할 것을 하다 보면 싹이 나고 꽃이 핍니다. 빠른 해결책을 찾으려고 헤매지 마세요. 급하다고 해서 아이가 거쳐야 할 단계를 뛰어 넘을 수는 없습니다. 올바른 방향을 잡고 천천히, 꾸준히 가다 보면 어느 순간 아이는 속도를 냅니다.

9.
경계선 지능 아이는
어떻게 지도해야 할까요?

느린 아이와 일반 아이의 경계선에 있는 아이들은 적절한 교육방향을 잡기 힘들 때가 많습니다. 하지만 전반적인 발달의 속도가 조금 느릴뿐 충분히 성장 가능성이 있는 아이들입니다.

박찬선의 《느린 학습자의 공부》에서 경계선 지능의 아이들은 이들에게 맞는 교육 계획과 학습 방법이 주어진다면 학습 측면과 사회 측면 그리고 직업 측면에서 큰 어려움 없이 살아갈 수 있다고 말하고 있습니다. 따라서 우리의 기준과 시선으로 비교하지 마시고 아이의 눈높이에서 함께 이해하고 인정해 주는 것이 필요합니다. 또한 스스로 학습하고 성취해 낼 수 있도록 적극적으로 도와주어야 합니다.

인내심

아이의 발달이 느린 것을 이해하고 기다릴 수 있어야 합니다. 보통 2년 정도 뒤쳐지는 경우가 많은데, 또래보다 같은 내용을 배우고 익히는 데 더 많은 시간이 필요합니다. 빠르게 말하는 것을 한꺼번에 이해하기 힘들 수 있고, 올바른 행동을 익히기 위해 많은 연습이 필요할 수 있습니다. 이 시간을 잘 견뎌내셔야 합니다.

설명을 한 후 아이가 어느 정도 이해했는지 질문과 대답을 통해 확인해 보는 것도 도움이 됩니다. 반복적인 학습과 지속적인 관심이 필요하지만 인내심을 갖고 지도하면 또래와 비슷한 수준으로 성장 가능합니다. 아이는 주변을 보며 자신의 부족함을 느끼기도 합니다. 때문에 부모가 걱정하고 불안해 하는 모습은 도움이 되지 않습니다. 인내심을 갖고 격려해 주세요. 아이는 안정감을 갖고 속도를 낼 것입니다.

 잘하는 부분 계발

특정 분야(조립, 연산, 기억, 그림 등)에서 또래 아동 못지 않은 능력을 보이거나 뛰어난 재능을 보이기도 합니다. 잘하는 부분이 있다면, 칭찬을 통해 자신감을 갖도록 해주세요. 아이가 잘하는 분야에 관심을 갖고 적절한 지원을 제공하면 잠재력을 발견하고 계발해 나갈 수 있습니다.

예를 들어 조립 장난감을 좋아하고 잘 만드는 아이라면
- 새롭고 다양한 조립 장난감 완성하기
- 창의성을 발휘하여 새로운 작품 만들기
- 조립 관련 책을 통해 구조물에 대해 익히기
- 직접 그려보거나 만들어 보기
- 만든 작품 설명하기
- 대외적인 행사, 체험 등 참여하기

제과제빵에 관심있는 아이라면
- 반죽하고 빵 굽는 과정에 참여하기
- 재료 및 도구 함께 구입하고 알려주기
- 빵 레시피 따라 만들어 보기
- 새로운 빵 수시로 만들기
- 요리책 보기, 새로운 도구 알려주기
- 문화센터, 요리 학원에서 수업 참여하기

위의 예시 외에도 할 수 있는 것들은 무척 많을 것입니다.

매 순간 긍정적인 피드백을 통해 흥미와 자신감을 잃지 않도록 도와 주세요. 부모의 든든한 지원속에 아이는 자기가 할 수 있는 최대한의 능력을 발휘할 것입니다.

따뜻한 관심과 사랑

아이가 부모로부터 관심과 사랑을 받고 신뢰할 수 있는 관계가 되면 좀 더 안정된 가운데 생활할 수 있습니다. 부모와 소통했던 방법을 통해 친구관계에 필요한 상호작용을 배우며 사회성 발달도 가능합니다. 때문에 따뜻한 관심과 사랑으로 긍정적인 마음을 갖도록 도와주세요. 이미 많은 훈계와 비교, 의욕상실 등으로 자신에 대해 부정적인 인식이 있을 수 있습니다. 늘 부정적인 피드백만 받는다면 잘하고 싶은 의욕조차 생기지 않겠지요. 있는 그대로 존중하고 격려해 주세요. 어떤 말이나 훈계보다 아이를 움직이게 합니다. 아이는 늘 부모와 좋은 관계, 부모가 기뻐하는 행동을 하고 싶어합니다. 그게 잘 안되는 것 뿐이지요. 부모의 관심과 사랑을 느낄때 아이는 자신있게 행동하게 됩니다.

 맞춤식 개별지도

또래에 비해 학습이 뒤떨어지는 경우가 많습니다. 기초적인 학습을 점검한 후 그에 따른 맞춤식 개별지도가 효과적입니다. 아이의 강점과 약점, 좋아하는 학습 스타일을 파악하여 목표를 설정해야 합니다. 단시간에 많은 양의 학습을 하는 것도 좋지 않습니다. 적절한 분량을 정하는 것이 중요합니다. 너무 무리하게 목표를 설정하면 아이가 힘들어할 수 있으며 단계만 올리는 것은 의미가 없습니다. 지금 현재 아이의 수준에서 시작하세요. 유의할 것은 단순히 학습뿐 아니라 전반적인 발달이 느린 경우가 많다는 것입니다. 인지, 언어, 사회성 등 다양한 영역을 파악하고 아이에게 맞는 방법으로 접근해야 합니다.

예습과 복습하기

이해력이 상대적으로 부족한 경계선 지능의 아이에게는 교과서를 중심으로 예습과 복습을 반복하는 것이 필요합니다. 예습은 교과서의 단원명이나 목차, 인물이나 사건 등을 간단히 들려주거나 스스로 읽는 정도여도 좋습니다. 수업시간 중간 중간 알아듣는 내용이 나오고, 이를 통해 수업에 집중할 수 있는 동기부여가 될 수 있기 때문입니다. 또한 수업중에 느끼는 불안감을 줄일 수 있습니다. 주의집중력과 기억력이 낮은 아이는 복습을 통해 학습내용을 반복해서 기억할 수 있고, 기초지식을 다질 수 있습니다. 학습에 대한 이해도가 높아지고 자신감도 올라갈 것입니다.

집중시킬 수 있는 교육방식 제공

말로만 하는 수업은 집중하는 데 한계가 있습니다. 특히 언어 이해가 부족한 경우라면 설명은 간단히 하고 시각적인 학습자료나 입체감있는 교구, 직접 해보는 놀이가 도움이 될 수 있습니다. 또한 보고 듣고 만질 수 있는 체험활동처럼 흥미를 유발하는 교육법을 적절히 섞는 것도 좋습니다.

가급적 산만한 요소가 적은 학습 환경을 제공하고, 집중시간이 짧기 때문에 구체적인 과제를 제시하는 것이 좋습니다. 또한 학습시간이 40분이라면 20분 정도로 나눠서 수업하고 잠깐의 휴식시간을 주는 것도 도움이 됩니다. 학교의 모둠활동처럼 친구들이 먼저 활동하는 것을 보고 방법을 익히는 것도 좋습니다.

 ### 사회성 향상을 위한 그룹 활동 지원

그룹 아동들에게 이해를 구하고 역할분담에서 쉬운 것 또는 약간의 혜택을 주어 원활한 그룹 활동을 할 수 있도록 지원해 줍니다.

예를 들면 농구시합 시 골대를 맞춰도 골인으로 인정해 줌으로써 즐겁게 놀이하는 경험을 제공해 줍니다. 가능하면 형제 자매, 친한 이웃 등 안전하고 편안한 관계에서 먼저 소통하며 놀이하는 법을 알려주시고, 점점 확장해 가는 것이 좋습니다. 이때, 아이가 잘하고 성공할 수 있는 활동을 선택하여 자신감을 높이고 친구들과 어울려서 놀이하는 것이 즐겁다는 것을 경험하게 해주는 것이 중요합니다.

지금의 내 아이를 있는 그대로 바라봐 주세요. 다른 아이와 비교하지 마세요. 아이는 자기만의 속도로 성장하고 있습니다. 아이에게 가장 필요한 건 부모의 사랑과 관심, 따뜻한 격려입니다.

Part Ⅳ.
다양한 상황에서의 해결책

10.
말 못하는 아이,
지금 어린이집에 보내도 될까요?

말을 못 하거나 사회성이 부족한 아이를 어린이집에 보낼 때 많이 고민하게 됩니다. 보내자니 말도 못 하는 아이가 위축되고 자신감이 떨어질 것 같고, 안 보내자니 더 뒤떨어져 소외될 것 같은 생각도 들기 때문입니다. 현재 아이의 모습을 잘 살펴보고 단계별로 보내면 좋을 것 같습니다.

우선 말을 전혀 못 하고 인지가 안 된다면 치료에 집중하는 것이 더 좋습니다. 간혹 아이가 말을 못 하니 어린이집에 가서 배우지 않을까 싶어 보내는 경우가 있는데, 일찍 보낸다고 다 말을 배우는 것은 아닙니다. 오히려 다른 또래처럼 말을 능숙하게 하지 못하기에 스트레스를 받고 부담을 느낄 수도 있습니다.

어린이집에 보낼 때

☐ 말에 대한 반응이 있나요?(예 : 부르면 돌아보거나 쳐다보기, "위험
해." 하면 멈추기, 하던 것을 못하게 하면 울거나 표현하기 등)

☐ 모방과 소통이 되나요?

☐ 사람에 대한 불안이나 거부가 심하지 않나요?

☐ 엄마와 분리가 되나요?

☐ 놀이나 활동에 참여가능한가요?

개별적인 교육이 더 필요한 경우라면 가정에서 또는 전문기관에서 좀 더 훈련해 주시고 지시 따르기가 되거나 사람에게 관심이 있다면 어린이집에 보내셔도 괜찮습니다.

단순히 말만 조금 늦은 경우라면 모방하고 배울 수도 있겠지만 전반적으로 늦은 경우에는 먼저 말하지 못하는 원인을 찾고 돕는 치료를 해주셔야 합니다. 예를 들어 말하는 것과 연관된 조음기관이나 구강구조에 문제가 있다면 그 부분을 먼저 해결해 주어야 합니다. 또는 말하는 방법을 모르거나 기초적인 인지조차 안 되어서 말하지 못한다면 관련 교육을 해주어야 합니다. 이런 아이라면 또래 아이들과 함께 있다고 해서 말을 배우기는 힘들 것입니다. 오히려 더 위축되고 자신감을 상실하게 됩니다. 또래 아이들과 함께 있는 것이 불안하고 긴장될 수 있습니다. 아이가 말을 할 수 있도록 돕는 게 먼저입니다.

엄마와의 분리불안이 심한 경우에도 어린이집에 보내는 것은 바람직하지 않습니다. 아직은 엄마와의 관계가 불안정하여 떨어지는 것이 불안하고 두렵기만 합니다. 좀 더 엄마와 안정적인 애착관계가 이뤄지고, 어린이집에 갔다가 일정 시간 후에 엄마를 다시 만난다는 인지가 가능할 때 보내면 좋습니다.

반면 어느 정도 말을 하거나 알아듣고 또래에게 관심을 보이면 어린이집을 다니는 게 좋습니다. 모방이 가능하다면 친구의 말이나 행동을 따라할 수도 있습니다. 친구들이 노는 곳에 가서 관심을 보이거나 블록쌓기, 그림 그리기 등을 함께할 수 있다면 더 좋습니다. 하지만 아직은 언어발달이 늦은 것을 감안해 어린이집 생활을 잘 관찰하고 집에서는 부족한 것을 계속 알려주셔야 합니다.

 ## 어린이집을 보낸 후

☐ 어린이집에 가는 것을 즐거워하는지, 거부하는지 살펴보세요.
　(급식을 잘 먹는지, 화장실을 잘 가는지, 등원할 때마다 심하게 우는지 등)

☐ 아이가 새로운 말을 한 단어라도 배워 오는지 살펴보세요.

☐ 행동에 변화가 있는지 살펴보세요.
　(예 : 줄서기, 손씻기, 혼자서 밥먹기 등)

☐ 더 위축되고 하던 말도 안 하는지 살펴보세요.

☐ 혼자서만 노는지 살펴보세요.

직접 아이들과 부딪히면서 말을 좀 더 하게 되는지, 또래들과 좀 더 어울리는지 등을 살펴보면서 잘 적응할 때까지 전문기관의 교육을 병행하면 좋습니다. 오히려 아이가 더 불안감이 커지고 하던 말도 안 한다면 어린이집에 계속 다니는 것을 고민해 보셔야 합니다.

적응기간이라 그럴 수도 있지만 몇 달이 지나도 달라지지 않는다면 아직은 어린이집 생활을 하는 것이 이른 상황입니다. 조금씩 적응하고 아이에게 변화가 있다면 긍정적입니다. 시간이 지날수록 큰 어려움 없이 생활하고 언어발달도 또래만큼 향상되면 어린이집 생활의 비중을 높이면서 전문기관 교육을 종결하면 됩니다.

어린이집에 가면 무조건 말을 배우고 사회성이 좋아지는 것은 아닙니다. 말을 전혀 못하고 인지가 안 된다면 우선 치료에 집중하는 것이 좋습니다. 또래에게 관심을 보이고 소통이 된다면 어린이집과 치료기관을 병행하시다가 서서히 치료를 종결하시면 됩니다.

11.
가던 길로 안가면 거부하고 울어요. 어떻게 해야 할까요?

수업하러 오는 아이 중에 매일 집 앞에 있는 마트에 들러서 과자를 한 개 사고, 매번 오던 길로 와야 하는 아이가 있었습니다. 혹시라도 마트를 들르지 않거나 다른길로 가려고 하면 심하게 거부하고 울었지요. 그래서 할 수 없이 아이가 원하는 마트에 들러야 했고, 오던 길로 와야 했습니다.

익숙한 것을 깨트려야 새로운 것을 받아들일 수 있습니다. 하지만, 매일 반복했던 것이 패턴처럼 되어 새로운 것을 받아들이는 것이 쉽지 않은 경우가 있습니다. 예기치 못한 상황은 괜히 긴장되고 불안합니다. 이것은 새로운 장소나 사람을 만날 때도 종종 나타납니다. 또는 경험하고 맛본 음식 외에는 안 먹으려고 하고 특정 놀이에만 몰두하는 경우도 있습니다.

　느린 아이들은 어떤 상황을 전체적으로 파악하거나 생각하는 부분이 약합니다. 때문에 익숙했던 것에서 조금이라도 벗어나면 불안합니다. 현재 상황을 이해하고 다음에 일어날 행동을 생각하는 것이 어렵기 때문입니다. 그렇다고 해서 아이가 원하는 대로 행동하면 계속해서 똑같은 패턴으로 생활하게 되고 더욱 우물안 개구리처럼 살아가게 됩니다. 때문에 이러한 반복적인 생활패턴을 조금씩 깨고 새로운 환경에 적응할 수 있도록 도와주어야 합니다. 패턴의 한 부분을 깨면 그 사이로 새로운 것들을 보고 수용하게 됩니다. 수용하는 것들이 많아질수록 아이의 사고력은 확장되고 환경을 바라보는 자세도 편안해질 것입니다.

　아이가 강하게 고집을 부리며 거부하고 요구사항을 울음으로 표현하면 대개의 부모는 당황합니다. 이것저것 해보다가 결국 아이가 원하는 대로 해주는 경우가 많습니다. 아이가 거절과 실패의 경험을 갖는 것을 두려워하지 마세요. 이러한 경험 또한 상황을 받아들이고 자기조절력을 키울 수 있는 계기가 됩니다.

　그러면 어떻게 해야 이러한 패턴처럼 반복된 행동들을 바꿀 수 있을까요? 물론 처음엔 힘들 수 있어요. 그래도 달라질 수 있으니 아래와 같이 천천히 시도해 보면 좋겠습니다.

매일 똑같은 횡단보도를 건너야 하는 아이의 경우

첫째, 미리 알려주세요.

정해진 횡단보도가 아닌 다른 길을 이용하려고 목표를 세우셨다면 며칠 전부터 미리 알려주세요. 길을 건널 때마다 "내일부터는~", "다음에는 저쪽 길로 건너보자."라고 말씀하시며 아이가 미리 상황을 준비하고 놀라지 않도록 합니다. 처음부터 과도한 목표를 잡지 마시고 새로운 횡단보도를 익힐수 있는 충분한 시간을 주세요. 또한 새로운 횡단보도를 건너면 빨리갈 수 있거나 예쁜 풍경을 볼 수 있다는 등의 설명도 해 주세요. 아이가 조금씩 변화에 대해 생각하고 수용하는 데 도움이 됩니다. 갑자기 길을 바꿔서 걸어가려는 시도는 아이에게 커다란 긴장과 불안감을 갖게 해서 실패할 확률이 높습니다.

둘째, 하루에 한 걸음씩 시도하세요.

미리 이야기 했지만 막상 다른 길로 가려고 하면 아이가 주저 앉을 수도 있고, 싫다고 손을 뿌리치거나 갔던 길로 돌아가려고 할 수 있습니다. 또는 큰 소리로 울거나 거부할 수도 있습니다.

당연하게 받아 들이셔야 합니다. 아이 입장에서 생각하면 그럴 수 있다고 이해해 주시고 거부반응이 심하면 일단 "그래, 알았어! 이 길이 싫구나!" 안심시켜 주고 되돌아옵니다.

이때 "그럼, 오늘은 돌아가고 내일은 저 길로 한번 가보는 거야."

라고 다시 알려줍니다. 다음날 한 걸음 건넜다가 돌아오고, 다시 한 걸음 더 건넜다가 돌아오는 것을 계속 시도합니다. 시간이 지나면서 한 걸음, 두 걸음… 건너는 걸음이 많아질 거예요. 부모님 욕심에 억지로 밀거나 잡아끄는 등의 행동을 하면 아이가 심리적으로 더 불안감을 느낄 수 있습니다. 되도록 천천히 하시기를 당부드려요.

셋째, 성공 지점이 가까워지면 힘있게 끌어서 건너게 해주세요.

반복하여 훈련하다 보면 어느 순간 아이가 절반을 넘어서 걸어가게 됩니다. 성공 지점이 조금 남아있는 시점에서는 "다왔다, 우리 한 번 건너보자." 격려를 하며 얼른 뛰어넘어 보세요.

그동안의 경험으로 어느 정도 마음의 준비가 되어 있을 수 있어요. 이때는 목표지점을 통과하는 게 중요합니다. 막상 통과해 보니 큰 문제나 불편함이 없다는 것을 경험하게 해주세요. 조금 지나니 집에 가는 익숙한 환경이 눈에 들어와서 안심이 될 거예요.

넷째, 거부반응이 없을 때까지 연습하세요.

한 번 성공했으니 이제 됐다고 안심하면 안 됩니다. 아직은 아이가 완전히 이해하고 있는 상황이 아니기에 자연스럽게 될 때까지 연습하셔야 합니다. 매일 해도 되고, 며칠에 한 번씩 하더라도 아이가 편안해 한다면 또 다른 길도 도전해 보시기 바랍니다.

위에 언급했던 아이도 이와 같은 방법으로 연습한 결과, 다른 횡단보도를 건너도 괜찮아졌고 집 앞의 마트를 들리지 않아도 울지 않게 되었습니다. 집 앞의 마트가 아닌 다른 마트를 이용해도 원하는 것을 살 수 있다는 것을 알게 되자 이제는 어떤 마트를 가도 울지 않습니다.

아이의 힘든 점을 잘 파악하고 그 눈높이에서 조금씩 시도하면 달라질 수 있습니다. 가끔 부모님께서 너무 쉬운 것 같아 성큼성큼 목표를 설정하기도 하는데 아이의 입장에서는 받아들이기 힘듭니다. 작은 단계로 쪼개고 성취할 수 있도록 하는 게 중요합니다.

습관 하나 바꾸는 것이 참 어렵습니다. 매일 아이와 씨름하다 보면 저절로 한숨이 나오고 지치기도 합니다. 아이에게 교육이라는 명목으로 무섭게 화를 내고 있지는 않으신지요? 금방 해결되지 않을 수 있습니다. 이럴 때일수록 부모의 마음가짐을 단단히 하셔야 합니다. 아이의 상황에 흔들리지 않고 손을 내밀어 줄 수 있는 든든한 버팀목이 되어 주셔야 합니다.

12.
상동 행동(반복되는 행동)이 심한데 못하게 해야 될까요?

부모님의 큰 고민 중의 하나가 아이들이 특정 행동을 반복하는 상동 행동입니다. 지하철에서 크게 박수를 친다든지, 소리를 지르는 것, 무조건 높은 곳을 올라가거나 팔짝팔짝 뛰는 행동, 빙글빙글 도는 것, 손을 계속 흔들거나 자기 머리를 때리는 것 등 일상생활에서 어려움이 생기고 다른 사람들의 시선을 의식해야 하기 때문입니다.

어떤 경우에는 때리거나 꼬집어서 다른 아이에게 피해를 주기도 합니다. 다른 사람과의 관계에 부정적인 영향을 끼치게 되면 부모 입장에서는 계속 사과를 해야 하고, 아이를 통제하게 됩니다. 아이를 데리고 밖에 나가는 것을 꺼리고 지나친 훈육을 하기도 합니다.

느린 아이들은 왜 이런 상동 행동을 하는 걸까요? 발달의 과정에서 감각 이상으로 인한 불편함이 가장 크다고 볼 수 있습니다. 특히 매우 기쁘거나 긴장되는 상황에서는 이러한 상동 행동이 더 심해지거나 많아지게 되는데, 느린 아이들은 스스로 멈추거나 조절하기가 힘듭니다.

몸이 건강해지면 상동 행동은 자연스럽게 줄어들게 됩니다. 일반 아이들의 감각체계가 자연스럽게 맞물려 돌아가는 톱니바퀴 같다면 느린 아이들은 어느 부분이 단절되거나 균형을 이루지 못해서 삐그덕거리게 되고, 그 불편함을 느끼고 반응하는 것이 상동 행동으로 보여지는 것입니다. 그리고 그 불편함으로 상동 행동하는 것을 통해 부족한 기능을 발달시키기도 합니다. 따라서 감각체계가 정상적으로 발달할 수 있도록 도와주는 것이 우선이며, 감각기능이 균형을 이루게 되면 상동 행동은 대체로 감소하게 됩니다. 이 외에도 불안할 때, 의사소통에 어려움이 있을 때, 특정 감각을 계속 느끼고 싶을 때 등에도 상동 행동을 할 수 있습니다.

 ## 상동 행동, 무조건 막지 마세요

상동 행동은 무조건 없애야 할까요? 지금 현재의 증상에 너무 걱정하기보다는 감각자극이나 훈련을 통하여 정상적인 감각기능을 이루도록 하는 것이 우선입니다. 또한 불편함으로 표출되는 이러한 행동들을 무조건 통제하기보다는 기다려주고 이해해 주어야 합니다. 아이의 입장에서는 기쁘거나 불편한 것을 표현하는 자연스러운 행동이기 때문입니다. 또한 심리적인 안정감을 갖기 위한 행동이기도 합니다.

아이의 상동 행동이 위험하거나 다른 사람에게 피해를 끼칠 때는 제지시키고 교육하시면 됩니다. 누군가를 안전하게 보호해 주는 것은 마땅한 일이고, 공공장소에서 피해를 주는 행동을 하면 안 된다는 것은 사회생활에서 필요한 교육이기 때문이지요. 예를 들어 "반갑다고 다른 사람을 때리거나 꼬집는 것은 안 돼, 손을 흔드는 것은 괜찮아." 처럼 허용 가능한 범위와 바람직한 방법를 알려 주시면 됩니다. 이때 그 행동을 지적하여 혼내거나 억지로 못하게 하는 것은 도움이 되지 않습니다. 불안감이 커지고 공격적인 행동이 나올 수 있습니다.

 ## 상동행동에 도움이 되는 방법들

너무 불편한 행동이라면 다른 행동으로 전환시켜 줄 수 있습니다. 아이의 신체를 꼭꼭 눌러주며 자극해 주거나 심부름 시키기, 주변의 다른 상황으로 관심을 갖게 해주셔도 좋습니다.

또한 공공장소에서 어울리지 않는 행동을 할 때는 언제, 어디에서 그 행동을 할 수 있는지 알려주고 지키게 하는 방법도 좋습니다. 예를 들면, 지하철 내에서 박수를 크게 계속 친다면 지하철 타기 전에 박수를 치게 하고 지하철 안에서는 조용해야 한다고 알려줄 수 있습니다. 이렇게 허용 가능한 시간이나 장소를 알려주면 불안감을 줄여주고 행동을 제한하는 효과를 기대할 수 있습니다.

그럼에도 유난히 아이가 진정되지 않거나 심하게 행동해서 피해를 줄 수도 있습니다. 이때는 주변에 아이 상태를 말하며 양해를 구하는 것도 좋을 것 같습니다. 아이의 특성을 이해하지 못하는 경우 부정적인 시선으로 바라볼 수 있습니다. 이러한 부정적인 시선에서 아이를 보호해 주시고 좀 더 편안하게 아이를 바라볼 수 있도록 도와주시기 바랍니다. 감정적이지 않은 목소리로 느린 아이여서 교육 중임을 말하고, 이해나 협조를 요청하면 주변 사람들도 양해해 주는 경우가 많습니다. 오히려 애쓴다며 격려해 주시는 분들도 계십니다.

부모로서 아이를 인정하지 못하면 쉽게 그 말을 할 수가 없습니다. 사람들의 시선이 따가워 그 자리를 빨리 피하고 싶기도 합니다. 부모가 먼저 아이를 인정해야 다른 사람들에게도 존중하고 이해해 달라고 요구할 수 있습니다.

 ## 상동 행동보다 아이의 마음이 먼저입니다

그럼 이렇게 반복적인 행동을 하는 아이의 마음은 어떨까요? 행동하는 모습에만 초점을 두지 말고 아이의 마음도 들여봐 주면 좋겠습니다. 아이는 자기의 감정이나 표현하고 싶은 말을 자기만의 방식으로 소통할 수 있습니다. 답답하고 불편한 마음, 힘들고 슬픈 마음, 기쁘고 신나는 마음들을 자기가 할 수 있는 행동으로 표현하곤 합니다. 따라서 어떤 경우에 상동 행동을 하는지 잘 관찰해 보세요. 그리고 그 상황에 맞는 감정을 공감해주고 적절하게 반응해 주세요.

예를 들어 "우리 철수 오늘 무척 신났구나. 동물원에 오니까 신나서 손을 흔드는 거야?"라고 말해 주면 좀 더 안정감을 느끼게 되고 감정의 말과 어휘들을 익히는 기회도 될 수 있습니다. 이러한 행동을 잘 관찰하면 상동 행동을 하기 전의 징조나 단서도 찾을 수 있습니다.

상동 행동을 줄이는 데 도움이 되는 방법으로 신체 놀이나 운동이 있습니다. 힘쓰기, 매달리기, 달리기 등으로 신체적 기능도 발달시키면서 에너지를 소모해 줍니다. 정서적 안정감도 갖게 됩니다. 아이가 팔짝팔짝 계속 뛰어 다닌다면 매트나 트램펄린을 설치한 후 함께 뛰어주시기 바랍니다. 아이와 눈을 맞추고 공감해주며 즐겁게 뛰도록 해주시면 훨씬 편안함을 느끼게 될테니까요. 껴안기나 감각놀이, 웃고 우는 감정표현의 기회를 주는 것도 도움이 됩니다.

특히 외출이나 모임 전에 걱정된다면 미리 운동을 하고 가는 것도 좋습니다. 안정감을 느끼는 애착물건이나 아이가 좋아하는 장난감, 집중력을 높이는 것들을 준비해서 갖고 다니는 것도 도움이 됩니다.

현재 증상에 집중하기보다 몸의 균형을 이루도록 도와주세요. "안 돼."라고 말하기보다 더 좋은 방법으로 바꿔 주세요. 통제와 혼내는 것만으로는 바꿀 수 없습니다. 언제나 널 도우려는 것임을 느낄 수 있다면 아이는 달라질 거예요.

13.

수시로 잠을 깨고 우는 아이,
어떻게 해야 할까요?

밤잠을 잘 못 자고 깨서 엄마도, 아이도 힘든 경우가 있습니다. 말도 잘 못하는 아이인지라 왜 우는지, 왜 안 자는지, 무엇 때문에 이렇게 떼를 쓰고 징징거리는지 알 수가 없다고 합니다. 그러다보니 엄마는 먹여도 보고, 안아도 주고, 놀아줘 보기도 하면서 아이가 좋아할 만한 모든 것을 해줍니다.

그런데도 달라지지 않아서 밤마다 애를 먹는다고 하소연합니다. 잠이 든 것 같다가도 한 시간마다 깨곤 해서 새벽이 너무 힘들다며 하루라도 편히 푹자고 싶다고 하소연하는 어머님도 계셨습니다. 무엇이 문제일까요?

깊은 수면을 하지 못하는 이유와 방법

영유아기 아이들은 잠을 자는 것이 엄마, 아빠와 헤어지는 것 같아 싫거나 무서울 수 있습니다. 그래서 자지 않으려고 저항하게 됩니다. 특히 예민한 기질의 아이나 엄마와 분리불안이 있는 아이는 더 그렇게 느낄 수 있습니다. 그래서 자지 않으려 하고, 혹시 잠들어도 불안감에 깨는 횟수가 많게 됩니다. 또한 각성(자극에 반응을 보이는 상태)이 쉽게 가라앉지 않아 금방 잠들지 못하기도 하고, 금방 깨는 일이 많습니다.

가급적 잠자기 전에 아이와 편안한 상태를 유지해주며 깊은 수면을 하도록 도와주셔야 합니다. 잠자기 전에 하는 책읽기, 자장가 불러주기와 같은 1~2가지 준비 단계를 가져서 잠 잘 시간이라는 것을 짐작하게 하면 좋습니다.

깊은 수면을 하지 못하는 이유 중의 하나는, 자다가 깼는데 엄마가 잠을 재워 보려고 참 잘해줍니다. 졸려서 칭얼거릴수록 더 많은 것을 해주고 기분을 맞춰 주려고 합니다. 아이의 입장에서는 참 좋습니다. 안아주고, 흔들의자에 태워주고, 놀아주고, 원하는 것을 해주니 깊게 자고 싶지 않을 수 있습니다. 아이는 이 경험을 통해 어쩌면 더 잠을 깨고, 칭얼거릴 수도 있습니다.

잠을 자는 패턴이나 습관도 반복되는 경험을 통해 배우게 됩니다. 잠을 자기 전에 어떻게 하고 있는지, 잠을 자다가 깨었을 때 어떤 결과물이 주어졌는지 점검해 보시기 바랍니다.

☻ 매일 드라이브하며 잠드는 아이

저와 상담했던 부모님이 기억납니다. 아이가 밤새 잠을 자지 않고 놀려고만 합니다. 놀아주지 않으면 큰 소리로 울고 소리질러서 윗층이 신경쓰여 달래주고 아이와 새벽까지 놀아준다고 했습니다.

말을 못하는 아이인지라 설명을 해도 알아 들을까 싶어 아이가 해 달라는 대로 해줄 수밖에 없다고 하셨어요. 저에게 가장 묻고 싶었던 것은 아이가 차를 태워 드라이브를 해주면 그래도 잠이 들어서 계속 차를 태우고 재워도 괜찮을지에 대한 것이었습니다. 혹시나 자다가 깨면 1시간 정도 안아줘야 다시 잠이 드는데, 그것도 집안에서는 계속 짜증을 내서 골목길에 서서 안아준다고 하셨습니다.

잠은 집에서 자는 걸로 인식시켜야 합니다. 따라서 잠자는 시간 정하기, 차 태우고 드라이브 하거나 1시간씩 안아주는 것, 놀아주기 등을 하지 않도록 말씀드렸습니다. 아이가 화를 내고 떼를 쓰면 간단하게 진정시켜주되 바로 잠자는 시간임을 알리고 자는 척 하라고 했습니다. 처음에는 아기가 놀아달라고 건드리기도 하고 짜증도 내면서 혼자 놀다가 어느 순간 옆에 와서 팔베개를 하고 자기 시작했습니다.

또 다른 이유로, 감각이 예민한 아이는 여러 가지 주변 환경으로 인해 잠을 못자는 경우가 있습니다. 예를 들면 이불의 촉감이 거슬리거나, 밖의 소음, 쾌적하지 못한 실내 환경, 환한 불빛 등 아이의 입장에서 힘든 요소들이 있을 수 있습니다. 혹시라도 아이에게 불편함을 주는 것들이 있으면 없애 주시고, 감각을 안정시키는 훈련도 같이 해주면 좋습니다.

아이들이 편안하게 잠자기 위해서는 몇 가지 노력이 필요합니다. 잠자기 전에 엄마, 아빠와 책을 읽거나 이부자리 준비하기, 가볍게 놀아주기 등 기분 좋게 잠잘 수 있는 준비를 먼저 해주세요. 따뜻한 물로 목욕하거나 마사지도 좋습니다.

이때 너무 과도하게 놀아 준다든지, 텔레비전이나 스마트폰을 보여 주는 것은 좋지 않습니다. 편안하게 잠자는 상태가 되어야 하는데 오히려 뇌를 각성시키고 잠을 잘 자도록 돕는 호르몬 분비를 억제하므로 잠을 방해합니다. 규칙적인 운동이나 다양한 감각을 경험하는 신체활동들은 낮에 충분히 해주면 좋습니다. 잠자기 전에는 간단한 절차로 아이가 다음 순서는 잠자는 것임을 자연스럽게 알게 해주세요.

또 한 가지, 잠을 자려고 하면 괜히 물을 먹고 싶어하거나 화장실에 가는 등 불필요한 행동을 합니다. 간단한 요구는 수용해 주고 이제는 잠자는 시간임을 말해 주세요. 적절하게 선을 긋고 잠자는 루틴을 만들어 주는 것이 좋습니다.

잠을 자다가 깼을 때는 토닥토닥하는 정도로 해주시고 "지금은 잠자는 시간이야."라고 알려준 뒤 잠자는 모습을 보여 주시면 됩니다. 불을 켜고 아이와 놀아 주시거나 안아서 잘 때까지 기다리며 어쩔줄 몰라 하는 행동은 도움이 되지 않습니다. 위의 예처럼 차를 태워 주거나 놀아 주는 방법은 오히려 아이가 좋아서 깰 수밖에 없고, 습관이 되어 버릴 수 있습니다.

여전히 잠을 잘 못자서 고민이라면 하루의 일과를 체크해 보세요. 낮동안 충분한 신체활동이 있었는지, 낮잠을 지나치게 많이 자지 않는지 등 잠자는 데에 도움이 되는 것과 방해되는 것을 살펴보시면 좋습니다. 그리고 잠자는 시간을 정하시고, 잠자기 전의 준비행동, 잠을 깨었을 때의 대처 방법 등을 확인해 보면 좋겠습니다.

잠자는 습관도 배우고 익힌대로 하기 때문에 일정 기간 노력하시면 좋아질 수 있습니다.

 ## 잠을 잘 자야 뇌도 건강해집니다

잠이 보약이라는 말이 있듯이 영유아기에 잠자는 습관은 성장 과정에도 매우 중요합니다.

잠자는 동안에도 우리의 뇌는 많은 일을 하고 발달을 시키고 있습니다. 낮 동안 일어났던 많은 일과 기억들을 정리하고 해결합니다. 특히 영유아기 때는 발달이 활발한 때라 더욱 중요합니다. 잠을 잘 못자게 되면 신체적으로 피곤하고 예민해지고, 까칠해질 수밖에 없습니다.

기분좋게 이것저것 습득하고 발달해야 하는 낮 시간에도 짜증내고 화를 내는 일이 많아져 집중력이 떨어지게 되고, 신체적 컨디션도 좋지 않아 활발한 몸놀이도 힘들게 됩니다. 때문에 신체발달, 학습능력 뿐 아니라 올바른 소통이나 또래관계에도 어려움이 따르게 됩니다.

또한 잠을 충분히 자지 못하면 아이의 정서발달과 행동 조절 등에도 문제가 생길 수 있습니다. 불안감이나 과잉행동, 두뇌 발달이 늦어지는 등의 문제를 가져올 수 있습니다. 잠자는 동안 지친 몸을 회복하고 재충전하기 때문입니다. 잠자는 동안 발달하는 뇌의 영역들이 있고, 잠을 잘 자야 정서적 안정감도 갖게 됩니다. 잠을 잘 자고 꿈도 꾸면서 아이들의 인지와 정서도 발달할 수 있기에 질 높은 수면을 할 수 있도록 도와주시기 바랍니다.

수면 교육은 생후 2~3개월부터도 충분히 가능하니 지금부터라도 좋은 수면 습관을 가지도록 해주세요. 잘못된 수면 습관이 있는 아이라도 3~4개월 일관성을 가지고 반복하면 좋은 수면 습관으로 바뀔 수 있습니다.

아이가 잠을 잘 자는 것은 건강한 발달에 매우 중요합니다. 충분히 잠을 잘수록 하루 동안 공부한 내용이 뇌에 잘 저장됩니다. 잠자는 시간을 우선 확보해 두세요.

14.

변기에서 대변을 보지 않으려고 해요. 방법이 있을까요?

일반 아이들도 대변 가리는 것이 고민이라고 하는데 느린 아이들은 더 어렵게 느껴집니다. 소통이 어렵기도 하고, 약한 신체 기능으로 인해 마음먹은 대로 할 수 없기 때문입니다.

대변을 볼 수 있으려면 감각기능과 신체발달이 잘 이루어져야 하는데 아이마다 불편해 하는 부분도 달라서 아이를 잘 관찰하고 그에 맞는 방법으로 접근하셔야 합니다.

제가 만난 아이들 중에도 대변을 제대로 보지 못해서 힘들어 했던 아이들이 있는데 원인이 제각각이었습니다. 변기에 앉아 힘을 쓰는 방법을 몰라서 서서 볼일 보는 아이, 촉감이 예민해서 변기의 차가운 온도가 싫어 화장실 가지 않고 참는 아이, 새로운 변화와 느낌이 싫어 대변을 보고 싶으면 기저귀를 채워 달라는 아이 등 다양했습니다.

이처럼 대변을 잘 보지 못하는 원인을 크게 살펴보면 대변 보는 방법을 모르거나, 감각이 예민한 경우, 또는 기존의 익숙한 방법을 추구하는 경향으로 나눌 수 있습니다.

첫째, 방법을 잘 모르는 경우

변기와 익숙해지도록 한 번씩 앉았다가 오는 것부터 시작하면 좋습니다. 책을 읽어주거나 동요 한 곡 정도 할 수 있을 만큼 조금씩 시간을 늘리시고, 즐거운 놀이처럼 하면 거부 반응이 줄어들 거예요.

기저귀에 대변을 보게 되면 아이와 함께 그것을 변기 속에 넣고 "다음부터는 변기에서 응가하자." 하고 알려주세요. 아이가 대변을 보는 시간이 짐작되면 미리 알려주고 차차 변기 이용을 시도해 보면 됩니다. 어느 순간 성공하게 되면 크게 칭찬해 주시고 보상도 해주면 더 좋을 거예요. 말로 소통하는 것이 어렵다면 행동이나 손짓으로도 표현할 수 있습니다.

하지만 느린 아이의 경우 몸의 근육이나 기능들이 미약해서 어떻게 힘을 모으고, 어떻게 대변을 밖으로 밀어내는지 모를 수 있습니다. 위에서 언급한 서서 볼일 보는 아동은 7세가 되어도 배에 힘을 주는 것이 어떤 건지 이해하지 못했습니다. 힘을 사용할 줄 몰라 서서 대변을 보려고 했지만 쉽지 않았습니다. 덕분에 매번 가정에서 관장을 해주곤 했습니다. 변기에 익숙해지는 연습, 근육을 조절하는 훈련과 복부 강화 운동, 변기 위에 올라가 쪼그려 앉아서 볼일 보는 연습 등을 하면서 6개월 정도 지난 후에 대변보는 게 가능했습니다. 이처럼 몸의 준비가 아직 미흡하다면 신체운동을 통하여 근육있는 몸을 만들고, 자기의 몸을 자유로이 조절할 수 있도록 도와주어야 합니다.

둘째, 감각이 예민한 경우

매일 다양한 감각활동을 통하여 감각이 안정되도록 도와주는 것이 필요합니다. 그리고 현재 불편한 부분을 우선적으로 해소해야 합니다. 변기의 차가운 촉감이 싫어 변기 사용하는 것이 힘든 아이라면 따뜻한 비데를 설치해 주는 것이 도움이 될 수 있습니다. 적응이 되면 비데의 온도를 낮추거나 끄고 변기 커버로 해보다가 서서히 변기 사용을 유도해 볼 수 있습니다. 겨울보다 여름에 하는 것이 변기 온도에 적응하는 데 도움이 되겠지요. 밖에서도 화장실을 갈 수 있도록 편하게 변기 사용을 할 때까지 지속적으로 연습해 주서야 합니다.

이처럼 감각이 예민한 아이라면 불편한 감각을 익힐 때까지 조금씩 접근하며 도와주는 것이 필요합니다. 불편하고 힘든 아이에게 억지로 앉히거나 다그친다면 아이는 더 불안감만 커지게 되고 회피하게 됩니다. 결국 아이가 그 감각을 수용할 수 있도록 도와주면 됩니다.

셋째, 기존의 습관화된 방법을 바꾸기

대변을 보고 싶을 때마다 기저귀를 채워 달라는 아이처럼 오랫동안 습관화된 것을 바꾸는 것이 힘든 아이들이 있습니다. 기저귀의 포근한 느낌이 좋아서 또는 기저귀를 벗는 것이 불안해서 등의 이유가 있을 수 있는데 기저귀가 아닌 변기로 바꾸는 연습이 필요합니다.

우선 화장실 근처나 화장실 안에서 대변을 보도록 연습합니다. 위에 소개한 아동의 경우 방구석진 곳에 숨어서 대변을 보곤 했는데 꼭 볼일을 보지 않아도 화장실을 잠깐씩 다녀오고, 변기에 앉는 연습부터 했습니다. 이후 기저귀를 차고 변기에 앉게 하고, 그러다가 점점 기저귀를 벗고 엄마 손을 잡고 대변을 보도록 했습니다. 기저귀를 벗는 것에 대한 불안이 심하여 10개월 정도 걸려 변기에서 대변 보는 게 가능해졌습니다. 물론 그 과정에서 아이가 울거나 도망가기도 했는데 엄마와 함께 "괜찮아."라는 말을 매일 해주며 안심을 시켜 주었습니다.

새로운 것에 적응하는 것이 유독 힘든 아이도 있습니다. 이런 경우에는 더 속도를 늦추시고 아주 조금씩, 천천히 교육하는 것이 좋습니다. 아이가 스스로 경험하고 마음의 준비가 되어야 하니까요. 부모가 조급해 하면 아이는 더 힘들 수밖에 없습니다.

이 외의 유형도 많습니다. 어떤 아이는 화장실 이야기만 꺼내도 울고 도망가고 불안함에 어쩔 줄 몰라 했습니다. 관찰해 보니 이 아이는 신체적 문제보다 정서적으로 긴장하고 무서움을 느끼는 경우였는데, 책에서 어떤 무서운 장면을 본 것이 화장실 같았습니다.

그래서 화장실을 갈 때마다 문을 열고 확인시켜 주었고, 힘이 센 선생님과 같이 가게 했으며 문을 쾅쾅 힘있게 열며 안심시켜 주었습니다. 시간이 지나자 화장실에 들어가게 되었고, 처음에는 선생님이 있어도 볼일만 보고 뛰어 나오더니 그 장소가 안심이 되자 편안하게 이용할 수 있게 되었습니다.

이처럼 느린 아이의 경우에는 몸의 발달 문제인지, 심리·정서적 문제인지, 또 다른 문제인지 아이를 잘 관찰하고 그에 맞게 접근하는 것이 중요합니다.

힘을 모으고 조절이 가능한지 체크해 주세요. 대변을 가리려면 항문을 조절하여 참기와 내보내는 것을 할 수 있어야 합니다. 대변 훈련이 아이에게 꼭 필요한 과제이지만 억지로 하거나 급하게 하면 부작용이 생길 수 있습니다. 규칙적으로 대변을 보고 준비가 되었을 때 시작하시기 바랍니다.

느린 아이라는 것을 발견했다면...

 마음 준비하기

느린 아이를 빠르게 수용할 수 있어야 합니다. 하루라도 시간을 아껴야 하기 때문입니다. 힘든 마음을 추스르고 아이가 좋아질 때까지 어떻게든 돕겠다고 결심하세요. 부모의 단단한 마음가짐이 중요합니다.

아이마다 다르지만 처음 2~3년 동안 후회없이 노력해 주세요. 매우 중요한 시기이고 많은 변화를 볼 수 있는 시기입니다. 부모가 믿어주고 이끌어주면 아이는 따라갑니다.

전문가와 상담한다

가까운 병원(소아과, 소아정신과, 재활과 등)이나 발달센터, 지역마다 있는 특수교육지원센터 등 꼭 전문기관에서 상담하세요. 종합병원 대기가 길면 빠르게 상담 가능한 곳을 찾아가도 좋습니다. 2~3군데 방문하여 아이의 상태를 잘 이해하는 것이 중요합니다. 발달 전반에 따른 종합검사를 할 수 있습니다. 또는 가장 불안하고 궁금한 일부영역을 검사할 수도 있습니다.

 ## 정확한 진단을 한다

중요한 것은 아이의 현재 수준을 잘 파악하는 것입니다. 신체, 언어, 인지, 사회성 등의 영역에서 또래보다 얼마나 느린지 위에서 말한 검사를 통해 알 수 있습니다.

단순 발달지연인지, 자폐 스펙트럼과 같은 발달장애에 해당하는지 등의 소견도 들을 수 있습니다. 특이한 증상이 있다면 추가검사(예 : 유전, 염색체 이상 등)를 하기도 합니다.

느린 정도가 6개월 미만이면 가정에서 좀 더 관심을 가지고 노력해 보세요. 하지만 6개월 이상 느리다면 전문기관에서 교육을 시작해야 합니다.

정보를 수집하고 공부한다

느린 아이 발달에 대한 기본적인 이해를 해야 합니다. 관련 서적, 논문, 웹사이트, 전문가의 강의 등을 참고해 보세요. 심리적인 부분은 가족이나 지인과 나눠도 되지만 아이에 대한 정보는 전문서적이나 사이트, 전문가에게 얻으셔야 합니다.

전문기관에서 교육을 시작한다

병원, 발달센터, 복지관, 특수교육지원센터 등에서 전문적인 교육을 하시기 바랍니다. 가급적 아이의 전반적인 부분을 다룰 수 있는 통합교육 기관에서 하는 것이 좋습니다. 통합교육 기관은 아이에 대한 종합적인 상담과 수업이 가능한 곳을 의미합니다.

☺ 집중적인 교육
앞부분에서 말씀드린 것처럼 한 곳만 느린 경우는 드뭅니다. 몸, 말, 생각, 어울림 등 발달 단계에서 채우지 못하고 지나온 것이 있다면 함께 집중하여 교육해 주셔야 합니다.

감각과 신체발달(예 : 감각통합, 특수체육, 심리운동)을 위한 교육은 기본으로 해 주시고 아이가 어려움을 겪는 언어, 인지, 사회성 등을 추가로 하는 것이 좋습니다.

☺ 환경적으로 할 수 있는 만큼만 한다.

전문기관에서 많은 프로그램, 많은 시간을 해주면 좋겠지만 경제적 비용과 시간, 체력, 환경여건 등을 고려하셔서 할 수 있는 만큼만 하시면 됩니다. 부족한 시간은 가정에서 도와 주시면 됩니다.

 가정에서 반복하여 훈련한다

느린 아이기에 또래보다 2배 이상의 시간이 필요한 경우가 많습니다. 전문기관에만 의지하지 마세요. 전문기관에서 최소한의 교육을 하더라도 전문가의 피드백을 받을 수 있습니다. 피드백을 바탕으로 부족한 시간을 가정에서 훈련해 주시면 됩니다.

매일 20분씩 아이에게 시간을 내어 주세요. 반복하여 알려 주세요. 그날 배운 것, 피드백 받은 것, 아이에게 부족한 것 어떤 거라도 좋습니다.

장·단기 계획을 세우고 실천 한다

☺ 단기목표

아이가 현재 가장 필요로 한 것, 환경적으로 가능한 것을 생각하여 우선 순위를 정하세요.

말을 못하면 말하기 위한 언어수업, 걷거나 신체발달이 느리면 특수체육, 감각통합 수업, 그 외에도 인지수업, 사회성 수업 등 가장 빨리 해결해야 할 부분 먼저 시작하세요.

이때에도 감각과 신체발달에 관한 교육은 기본적으로 같이 하는 것이 좋습니다.

┃ 기본 의사소통 능력 기르기

눈맞춤, 호명반응, 지시따르기, 말하기 등 자신의 필요와 감정을 표현할 수 있고 상대방의 말과 행동에도 반응할 수 있는 것이 중요합니다. 구체적으로 목표를 정하고 실천하는게 좋습니다. 예를 들어 하루에 '엄마'를 100번 들려주기, 물 달라고 하면 '물'이라는 말을 3번 이상 말하고 주기입니다. 1개의 단어를 터트리거나 행동을 하게 되면 이후에는 좀 더 빨라집니다.

예) 가장 많이 보고 듣는 "엄마", "아빠" 말하기, 불렀을 때 "네", 요구할 때 "주세요" 하기, 손을 흔들며 싫다는 표현, 끄덕이며 좋다는 표현 등 최소한의 소통이 가능하도록 연습하기

사회적 기술 익히기

친구나 어른을 만났을 때 인사하기, '감사합니다(고마워).'와 같은 감사 표현, '죄송합니다(미안해).'와 같은 화해 표현을 익혀서 사람들과 좋은 관계를 형성할 수 있도록 도와 주세요. 또한 줄서서 그네타기, 식탁에 앉아서 밥먹기 등과 같은 사회적 기술을 연습해 주세요.

자조 능력 키우기

아이가 스스로 할 수 있는 것들을 해내도록 가르치고 연습해 주세요. 처음 혼자 걸을 수 있을 때 아이는 온 세상이 내것처럼 느껴집니다. 심부름하기, 과자봉지 쓰레기통에 버리기 등 간단한 집안일도 시켜 보세요. 스스로 하는 것들이 많아질수록 자존감과 독립성을 높일 수 있습니다.

예) 혼자 옷 입기, 양치하기, 세수하기, 신발신기, 장난감 정리 등

기초인지 능력 가르치기(PART 2-5참고)

아이 수준에서 배우고 이해할 수 있는 기초인지 영역을 일상에서 수시로 알려 주세요.

아이와 걷다가, 놀이하다가, 간식 먹다가 한 번씩 알려 주면 됩니다.

예) 색깔, 숫자, 모양 배우기. 간식이 "많다, 적다." 말해주기

☺ 장기목표

아이의 성장속도에 맞춰 목표를 설정하시면 됩니다.

| 일상에서의 의사소통 향상

최소한의 단어로 소통했다면 이제는 문장으로 대화할 수 있도록 연습합니다.

"엄마, 물 주세요.", "할머니, 간식 주세요." 정도의 3어절로 다양한 상황에서 적절하게 말할 수 있도록 합니다. 잘하게 되면 문장을 늘려 주세요. 또한 질문하고 답하며 의견을 표현하는 연습도 해 주세요.

| 감정 느끼고 표현하기

아이가 자신의 감정을 느끼고 표현할 수 있도록 연습합니다. 부모의 표정이나 감정 카드, 자신의 얼굴표정 등을 보면서 익히고 상황에 맞는 감정을 표현하도록 합니다.

| 어울림 향상 시키기

또래관계에서 어떻게 해야 하는지 방법을 알려주시고 또래들과 어울릴 기회를 갖습니다. 예를 들어 장난감을 서로 갖겠다고 다투는 갈등상황에서 어떻게 말하고, 어떻게 대처해야 하는지 알려 주세요. 역할놀이를 통해 반복하여 가르쳐 주시면 됩니다.

예) 이웃, 지인 등을 만나 또래들과 놀게 해주기, 소규모 그룹놀이

에 참여 시키기

사회생활 익히기

- 가정 : 혼자 씻기, 간단한 요리하기, 식사한 그릇 갖다주기, 집안 일 돕기 등
- 학교 : 스스로 책가방 정리, 알림장 전달, 과제하기, 도서실 이 용, 혼자 학교 가기, 규칙 지키기, 자기 물건 챙기기 등
- 교통 : 자전거 타기, 버스 타기, 지하철 타기 연습, 안전 교육하 기(신호등 건너기 등)
- 경제 : 화폐 개념 익히기, 물건 비교하며 거래방법 배우기, 용돈 기입장 작성하기, 은행에 예금하기 등

이 외에도 취미활동, 자원봉사 기회, 체험활동이나 문화행사 참여 의 경험을 통해 다양한 경험을 쌓는 것이 좋습니다.

기초 학습 시키기

기초적인 읽기와 쓰기, 수학 개념, 기본연산 등 학습을 위한 기초 를 다질 수 있도록 도와 주세요. 아이의 관심과 능력에 맞는 학습방 법(예 : 시각자료, 감각자료, 청각자료 등)을 찾고, 천천히 반복하여 알려 주세요. 구체적인 목표를 잡고 성공하는 경험을 제공하는 것이 좋습 니다.

재검사를 해본다

아이가 어느 정도 발달이 향상되었는지, 어떤 부분이 아직 부족한지 점검하고 필요에 따라 교육 계획이나 방법을 조정해 보시기 바랍니다.

아이마다 현재 수준도, 성장하는 속도도 다릅니다. 중요한 것은 몸, 말, 생각, 어울림의 전반적인 발달이 어느 한 곳으로 치우치지 않고 균형을 이루는 것입니다. 어쩌면 짧을 수도, 길 수도 있는 과정에서 다른 아이와 비교하며 실망하지 않기를 바랍니다. 가장 늦을 것 같던 아이가 뒤늦게 성큼 뛰어올라 앞으로 나아가는 것을 많이 경험했습니다. 아이를 믿어주고 부모가 포기하지 않는다면 아이도 그 기대에 부응하기 위해 힘쓸 것입니다.

별은 먼 곳에서 오랜시간을 달려와 우리 곁에 이르렀을 때 반짝이며 빛을 냅니다. 우리 아이도 이 시간을 지나 별처럼 빛날 것입니다. 지치지 마시고, 미리 안 된다고 하지 마시고 아이와 함께할 수 있는 선물같은 하루를 힘차게 채우시기 바랍니다.

부록
Appendix

발달 체크리스트

(0~9세용)

□ 이 질문지는 만 0~9세 아동을 위한 질문입니다.

□ 각 질문 항목에 대하여 해당 사항에 ∨ 표시 하십시오.
만약, 아이가 질문 내용을 할 수 있는지 모르는 경우 직접 시켜보고 답해
주십시오.

□ 평가점수 : 가능 10점, 가끔(10번 중 3~4번) 5점, 불가능 0점

□ 각 영역별 100점 만점, 총 400점입니다.

□ 결과

334점 이상 : 비교적 양호

이 단계의 아이는 그들의 연령대에서 기대할 수 있는 발달 목표를
대부분 달성하였습니다. 지금처럼 건강함을 유지하도록 잘 지도해
주세요.

201~333점 : 조금 더 노력이 필요

아이가 대부분의 항목에서 높은 점수를 받았지만, 일부 항목에서는 중간점수 또는 저점을 받았을 가능성이 있습니다. 이 단계의 아이는 대체로 잘 성장하고 있지만, 특정 영역에서는 추가적인 지원이 필요할 수 있습니다. 건강한 발달을 위한 교육과 훈련, 가정코칭을 통하여 아이의 성장을 도와 주세요.

200점 이하 : 전문가 상담 필요

아이가 대부분의 항목에서 중간점수 또는 저점을 받았다는 것을 의미합니다. 이 단계의 아이는 여러 발달 영역에서 지연되거나 어려움을 겪고 있을 수 있으므로, 전문가의 도움이 필요합니다.
또한 건강한 발달을 위한 교육과 훈련, 가정코칭을 통하여 아이의 성장을 도와 주세요.

이 체크리스트는 아이의 발달 단계를 대략적으로 파악하는 데 도움이 될 수 있습니다. 하지만 아이마다 발달 속도와 방식은 다르므로, 이 점수는 참고용으로만 사용하시기 바랍니다. 만약 아이의 발달에 대한 우려가 있다면, 전문가와 상담하는 것이 가장 좋습니다.

신체발달 체크리스트

문항	항 목	평가		
		가능	가끔	불가능
	1~6개월			
1	등을 대고 누운 자세에서 반쯤 뒤집는다.			
2	엎드려 놓으면 고개를 잠깐 들었다 내린다.			
3	누운 자세에서 두 팔을 잡고 일으켜 앉힐 때 목이 뒤로 쳐지지 않고 따라 올라온다.			
4	엎드린 자세에서 가슴을 들고 양팔로 버틴다.			
5	엎드린 자세에서 뒤집는다.			
6	손을 폈다가 주먹을 쥐곤 한다.			
7	손 가까이 있는 물건을 잡는다.			
8	등을 대고 누운 자세에서 두 손을 가슴 부분에 모은다.			
9	손에 딸랑이를 쥐어 주면 잠시 쥐고 있는다.			
10	손 가까이 있는 물건을 잡는다.			

문항	항 목	평가		
		가능	가끔	불가능
	7~12개월			
1	몸을 받쳐주면 머리를 자유롭게 움직인다.			
2	누워서 몸을 좌우로 뒤집는다.			
3	두 개의 물건을 양손에 각각 따로 쥔다.			
4	크레용으로 낙서를 할 수 있다.			
5	5초 이상 혼자 서 있는다.			
6	기구를 붙잡고 일어선다.			
7	줄을 잡아당길 수 있다.			
8	우유병을 혼자서 잡고 먹는다.			
9	손가락으로 물건을 찌르거나 작은 물건들을 손가락으로 긁어 모으거나 집기가 가능하다.			
10	손을 뻗어 앞에 있는 물체를 잡는다.			

329

13~18개월				
		평가		
문항	항 목	가능	가끔	불가능
1	한 손을 잡아주면 몇 걸음 걷는다.			
2	소파나 탁자 위로 기어 올라간다.			
3	난간을 붙잡고 한 계단에 양발을 모으고 한발씩 올라간다.			
4	정지되어 있는 공을 발로 찬다.			
5	쪼그리고 앉은 자세에서 아무것도 붙잡지 않고 혼자서 일어선다.			
6	뒤뚱거리며 달린다.			
7	블록을 2개 쌓는다.			
8	잡고 있던 물건을 놓치지 않고 내려놓는다.			
9	장난감 자동차를 잡고 바퀴가 앞으로 굴러가도록 한다.			
10	2개 물체의 관계를 이해하기 시작해서 쌓거나 통에 넣었다 빼기 등의 놀이를 반복해서 즐긴다.			

19~24개월				
		평가		
문항	항 목	가능	가끔	불가능
1	계단의 가장 낮은 층에서 두발을 모아 바닥으로 뛰어내린다.			
2	벽면 전등 스위치를 켜고 끈다.			
3	서있는 자세에서 머리위로 팔을 높이 들어 공을 앞으로 던진다.			
4	난간을 붙잡고 한발씩 번갈아 내딛으며 계단을 올라간다.			
5	발뒤꿈치를 들고 발끝으로 네 걸음 이상 걷는다.			
6	숟가락을 바르게 들어 음식물을 입에 가져간다.			
7	이동운동(걷기, 뛰기, 오르기 등)을 잘 할 수 있다.			
8	문손잡이를 돌려서 연다.			
9	조작운동(던지기, 받기, 굴리기, 들어올리기 등)을 할 수 있다.			
10	블록을 4개 쌓는다.			

25~30개월

문항	항목	평가		
		가능	가끔	불가능
1	제자리에서 양발을 모아 깡충 뛴다.			
2	계단의 가장 낮은 층에서 두발을 모아 바닥으로 뛰어내린다.			
3	서있는 자세에서 머리 위로 팔을 높이 들어 공을 앞으로 던진다.			
4	발뒤꿈치를 들고 발끝으로 네 걸음 이상 걷는다.			
5	난간을 붙잡고 한발씩 번갈아 내딛으며 계단을 올라간다.			
6	평균대를 바닥에서 8cm 높이로 놓고 그 위로 조금씩 걷는다.			
7	혼자서 미끄럼틀을 오르고, 타고 내려온다.			
8	조립하는 장난감을 옆으로 나란히 나열하거나 위로 높이 쌓기가 가능하다. (예 : 레고놀이)			
9	바구니에 안에 있는 공을 쏟아내고 채우기를 반복할 수 있다.			
10	병뚜껑을 열고 닫을 때 손목을 돌려서 사용 할 수 있다.			

31~36개월

문항	항목	평가		
		가능	가끔	불가능
1	까치발로 서 있을 수 있다.			
2	달리다가 멈출 수 있다.			
3	난간을 잡고 계단을 오르내릴 수 있다.			
4	공을 어깨너머로 던질 수 있다.			
5	아무것도 붙잡지 않고 한 발로 1초간 서 있는다.			
6	가위를 활용해 색종이를 오릴 수 있다.			
7	신발 끈 구멍에 끈을 끼운 후 빼낸다.			
8	주먹을 쥐고 엄지 손가락을 움직인다.			
9	큰 공을 던져주면 양팔과 가슴을 이용해 받는다.			
10	두발을 차례로 놓는 방법으로 사다리 다섯 칸을 오르고 내려온다.			

37~48개월				
문항	항 목	평가		
		가능	가끔	불가능
1	아무것도 붙잡지 않고 한 계단에 양발을 모으고 한발씩 계단을 내려간다.			
2	선을 따라 똑바로 앞으로 걷는다.			
3	제자리에서 두발을 모아 멀리뛰기를 한다.			
4	아무 것도 붙잡지 않고 한 발로 3초 이상 서 있는다.			
5	한발로 2~3발자국 뛴다.			
6	숟가락을 이용하여 쌀이나 통을 다른 컵에 옮길 수 있다.			
7	혼자서 신발을 신을 수 있다.			
8	단순한 매듭을 한 번 묶을 수 있다.			
9	블록으로 모형을 만들 수 있다. (예 : 단순한 집, 다리, 계단 등)			
10	큰 공을 던져주면 양팔과 가슴을 이용해 받는다.			

49~60개월				
문항	항 목	평가		
		가능	가끔	불가능
1	가위를 사용하여 직선을 따라 종이를 오릴 수 있다.			
2	두 팔을 리듬감 있게 움직이면서 걷는다.			
3	굴러가는 공에 발을 갖다 댄다.			
4	한 발로 깡충 뛴다.			
5	발을 바꿔가며 혼자서 계단을 오르내린다.			
6	철봉에 매달려서 몸을 앞뒤로 흔든 후 혼자서 내려온다.			
7	밧줄을 잡아당길 수 있다.			
8	피라미드 모양을 블록으로 쌓는다.			
9	다양한 장애물을 아래위로, 돌아서 피한다.			
10	단추를 끼우고 풀기가 가능하다.			

6세

문항	항목	평가		
		가능	가끔	불가능
1	젓가락으로 콩을 옮길 수 있다.			
2	발을 바꿔가며 혼자서 계단을 뛰어 오르내린다.			
3	줄넘기를 1회 할 수 있다.			
4	넘어지지 않고 제자리에서 두발 모아 10번 깡충 뛰기를 한다.			
5	다른 친구와 가느다란 줄로 30초간 줄다리기를 한다.			
6	철봉에 뛰어올라 철봉대에 턱을 올리고 2~5초간 머물다 내려온다.			
7	도움 없이 미끄럼틀 사다리를 올라가고 미끄럼틀을 타고 내려온다.			
8	발을 바꿔가며 사다리를 오르내린다.			
9	테니스공, 골프공과 같은 작은 공을 손에 쥐고 던질 수 있다.			
10	라켓을 들고 공을 칠 수 있다.			

7세

문항	항목	평가		
		가능	가끔	불가능
1	굴러가는 공을 발로 세운다.			
2	거리에서 테니스공 크기의 공을 던지면 두 손으로 잡는다.			
3	혼자서 한번 이상 줄넘기를 한다.			
4	무릎 아래 높이로 메어져 있는 줄을 뛰어 넘을 수 있다.			
5	한발씩 번갈아 들고 뛴다.			
6	두 손으로 한 발을 잡고, 세 발자국 이상 뛴다.(닭 싸움 자세)			
7	리본 묶기로 운동화 끈을 묶을 수 있다.			
8	주전자나 물병의 물을 거의 흘리지 않고 컵에 붓는다.			
9	공을 바닥에 한 번 튕길 수 있다.			
10	굴러가는 공을 발로 찰 수 있다.			

8~9세			
문항	항 목	평가		
		가능	가끔	불가능
1	줄넘기를 할 수 있다.			
2	도움 없이 평균대를 자유롭게 오르고 내려올 수 있다.			
3	도움 없이 계단오르기를 자유롭게 할 수 있다.			
4	두발 자전거를 탈 수 있다.			
5	넘어지지 않고 빠르게 달리기를 할 수 있다.			
6	목표물을 보고 공던지기를 할 수 있다.			
7	2~3km 정도 걸을 수 있다.			
8	축구, 야구, 수영 등 성인이 할 수 있는 스포츠 활동에 참여할 수 있다.			
9	정교하게 소근육을 쓸 수 있다. ex) 악기 연주, 종이접기			
10	구름 사다리를 매달리며 건너갈 수 있다.			

언어 체크리스트

문항	항 목	평가		
	1~6개월	가능	가끔	불가능
1	말하는 이의 얼굴을 쳐다본다.			
2	사람을 보고 미소 짓는다.			
3	/ㅎ/, /ㅋ/, /ㅂ/과 비슷한 자음과 소리를 낸다.			
4	소리가 나는 쪽을 쳐다본다.			
5	아동의 이름을 부르면 반응한다.			
6	'아, 우, 이' 등의 의미 없는 발성을 한다.			
7	'바, 다, 마, 파'와 같은 모음에 여러 자음을 첨가한다.			
8	아이를 어르거나 달래면 옹알이로 반응한다.			
9	웃을 때 소리를 내며 웃는다.			
10	두 입술을 떨어서 내는 투레질 소리를 낸다.			

문항	항 목	평가		
	7~12개월	가능	가끔	불가능
1	"안돼, 만지지 마."하면 하던 동작을 멈춘다.			
2	원하는 것을 손가락으로 가리킨다.			
3	자신의 이름을 부를 때 음성으로 반응한다.			
4	거부할 때 고개를 흔들고 몇 개의 몸짓 언어를 사용한다.			
5	'바바', '다다' 등의 반복된 음절을 사용한다.			
6	말로 하는 익숙한 지시에 따르려고 한다.			
7	'아빠', '엄마' 등의 낱말을 3개 이상 의미 있게 사용한다.			
8	간단한 물체를 부분적인 낱말로 표현한다. (예 : 우유→우, 아기→아)			
9	엄마의 상냥한 말투와 화난 말투를 구별해 반응한다.			
10	동작을 보여주지 않고 말로만 '빠이빠이', '짝짜꿍', '까꿍'을 시키면 최소한 1가지를 한다.			

13~18개월

문항	항 목	평가 가능	평가 가끔	평가 불가능
1	물체가 보이지 않아도 약 10개의 익숙한 낱말을 이해한다.			
2	'~을 줘', '~을 집어 줘.' 등 간단한 요구에 따른다.			
3	"아빠 어디 있니?" 등의 간단한 물음을 이해한다.			
4	보이는 곳에 공을 두고 "공이 어디 있어요?" 하고 물어보면 공이 있는 방향을 쳐다 본다.			
5	'아니'와 같이 싫다는 뜻을 가진 말의 의미를 알고 사용한다.			
6	아이에게 익숙한 물건(전화기, 자동차, 책 등)을 그림에서 찾으라고 하면 손으로 가리킨다.			
7	"야옹이는 어디 있어요?", "멍멍이는 어디 있어요?"라고 물었을 때 그림이나 사진을 정확하게 가리킨다.			
8	그림책 속에 등장하는 사물의 이름을 말한다. (예 : 신발을 가리키며 "이게 뭐지?" 하고 물으면 신발이라고 말한다.)			
9	친근한 사람 또는 장난감에 대하여 물어 보면 손으로 지적한다.			
10	몸짓 없이 낱말 사용만으로 사물을 요구한다.			

19~24개월

문항	항 목	평가 가능	평가 가끔	평가 불가능
1	"차를 집어서 이리로 가져와라." 등의 연속적인 2~3개의 간단한 명령에 따른다.			
2	간단한 질문에 반응할 수 있다.			
3	'나', '이것', '저것' 같은 대명사를 사용한다.			
4	단어의 끝 억양을 높임으로써 질문의 형태로 말한다.			
5	자기 물건에 대해 '내 것'이란 표현을 한다.			
6	손으로 가리키거나 동작으로 힌트를 주지 않아도 "식탁 위에 컵을 놓으세요."라고 말하면 아이가 정확하게 행동한다.			
7	'엄마', '아빠' 외에 8개 이상의 단어를 말한다.			
8	10가지 이상의 간단한 동사를 이해한다.			
9	세부적인 신체 부위를 지적한다. (예 : 눈썹, 뺨 등)			
10	장소에 대한 질문을 이해할 수 있다.			

25~30개월

문항	항 목	가능	가끔	불가능
1	수량을 나타내는 낱말을 이해한다.			
2	선택적 질문에 답할 수 있다.(예 : 사탕 줄까? 과자 줄까?)			
3	"이름이 뭐예요?"하고 물으면 성과 이름을 모두 말한다.			
4	친숙한 성인의 행동을 모방하면서 그 성인의 언어를 구사한다.			
5	'~했어요'와 같이 과거형으로 말한다.			
6	'예쁘다' 또는 '무섭다' 등의 뜻을 안다.			
7	'할아버지, 할머니, 오빠(형), 누나(언니), 동생'과 같은 호칭을 정확하게 사용한다.			
8	일상적인 동작이 표현된 그림에 대한 질문에 적절하게 대답한다.			
9	경험한 일에 대해 간단히 말할 수 있다.			
10	도구 사용에 대한 질문에 대답한다.(예 : 포크, 수저, 칼 등)			

31~36개월

문항	항 목	가능	가끔	불가능
1	'나', '너'를 다르게 표현한다.			
2	'~할 거예요', '~하고 싶어요'와 같이 미래에 일어날 일을 상황에 맞게 표현한다.			
3	'-은, -는, -이, -가'와 같은 조사를 적절히 사용하여 문장을 완성한다. (예 : 고양이는 '야옹'하고 울어요, 친구가 좋아요.)			
4	'하나, 한 개'의 개념을 이해 한다.			
5	'앵두 같은 입술', '솜사탕 같은 구름' 등 간단한 비유를 이해한다.			
6	'왜' 등의 원인에 관한 질문을 이해한다.			
7	두 가지 물체와 동작이 포함된 명령에 따른다. (예 : 공하고 연필을 가지고 와서 아빠한테 줘.)			
8	물체를 분류하는 총체적인 낱말들을 이해한다. (예 : 과일, 채소, 차, 동물 등)			
9	그리고, 그러나를 사용하여 문장을 연결한다.			
10	"쉬~ 마려워요."라고 배설 욕구를 말로 표현한다.			

37~48개월

문항	항 목	평가		
		가능	가끔	불가능
1	가족 이외의 사람도 이해할 수 있을 정도로 모든 단어의 발음이 정확하다.			
2	그림 속의 동작을 이해한다.			
3	3개의 숫자를 순서대로 반복한다.			
4	'배가 아프면 병원에 간다'와 같이 상황을 설명한다.			
5	구어(말을 표현하는) 속도가 증가한다.			
6	행복, 슬픔, 또는 분노의 표정을 그림에서 구별한다.			
7	장난감을 색깔, 크기, 모양 및 기능으로 설명한다.			
8	30까지의 숫자를 외워서 센다.			
9	말을 하는 동안 더듬거나 말이 막히고, 호흡이 자연스럽지 못하며, 얼굴을 찡그리는 경우가 있을 수 있다.			
10	반향어(따라하는 말)를 사용할 때도 있다.			

49~60개월

문항	항 목	평가		
		가능	가끔	불가능
1	단어의 뜻을 물어본다.			
2	긴 이야기를 정확하게 연결한다.			
3	5개이상의 단어를 문장으로 이야기할 수 있다.			
4	읽기에 관심을 보인다.			
5	그 날 있었던 일을 이야기한다.			
6	'왜', '어떻게' 의문사를 사용하여 질문한다.			
7	동사, 형용사와 결합하여 부정어로 사용한다. (예 : 밥 먹기 싫어, 이거 안 예뻐 등)			
8	대부분 적절한 문법을 사용한다.			
9	일주일을 순서대로 말한다.			
10	생리적 욕구(예 : 춥다, 배고프다, 피곤하다, 졸리다)를 표현하는 말을 이해하고, 적절하게 사용한다.			

6세

문항	항 목	평가		
		가능	가끔	불가능
1	친숙한 단어의 반대말을 말한다.(예 : 덥다/춥다, 크다/작다)			
2	간단한 농담이나 빗대어 하는 말의 뜻을 알아차린다.			
3	단어의 뜻을 물어보면 설명한다.(예 : "신발이 뭐야?"라는 질문에 "밖에 나갈 때 신는 거요"와 같은 대답을 할 수 있다.)			
4	"만약~ 라면 무슨 일이 일어날까?"와 같이 가상의 상황에 대한 질문에 대답한다.(예 : 동생이 있으면 어떨까?)			
5	종성에서 'ㅇ'자음을 정확하게 사용한다.			
6	간단한 동요를 듣고 모방한다.			
7	네 가지 사건을 순서대로 전개하여 자신의 경험이나 동화를 이야기한다.			
8	사물이 무엇으로 만들어졌는지를 이해하고 질문에 대답한다. (예 : 나무, 플라스틱)			
9	'왜'라는 말에 이유를 말한다.			
10	주소를 말한다.			

7세

문항	항 목	평가		
		가능	가끔	불가능
1	끝말잇기를 한다.			
2	자기 이름이나 2~4개의 글자로 된 단어를 보지 않고 쓸 수 있다.(예 : 동생, 신호등, 대한민국)			
3	철자를 외운다.(ㄱ, ㄴ, ㄷ…)			
4	간단한 속담을 이해하고 사용한다. (예 : '누워서 떡 먹기'와 같은 속담을 적절하게 사용한다.)			
5	종성에서 모든 자음을 정확하게 사용한다.(예 : 땅콩, 만두, 기린)			
6	3단어 이상의 문장으로 일상 사물의 기능을 설명한다.			
7	'~후에/나중에'의 의미를 이해하고 사용한다.			
8	이름이나 쉬운 단어 2~3개를 보고 읽는다.			
9	'가장 많은', '가장 적은', '조금'을 이해하고 표현할 수 있다.			
10	세 가지 사물을 비교하여 말할 수 있다.			

339

8~9세				
문항	항 목	평가		
		가능	가끔	불가능
1	농담, 수수께끼 같은 언어적 놀이를 할 수 있다.			
2	책을 읽고 의견을 말할 수 있다.			
3	제2 외국어 학습이 가능하다.			
4	일기 쓰기에서 접속부사 '그리고, 그런데, 그래서'를 사용할 수 있다.			
5	정확한 정보와 잘못된 정보를 구분할 수 있다.			
6	이야기의 줄거리를 말할 수 있다.			
7	자신의 사고나 행동에 대해 객관적인 관점에서 바라보고 말할 수 있다.			
8	'더 크다', '더 작다' 등 비교 문장 사용이 원활하다.			
9	친구들끼리 싸워도 울거나 이르기보다 자신의 상황을 말로 이야기할 수 있다.			
10	선생님이나 친구들에게 이야기하는 형식으로 글쓰기가 가능하다.			

인지 체크리스트

0~6개월

문항	문제 항목	평가		
		가능	가끔	불가능
1	호명하면 쳐다보거나 반응한다.			
2	자기 손과 손가락을 자세히 바라본다.			
3	어른이 안으려고 하면 팔을 벌린다.			
4	딸랑이를 흔들거나 바라보거나 입에 넣는 등 딸랑이를 가지고 논다.			
5	소리 나는 곳을 쳐다본다.			
6	눈 앞에서 장난감을 움직이면 시선이 장난감의 움직임을 따라간다.			
7	입으로 물건을 가져가기 시작한다.			
8	어떤 소리를 듣고 있다가 새로운 소리가 들리면 거기로 관심을 돌린다.			
9	상자 안에서 물건을 꺼낸다.			
10	부분적으로 감춰진 장난감을 찾을 수 있다.			

7~12개월

문항	문제 항목	평가		
		가능	가끔	불가능
1	굴러가는 공을 따라서 계속 쳐다본다.			
2	그림책에 재미있는 그림이 있으면 관심 있게 쳐다본다.			
3	리듬에 맞추어 몸을 움직인다.			
4	낙서를 흉내 낸다.			
5	어른이 아이가 내는 소리를 따라하면, 아이가 다시 그 소리를 따라 한다.			
6	장난감에 있는 버튼을 눌러 소리가 나게 한다.			
7	두 물건을 서로 부딪치는 흉내를 낼 수 있다.			
8	아이가 보는 앞에서 작은 장난감을 컵으로 덮으면 컵을 열어 장난감을 찾는다.			
9	장난감을 멀리 옮기면 저항한다.			
10	다른 사람의 역할을 흉내 낸다. (엄마처럼 인형에게 칭찬하거나 야단을 친다.)			

13~18개월			
문항	문제 항목	평가		
		가능	가끔	불가능
1	아이에게 요구를 하면 다른 방에서 물건을 가져온다. (예 : 옆 방에서 기저귀를 가져오라고 시키면 기저귀를 가져온다.)			
2	동그라미, 네모, 세모와 같은 간단한 도형 맞추기 판에 1조각을 맞춘다.			
3	지시에 따라 신체 부위 3개를 가리킨다.(예 : 눈, 코, 입, 귀)			
4	두 개의 연속적인 지시를 따른다.(예 : 휴지 가지고 와서 물을 닦아.)			
5	그림책에 나온 그림과 같은 실제 사물을 찾는다. (예 : 열쇠 그림을 보고 실제 열쇠를 찾는다.)			
6	두 개의 같은 물건을 짝지을 수 있다.			
7	2분 이상 원하는 사물에 흥미를 유지한다.			
8	더 많은 행동을 모방한다.(예 : 인형을 가볍게 두드리기)			
9	작은 사물을 집을 수 있다.			
10	갖고 싶은 장난감이 방해물 뒤에 놓여 있더라도 가져올 수 있다.			

19~24개월			
문항	문제 항목	평가		
		가능	가끔	불가능
1	지시에 따라 신체부위 5개 이상을 가리킨다.(예 : 눈, 코, 입, 귀, 팔)			
2	한 가지 사물을 다른 것에 대한 상징물로 사용한다. (예 : 블록을 다리미라고 하며 논다.)			
3	동물 그림과 동물 소리를 연결한다.			
4	2개의 물건 중에서 큰 것과 작은 것을 구분한다.			
5	빨간, 노란, 파란 토막들을 섞어 놓으면 같은 색의 토막들끼리 분류한다.			
6	동그라미, 네모, 세모와 같이 간단한 도형 맞추기 판에 3조각 이상 맞춘다.			
7	'많다-적다'와 같은 양의 개념을 이해한다.(예 : 사탕 2개와 사탕 6개를 놓고 어떤 것이 많은지 물었을 때 많은 것을 가리킬 수 있다.)			
8	원하는 장난감을 갖기 위해 장난감이 들어있는 통을 뒤집는다.			
9	'치카치카'라고 하면 손을 입에 가져다 댄다.			
10	심부름을 시켰을 때 인지하고 행동한다. (예 : 공을 아빠한테 가져다주라고 하면 전달한다.)			

25~30개월

문항	문제 항목	평가		
		가능	가끔	불가능
1	2개의 선 중에서 긴 것과 짧은 것을 구분한다.			
2	'하나'라는 개념을 이해한다. (예 : 사탕 3개를 책상 위에 놓고 "한 개 주세요."라고 하면 한 개를 줄 수 있다.)			
3	책을 볼 때 페이지를 맞추어 넘긴다.			
4	크기가 다른 3개의 사물을 놓고 '가장 큰 것', '중간 크기의 것', '가장 작은 것'을 구분한다.			
5	'안, 밖, 사이'와 같은 공간에 대한 개념을 이해한다. (예 : "컵을 상자 안에 넣어"라고 시키면 그대로 따라 할 수 있다.)			
6	연관성이 없는 두 가지 지시사항을 순서대로 기억하여 수행한다.(예 : 휴지 버리고 책 가지고 와.)			
7	수직선, 수평선, 원을 모방하여 그린다.			
8	장난감을 공유하고 적절하게 차례 지키기를 한다.			
9	쓰기와 그리기에 흥미를 보이기 시작한다.			
10	블록의 같은 색깔을 인지할 수 있다.			

31~36개월

문항	문제 항목	평가		
		가능	가끔	불가능
1	다른 사람이 한 말을 전달한다.			
2	5가지 이상의 색깔을 정확하게 구분한다.			
3	사람(예 : 엄마, 아빠)을 그리라고 하면 신체의 3부분 이상을 그린다.			
4	물건을 하나씩 열까지 센다.			
5	아침, 점심, 저녁, 오늘, 내일 등 시간의 개념을 이해한다.			
6	최근에 경험한 것을 말한다.			
7	사물을 비교한다.			
8	다른 사람에게 허락을 구하기 시작한다.			
9	성별과 관련된 어휘를 안다.			
10	직업과 사물을 관련시킨다.(의사-청진기)			

37~48개월

문항	문제 항목	평가		
		가능	가끔	불가능
1	세 개의 선을 놓고 길이 비교가 가능하다.			
2	주어진 밑그림에 적절한 색깔을 고르고 칠할 수 있다.			
3	1부터 10까지 수를 셀 수 있다.			
4	아픈 부위에 따른 병원의 진료 과목을 안다.			
5	반대되는 그림이나 연관되는 그림을 짝짓는다.			
6	'셋'이라는 개념을 이해한다. (예 : 사탕 여러 개를 책상 위에 놓고 "세 개 주세요."라고 하면 세 개를 줄 수 있다.)			
7	물건을 분류하여 정리한다.			
8	그림 속에서 일부를 보고 사물의 이름을 말할 수 있다.			
9	2~3개의 퍼즐 조각을 맞춘다.			
10	사물이 어떻게, 왜 움직이는지 흥미를 보인다.			

49~60개월

문항	문제 항목	평가		
		가능	가끔	불가능
1	1~5 수 중에서 특정한 수만큼 물건을 들어 올린다.			
2	4장의 그림을 보여 줄 때 기억하여 말한다.			
3	넓이나 길이의 순서에 따라 물건을 정리한다.			
4	세 개의 물건 중에서 없어진 물건을 말한다.			
5	첫 번째, 가운데, 마지막 위치명을 말한다.			
6	반쪽만 보고도 완전한 형태의 물건을 가리킨다.			
7	블록 10개를 사용하여 피라미드 만들기를 모방한다.			
8	역할 놀이가 가능하다.			
9	8가지색 이름을 말한다.			
10	물건을 뒤에 옆에, 다음에 놓는다			

344

6세				
문항	문제 항목	평가		
		가능	가끔	불가능
1	시계의 정각 시간을 보고 읽을 수 있다.			
2	인사 시 손을 흔들거나 말하며 대응 표현한다.			
3	타인의 말을 전달할 수 있다.			
4	동화책을 읽어주면 내용의 일부를 말한다.			
5	오늘의 날씨를 말할 수 있다.			
6	1부터 100까지 숫자를 읽을 수 있다.			
7	지형에 따른 이동 수단을 고를 수 있다.			
8	주어진 미로 찾기를 스스로 할 수 있다.			
9	주어진 숨은그림찾기를 모두 찾을 수 있다.			
10	아동의 성별을 안다.			

7세				
문항	문제 항목	평가		
		가능	가끔	불가능
1	선생님과 인사 시 고개 숙여 인사할 수 있다.			
2	아동의 이름을 쓸 수 있다.			
3	요일을 순서대로 말한다.			
4	자기 생일을 말한다.			
5	어제와 오늘의 날씨를 말할 수 있다.			
6	화폐 단위를 말한다.			
7	한 자리 수 덧셈과 뺄셈이 가능하다.			
8	주어진 상황을 그림으로 그릴 수 있다.			
9	노래를 듣고 느낌을 말할 수 있다.			
10	장래희망에 대한 이야기를 할 수 있다.			

8~9세				
문항	**문제 항목**	**평가**		
		가능	**가끔**	**불가능**
1	시간의 개념에 대해 인지할 수 있다.			
2	관심 있는 일에 대해 말할 수 있다.			
3	상황을 통해 결과를 예측할 수 있다.			
4	꽃이나 나무를 비교적 정확하게 그린다.			
5	사물의 속성에 따라 분류하고, 순서를 이해할 수 있다.			
6	사물의 외형이 변해도 길이, 양, 무게, 면적, 부피 등은 변하지 않고 동일한 상태를 유지하는 것(보존개념)을 이해할 수 있다.			
7	다량의 개념을 분류할 수 있다. (예 : 기타, 하프, 플루트, 망치, 톱, 포도, 배, 귤 등 제시하면 아동은 악기, 연장, 과일 등 3개 그룹으로 분류할 수 있다.)			
8	타인의 입장에서 감정을 이해하고 표현할 수 있다.			
9	물이 얼면 얼음이 되고 녹으면 다시 물이 된다는 가역성 개념을 이해할 수 있다.			
10	놀이의 규칙에 대해 이해한다.			

346

사회성 체크리스트

문항	항 목	가능	가끔	불가능
	1~6개월			
		평가		
1	아이가 엄마와 말 하거나 놀 때 얼굴을 바라본다.			
2	울다가 엄마를 알아보고 울음을 그친다.			
3	까꿍놀이를 하면 반응을 한다.			
4	사람들의 얼굴(머리, 코 등)을 만져보거나 잡아당긴다.			
5	이름을 부르면 듣고 쳐다본다.			
6	가족이나 친숙한 사람을 보면 다가가려고 한다.			
7	낯가림을 한다.			
8	기분이 좋으면 소리를 내어 웃고, 짧게 소리를 낸다.			
9	거울에 비쳐진 자신의 모습을 보고 웃는다.			
10	엄마, 아빠를 알아보기 시작한다.			

문항	항 목	가능	가끔	불가능
	7~12개월			
		평가		
1	어른을 따라서 손뼉을 치며 짝짜꿍 놀이를 한다.			
2	아이의 이름을 부르면 듣고 쳐다본다.			
3	친숙한 사람에게 안아달라고 팔을 벌린다.			
4	다른 아이들 옆에서 논다(함께 놀이는 못해도 된다).			
5	어른을 따라서 까꿍놀이를 한다.			
6	원하지 않는 물건은 밀어낸다.			
7	낯가림을 한다.			
8	어른을 따라서 "빠이 빠이" 하며 손을 흔든다.			
9	동요에 맞춰 몸을 흔든다.			
10	"곤지곤지"를 듣고 양 손을 움직거린다.			

13~18개월		

문항	항 목	평가		
		가능	가끔	불가능
1	어른의 도움이 필요할 때 도움을 요청한다.			
2	전화받기, 머리빗기와 같은 행동을 따라한다.			
3	"안녕하세요" 말하거나 비슷한 시늉으로 인사한다.			
4	어른의 관심을 끌기 위한 행동을 한다.(예쁜짓 등)			
5	어떤 행동이나 물건을 보여 주고 싶을 때, 그 사람을 끌어당긴다.			
6	손을 내밀어 장난감을 달라고 하면 주려고 한다.			
7	명칭을 사용하여 음식 또는 음료수를 달라고 요구한다.			
8	책을 읽어 달라고 책을 건넨다.			
9	다른 아이들 옆에서 논다.(함께 놀이를 못해도 된다)			
10	"곤지곤지"를 듣고 양 손을 움직거린다.			

19~24개월		

문항	항 목	평가		
		가능	가끔	불가능
1	어른이 시키면 친숙한 어른들에게 인사를 한다.			
2	"아기(인형)에게 맘마 주세요."하면 인형에게 먹이는 시늉을 한다.			
3	친숙한 사람이 아프면 다가와서 "호~"하고 불어준다.			
4	간단한 지시따르기를 한다.(예 : 쓰레기버리기)			
5	사람들 앞에서 노래나 율동을 한다.			
6	하고 있는 것을 못하게 하면 "싫어!"라고 말한다.			
7	친숙한 사람의 전화 목소리를 구별한다.			
8	어른이 시키면 "미안해.", "고마워."라는 말을 한다.			
9	다른 아이들의 행동을 보고 간단한 놀이규칙을 따른다.			
10	자신의 기분을 말로 표현한다.(좋다, 나쁘다 등)			

25~30개월

문항	항 목	평가		
		가능	가끔	불가능
1	3~4명과 어울려서 숨바꼭질, 술래잡기 등을 한다.			
2	자기 손에 닿지 않는 물건을 다른사람에게 달라고 부탁한다.			
3	엄마의 관심을 끌기위해 주변의 물건들이나 사물을 손가락으로 가리킨다.			
4	하고 있는 것을 못하게 하면 "싫어!"라고 말한다.			
5	관심을 끌기위해 흥미있는 물건이나 자신이 만든 것을 가져다 보여준다.			
6	다른 아이들의 행동을 보고 간단한 놀이의 규칙을 따른다.			
7	간단한 집안일을 도와준다.			
8	어른이 시키면 "미안해.", "고마워."라는 말을 한다.			
9	소꿉놀이, 엄마 아빠 흉내내기를 한다.			
10	자신의 기분을 말로 표현한다.(좋다, 나쁘다 등)			

31~36개월

문항	항 목	평가		
		가능	가끔	불가능
1	3~4명과 어울려서 숨바꼭질, 술래잡기 등을 한다.			
2	자기 차례를 기다린다.(예 : 놀이터 그네타기)			
3	놀이 중에 도움이 필요한 친구를 도와주고 달래준다.			
4	혼자서 또는 또래와 함께 인형놀이를 한다.			
5	어른이 이끄는 집단놀이에서 규칙을 따른다.			
6	친구의 이름을 둘 이상 말한다.			
7	다른 사람에게 간단한 놀이의 규칙을 설명한다.			
8	다른 아이에게 "이렇게 해."하고 시킨다.			
9	자신의 소유(내 것)을 주장한다.			
10	성별을 구분한다.			

37~48개월				
문항	**항 목**	**평가**		
		가능	**가끔**	**불가능**
1	자기보다 어린 동생을 보살펴준다.			
2	다른 사람에게 간단한 놀이의 규칙을 설명한다.			
3	다른 아이들의 행동에 대해 이야기한다.(예 : 철수가 나 밀었어)			
4	소꿉놀이, 병원놀이 등 여럿이 함께 어울려 하는 놀이를 한다.			
5	가위 바위 보로 승부를 정한다.			
6	처음 만난 또래와 쉽게 어울린다.			
7	또래와 함께 차례나 규칙을 알아야 할 수 있는 놀이를 한다.			
8	다른 아이들과 있을 때 차례를 지키고 놀잇감을 나누면서 논다.			
9	"왜?"라는 질문을 많이 한다.			
10	또래 아동과 장난감을 바꾸며 논다.			

49~60개월				
문항	**항 목**	**평가**		
		가능	**가끔**	**불가능**
1	다른 아이들과 있을 때 차례를 지키고 놀잇감을 나누면서 논다.			
2	다른 사람에게 간단한 놀이의 규칙을 설명한다.			
3	시키지 않아도 아는 사람에게 "안녕하세요?" 인사한다.			
4	소꿉놀이, 병원놀이 등 여럿이 함께 어울려 하는 놀이를 한다.			
5	가위 바위 보로 승부를 정한다.			
6	처음 만난 또래와 쉽게 어울린다.			
7	또래와 함께 차례나 규칙을 알아야 할 수 있는 놀이를 한다.			
8	다른 아이들과 있을 때 차례를 지키고 놀잇감을 나누면서 논다.			
9	자기 생각을 이야기하고 다른 아이의 말을 귀 기울여 듣는다.			
10	친구를 집으로 불러서 함께 논다.			

6세

문항	항 목	평가 가능	가끔	불가능
1	다른 아이들과 있을 때 차례를 지키고 놀잇감을 나누면서 논다.			
2	다른 사람에게 간단한 놀이의 규칙을 설명한다.			
3	시키지 않아도 아는 사람에게 "안녕하세요?" 인사한다.			
4	처음 만난 또래와 쉽게 어울린다.			
5	다른 사람의 물건을 사용할 때 허락을 구한다.			
6	다른 아이들과 적극적으로 어울린다.			
7	또래와 함께 차례나 규칙을 알아야 할 수 있는 놀이를 한다.			
8	다른 아이들과 있을 때 차례를 지키고 놀잇감을 나누면서 논다.			
9	친구나 가족에게 전화를 건다.			
10	친구를 집으로 불러서 함께 논다.			

7세

문항	항 목	평가 가능	가끔	불가능
1	다른 아이들과 있을 때 차례를 지키고 놀잇감을 나누면서 논다.			
2	자기 생각을 이야기 하고 다른 아이의 말을 귀 기울여 듣는다.			
3	시키지 않아도 아는 사람에게 "안녕하세요?" 인사한다.			
4	처음 만난 또래와 쉽게 어울린다.			
5	다른 사람의 물건을 사용할 때 허락을 구한다.			
6	친숙한 사람이 놀리는 것을 받아 들인다.			
7	또래와 함께 차례나 규칙을 알아야 할 수 있는 놀이를 한다.			
8	게임을 하는 방법에 대해 다른 아이와 이야기를 나눈다.			
9	친구나 가족에게 전화를 건다.			
10	친구를 집으로 불러서 함께 논다.			

8~9세			
		평가	
문항	항 목	가능	가끔	불가능
1	또래집단과 놀이활동을 할 수 있다.			
2	부모가 아닌 어른들과 관계를 형성할 수 있다.			
3	다른 사람을 기쁘게 하고 도와 주기를 원한다.			
4	규칙에 순응하는 모습을 보인다.			
5	그룹활동 스포츠를 참여할 수 있다. (예 : 수영, 태권도, 탁구 등)			
6	자신의 생각이 확고해져 싫고 좋음이 분명하다.			
7	말로써 자신의 상황을 이야기 할 수 있다.			
8	또래들과 분쟁이 일어날 때 해결할 수 있다.			
9	친구와 동일한 것을 갖고자 하는 동조성이 나타난다. (예 : 옷, 신발 등 따라 사기)			
10	일의 역할을 나눌 수 있다.